구글 해킹 3판

구글 해킹 3판

구글을 이용한 모의 침투 정보 수집 방법론

조니 롱 · 빌 가드너 · 저스틴 브라운 지음
이충만 · 김지우 · 이동건 옮김

i!i
에이콘

지은이 소개

조니 롱^{Johnny Long}

기독교 신자지만, 해적의 피가 흐르는 전문해커다. 무엇보다도 그는 보안 연구원이며, 이 책의 저자다. 웹사이트(http://johnny.ihackstuff.com)를 통해 그와 연락할 수 있다. 또한 실력을 갈고닦고자 하는 해커들에게 관련 직업 경험을 쌓게 해주는 자선 단체인 'Hackers for Charity'의 설립자기도 하다.

빌 가드너^{Bill Gardner}

마샬대학교^{Marshall University}에서 조교수로 재임 중이며, 공과대학에서 정보 보안과 기초공학 과정을 담당하고 있다. 또한 블랙록^{BlackRock} 컨설팅의 대표 및 보안 컨설턴트 장을 맡고 있으며, 변호사, 판사, 법률 집행관 등의 디지털 증거 전문가를 양성하는 비영리단체인 AIDE^{Appalachian Institute of Digital Evidence}의 부회장 및 정보 보안 대표를 역임하고 있다. 마샬대학교 교수로 활동하기 전에 Hack3rCon 집회와 304blog를 공동 설립했으며, 지금까지 304Geeks 부의장으로 계속 활동 중이다. 그리고 이 책의 주요 타깃 독자가 될 SATF^{Security Awareness Training Framework}의 창립 멤버다.

저스틴 브라운^{Justin Brown}

대형 금융 기관의 정보 보증 분석가다. 이전에는 공개출처정보^{OSINT, Open Source INTelligence}에서 전문 컨설턴트로 일했다. 저스틴은 구글 해킹과 독스를 통해, 그의 고객에 관한 정보 누출의 많은 사례를 밝혀냈다. 그는 'Hackers for Charity'에서 주관하는 컨퍼런스에 자주 참가한다.

옮긴이 소개

이충만 (sehattush@gmail.com)

세종대학교 컴퓨터공학과를 졸업했고, 안랩AhnLab CERT에서 취약점 진단 및 침해 사고 분석 업무를 담당했다. 포렌식 기술과 다양한 오픈소스를 활용해 정확하고 효율적으로 침해 사고를 분석하는 업무에 관심이 많다. 옮긴 책으로는 에이콘출판사에서 출간한 『네트워크 포렌식』(2014)과 『실전 모의 해킹과 침투 테스트』(2014)가 있다.

모든 에이콘출판사 관계자분들과 원활한 번역 업무를 위해 함께 노력한 공역자들에게 감사드린다. 항상 옆에서 힘이 돼주시는 부모님과 가족 그리고 사랑하는 유정이에게 고마움을 전한다.

김지우 (juu7460@gmail.com)

안랩 CERT에서 보안 엔지니어로 근무 중이다. 최근에는 클라우드 보안에 관심이 많으며, 관련 오픈소스 커뮤니티에서 활동하고 있다.

늘 곁에서 든든하게 지원해주는 가족들에게 고마움을 전한다.

이동건 (chris.donggun.lee@gmail.com)

안랩 CERT에서 원격보안관제 연구원으로 일하고 있다. 최신 보안 동향과 취약점 공격 기법 분석 및 대응에 대해 다방면으로 연구 중이다. 에이콘출판사에서 출간한 『실전 모의 해킹과 침투 테스트』(2014)를 공역했다.

늘 옆에서 조언을 아끼지 않으시는 부모님과 장인어른, 장모님, 사랑하는 아내, 그리고 딸에게 고마움을 전한다.

옮긴이의 말

IT 업계 종사자들에게 가장 많이 접속하고 사용하는 웹사이트가 무엇이냐고 물어본다면 대다수는 구글이라고 말할 것이다. 이전에는 검색 엔진이라고 하면 국내 포털의 엔진만 머리에 떠올렸지만, 최근 들어 구글 검색 서비스는 IT 업계 종사자는 물론 대중들에게도 점점 더 익숙해지고 있다. 최근에는 알파고의 영향으로 구글이 더 많이 알려진 탓도 있을 것이다.

구글 검색의 장점은 방대한 정보를 찾을 수 있는 검색 엔진을 제공한다는 것이다. 정보가 너무 많아 원하는 결과를 찾기 어려울 때도 있지만, 구글은 좀 더 정확한 결과를 얻을 수 있게 검색어에서 연산자라는 기능을 제공한다.

보안 쪽으로 눈을 돌려보면, 구글을 통해 웹에 노출된 개인 정보와 취약점이 존재하는 사이트도 검색할 수 있다. 구글은 개발자/컨설턴트/분석가 등에게 수많은 유용한 정보를 제공하면서도 사용자도 모르게 공개되어 있는 개인 정보나 관리자도 파악하지 못하고 있는 다수의 취약점을 노출시키기 때문이다. 구글 봇은 데이터를 수집해 서버에 캐시 상태로 저장해두기 때문에, 사이트가 삭제된 후에도 오랜 시간이 지나지 않으면 검색 결과에 노출되어 이전 페이지가 그대로 드러날 수 있으며, 이 정보를 모으면 손쉽게 취약점을 찾을 수 있다.

허가된 시간과 방법으로 침해 사고를 예방하고 보안 취약점을 발견하려는 화이트 해커와 악의적인 의도를 가지고 시스템 침투를 시도하려는 블랙 해커의 입장에서 구글은 사전 정보를 수집하거나 침투 경로를 찾기 위한 가장 중요한 정보처다. 시스템 침투를 위해서는 최대한 많은 정보를 수집해야 하며, 최종 목표가 내부 서버 침투라면 먼저 웹 서버를 장악하기 위한 공격을 시도하는 경우가 많다. 구글에서 연산자를 조합하면 어렵지 않게 관리자 페이지가 노출되어 있는 곳을 찾을 수 있고, 알려진 애플리케이션 취약점 URL을 포함하고 있는 도메인을 검색할 수도 있기 때문에 해커들이 구글 해킹 기법을 많이 사용한다.

이 책은 구글 해킹용 연산자에 대한 설명과 다양한 기법을 사용한 정보 수집 방법, 그리고 이를 막기 위해 기업 보안 담당자나 서버 운영자가 해야 할 조치 방안까지 설명한다. 이 책은 원래 모의 해킹/침투 테스트를 업무로 하는 사람이나 보안 담당자에게 유익한 내용이지만, 구글을 통해 원하는 정보를 정확하고 빠르게 얻으려는 모든 사람에게 도움이 될 만한 내용을 담고 있다.

기업의 모의 침투 테스팅을 진행하는 모의 해커, 침해 사고를 대응/분석하는 분석가, IT 개발 분야에 종사하며 구글 해킹 기법을 궁금해하는 분들에게 이 책이 많은 도움이 됐으면 하는 바람이다.

끝으로 번역을 시작할 때부터 진행 기간 동안 많이 도와주신 모든 에이콘 관계자분들, 조언을 아끼지 않으셨던 안랩 CERT 권동훈 팀장님 그리고 마지막으로 번역을 위해 함께 고생했던 공역자들에게 다시 한 번 진심으로 감사하다는 말을 전한다.

차례

구글 검색의 기초

❖ 개요

구글 웹 인터페이스는 깔끔하고 단순하다. 이는 저작권 보호를 받고 있는 구글의 '룩앤필look and feel' 때문인데, 그로 인해 대부분의 사람들이 구글 웹 인터페이스의 강력한 기능을 놓치곤 한다. 그렇지만 우리는 이 책을 통해 구글의 숨겨져 있던 놀라운 기능들을 알아볼 것이다. 급히 마시는 물이 체하는 법이다. 서두르지 말고 하나씩 천천히 알아보자.

1장에서는 구글 검색의 기본에 대해 설명한다. 먼저 구글을 유명하게 만든 웹 인터페이스부터 알아본다. 구글에 능숙한 많은 사용자도 일반적인 검색을 할 때는 웹 인터페이스를 이용한다. 우선 다양한 인터페이스를 이용해 검색하고 결과를 해석하는 방법을 이해한 후, 기본 검색 기술을 습득하도록 한다.

기본 검색 기술을 이해하고 나면 고급 쿼리query 기반 기술을 이해하는 데 큰 도움이 된다. 먼저 불 연산자Boolean operator(AND, NOT, OR)의 적절한 사용법을 배우고, 그룹 검색의 강력함과 유연함을 학습할 것이다. 또한 다양한 와일드카드wildcard 문자를 응용함으로써 구글의 특별한 기능을 배울 것이다.

마지막으로는 구글의 URL 구조 문법을 학습한다. 구글 URL 구조를 자세히 학습함으로써 일련의 구글 검색 수행 속도와 유연성을 높일 수 있는데, 이는 친구나 동료들과 흥미로운 검색 정보를 공유하는 데 매우 편리하게 설계됐음을 알게 될 것이다.

❖ 구글 웹 인터페이스 탐색

구글 웹 검색 페이지

그림 1.1은 구글의 메인 웹 페이지(www.google.com)다. 인터페이스는 간결한 선, 깔끔하게 정리된 화면, 친숙한 인터페이스로 유명하다.

그림 1.1

언뜻 보면 기능이 별로 없어 보이지만, 이 첫 페이지에서는 다양한 검색 수행이 가능하다. 그림에서 볼 수 있듯이 구글 메인 페이지에서 입력이 가능한 곳은 '검색 필드search field' 하나뿐이다. 구글에 질문하거나 쿼리query하기 위해 검색 필드에 문항을 입력하고 Enter 키(브라우저가 지원한다면)를 누르거나 Google 검색Google Search 버튼을 클릭하면 질문에 대한 결과 페이지로 이동한다.

구글 웹 결과 페이지

구글이 검색 쿼리를 수행하고 나면 결과 페이지로 이동한다. 이 페이지는 검색 결과를 나열해서 보여주고 사용자가 검색한 문자가 포함되어 있는 웹 페이지의 링크를 제공한다. 검색 결과 페이지의 맨 윗부분은 메인 페이지와 비슷하다. 해당 페이지의 최상단에는 이미지, 동영상, 뉴스, 지도, 지메일Gmail 링크가 있는데, 이 링크들을 클릭하면 별도의 재입력 없이 선택한 링크에 해당하는 결과가 다시 출력된다.

해당 페이지에서는 검색 결과 페이지(일반적으로 1~10), 결과 값과 일치하는 사이트(보통 약 8백만 이상), 검색 구문 자체(개별 단어의 사전 정의 링크 포함), 그리고 검색하는 데 걸리는 시간을 보여준다.

검색 수행 속도는 보통 간과되기 쉽지만 자세히 보면 꽤 인상적이다. 수백만 건의 검색 결과가 매칭되는 장문의 검색 요청일지라도 1초 내로 수행되기 때문이다. 결과 페이지의 각 항목에 대해 구글은 사이트 이름, 사이트 요약(일반적으로 콘텐츠의 첫 몇 줄을 보여줌), 일치하는 URL, 마지막으로 정보를 수집한 페이지의 날짜와 크기, 구글이 마지막으로 접근했을 때의 페이지를 보여주는 캐시 링크, 유사한 콘텐츠를 갖고 있는 페이지의 링크를 나열한다. 만약 결과 페이지가 외국 사이트인 경우 구글은 기본 설정 언어(환경설정 화면에서 변경 가능)로 사이트 번역 기능을 제공한다. 번역 지원 가능한 사이트의 경우 그림 1.2처럼 '이 페이지 번역하기Translate this page' 링크가 표시된다.

Le Musée virtuel du cochon
museeducochon.blogspot.com/ ▾ Translate this page
Dec 17, 2010 - **Le Musée virtuel du cochon** ... Tous sont bien nourris. Ci-contre, un magnifique spécimen de cochon laineux. Groink. Publié par Papa...razzi à ...

그림 1.2

구글 그룹

웹 기반 포럼, 블로그, 메일링 리스트, 인스턴트 메시지 기술이 성장하면서 가장 오래된 공개 포럼인 유즈넷USENET 뉴스그룹은 예전만큼 찾는 사람이 많지는 않다. 물론 여전히 수천 명의 사용자가 유즈넷을 사용한다(유즈넷에서 공유되는 정보는 www.faqs.org/faqs/usenet/what-is/part1/에서 찾아볼 수 있다). 데자뉴스DejaNews(www.deja.com) 또한 과거 정보 교류에 활발히 사용된 뉴스그룹이었는데, 2001년 2월 구글에 인수됐다(www.google.com/press/pressrel/pressrelease48.

html 참조). 이로 인해 사용자들은 1995년 이후 유즈넷에 포스팅된 전체 아카이브^{archive}를 깔끔하고 직관적인 구글 검색 인터페이스를 통해 좀 더 쉽게 검색할 수 있게 됐다. 구글에서는 유즈넷 그룹을 구글 그룹$^{Google\ Groups}$이라고 부른다.

오늘날, 전 세계 인터넷 사용자들은 구글 그룹을 이용해 일반적인 토론을 진행하거나 문제를 해결한다. IT 실무자들이 각 분야의 기술적 이슈에 대해 구글 그룹 섹션에서 의견을 주고받는 일은 이제 일상적이다. 잘 만들어진 구글 그룹 검색 엔진의 인터페이스 뒤로 유즈넷 커뮤니티는 여전히 활발하게 운영되고 있는 셈이다.

구글 그룹 검색을 사용하려면 메인 페이지의 **그룹**^{Groups} 탭을 클릭하거나 http://groups.google.com으로 직접 접근하면 된다. 검색 인터페이스(그림 1.3 참조)를 보면 여타 구글 검색 페이지와 꽤 다른 것처럼 보이지만 검색 기능은 거의 동일하다. 그룹 검색 페이지와 웹 검색 페이지의 주요 차이점은 바로 뉴스그룹 브라우징이다.

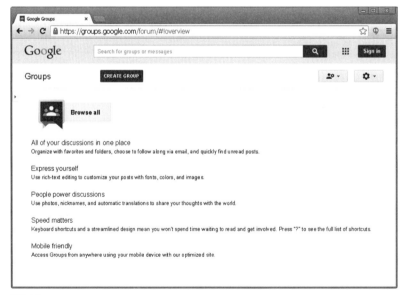

그림 1.3

구글 이미지 검색

구글 이미지 검색 기능은 10억 개 이상의 그래픽 파일을 바로 찾아준다. 구글은 검색어와 일치하는 이미지 파일 이름, 이미지 표제, 이미지 주변의 텍스트, 여타 비공개 공간의 '중복되지 않는' 이미지를 찾아준다. 구글 이미지 검색은 고급 검색 같은 몇 가지 기능을 제외하고 웹 검색과 동일하게 동작한다. 이 부분은 2장에서 다시 알아보겠다.

검색 페이지의 맨 윗부분은 익숙하지만 몇 가지 추가 기능이 포함된다. 검색 필드 아래에 보이는 **세이프서치**^{SafeSearch}가 그중 한 예인데, 이는 음란물 필터링 기능을 제공한다. 결과 라인에 위치한 이미지의 드롭다운 박스^{dropdown box}는 이미지를 크기별로 나열한다. 이미지는 썸네일 형식으로 출력되며 원본 해상도와 크기, 이미지 출처 사이트의 정보 등을 보여준다.

구글 환경설정

구글 인터페이스 환경설정 페이지에 들어가려면, 구글 검색 페이지의 '환경설정 ^{Preferences}' 링크를 클릭하거나 www.google.com/preferences로 직접 접속한다. 이 페이지의 옵션들은 기본적으로 언어와 국가별 설정과 관련된다. '인터페이스 언어^{Interface Language}' 옵션은 구글이 팁 또는 정보 문구를 출력할 때 사용하는 언어를 설정한다. 추가로 이 설정은 구글의 검색 메뉴(버튼이나 링크)에 출력되는 언어도 변경할 수 있다. 구글은 사용자가 위 옵션에서 선택한 언어를 사용자의 모국어라고 가정하고 정보를 전달할 때 가능한 한 사용자의 모국어로 정보를 '전달'한다. 이 옵션은 앞서 설명한 구글의 번역 기능과는 다르다. 예를 들어, 웹 페이지가 프랑스어로 작성됐다면 사용자가 언어 옵션에서 어떤 언어를 선택하든 간에 페이지는 프랑스어로 출력될 것이다.

구글 웹 페이지의 인터페이스 언어 변경이 가능하다는 점을 상기하고, 구글 메인 페이지가 '해커 언어'로 출력된 그림 1.4를 살펴보자. 언어 관련 설정은 이런

환경설정 화면뿐만 아니라 www.google.com/language_tools로 직접 접속해도
설정 변경이 가능하다.

그림 1.4

　기본적으로 구글은 모든 언어로 작성된 웹 페이지를 검색한다. 심지어 위 그림
처럼 구글 메인 페이지가 '해커 언어'로 출력될지라도 구글은 모든 언어로 작성
된 웹 페이지 검색을 수행한다. 만약 사용자가 특정 언어로 작성된 웹 페이지만
을 검색하고 싶다면, 환경설정 페이지에서 해당 언어로 수정하면 된다.

　세이프서치 필터링^{SafeSearch Filtering}은 웹 검색 결과에서 음란물로 판단되는 콘텐
츠를 걸러낸 후 출력한다. 이 옵션은 일상적인 웹 검색을 이용할 때 유용하게 쓰
이지만, 사용자가 취약점 평가를 위해 구글을 사용할 때는 비활성해야 한다. 위
기능을 통해 만약 성인 콘텐츠를 다루지 않는 일반 사이트에서 음란물을 발견했
다면 해당 사이트 관리자에게 그 사실을 알릴 필요가 있다.

　페이지당 결과 수^{Results per page} 설정은 각 검색 결과 페이지에 검색 결과를 몇 개
출력할 것인지를 결정한다. 이 옵션은 사용자의 기호나 인터넷 연결 속도에 따라
다르게 설정된다. 그렇지만 일반적으로 페이지당 기본 설정 값인 10개씩 출력되
는 것에 대해 충분하다고 생각하지 않을 것이다. 사용자 인터넷 속도가 원활하다
면 그림 1.5처럼 설정 값을 최대치인 100으로 바꾸는 것을 추천한다.

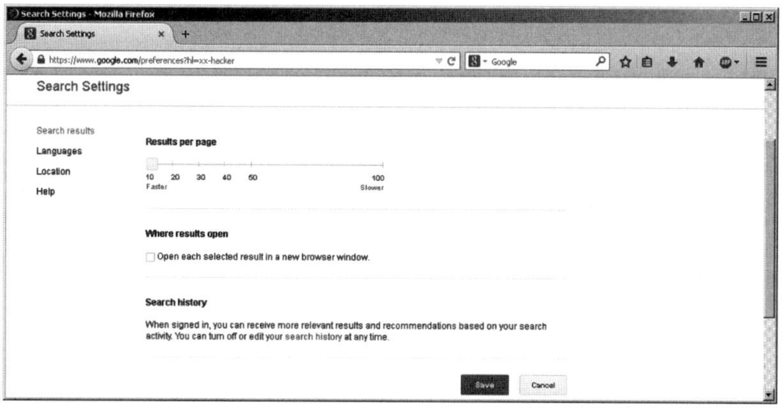

그림 1.5

검색 결과 여는 창^{Where results open} 설정을 선택하면 검색 결과가 새 창에서 출력된다. 이 설정은 개인 주관에 따라 선택하면 된다. 이 옵션은 사용자에게 별다른 해를 주지 않는다. 다만 브라우저(또는 여타 소프트웨어)에서 새 창을 팝업 광고로 인식해 차단할 수 있으므로, 만약 검색 버튼을 클릭한 후 결과 페이지가 보이지 않는다면 구글 환경설정에서 위 옵션을 해제하면 된다. 페이지 하단에 공지되어 있는 것과 같이 브라우저의 쿠키를 사용하지 않으면 변경사항은 유지되지 않는다.

언어 도구

언어 도구 화면은 구글 메인 페이지에서 접속이 가능하며, 다른 언어로 쓰인 웹 페이지 번역을 위한 다양한 유틸리티를 제공한다. 만약 사용자가 외국어로 쓰인 웹 페이지를 검색할 일이 거의 없다면 검색하기 전에 환경설정에서 위 기능을 수정하는 것은 다소 번거로울 수 있다. 언어 도구 화면의 첫 번째 부분은 다른 언어로 작성된 문서뿐만 아니라 외국 사이트에 있는 문서를 빠르게 검색할 수 있도록 도와준다.

언어 도구 화면에는 기본 번역 서비스를 제공하는 유틸리티도 포함되어 있다. 번역 유틸리티는 클립보드에 복사된 텍스트의 구문을 해당 폼에 붙여넣거나 번역이 필요한 외국 사이트의 주소를 기입하면, 구글이 다양한 언어로 번역을 제공한다.

검색 결과 페이지에서 사용 가능한 번역 옵션은 환경설정 화면에서 설정한 언어에 기반한다. 다시 말해, 사용자가 인터페이스 언어를 영어로 설정했고 검색 결과가 프랑스어 페이지라면 구글은 해당 페이지를 영어로 번역하는 기능을 제공한다. 번역 지원 가능한 언어 목록은 그림 1.6과 같다.

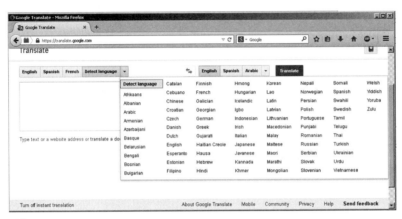

그림 1.6

구글 쿼리 작성

구글 쿼리 작성은 하나의 프로세스다. 잘못된 검색 같은 것은 없다. 비효율적인 쿼리라 하더라도 인터넷과 구글 캐시 크기가 나날이 증가함에 따라 그 비효율적인 쿼리가 적절한 검색 결과를 내일(혹은 다음 달이나 내년에) 가져다줄 수 있을 것이다. 효과적인 구글 쿼리를 수행하려면 기본 구문을 확실히 이해한 뒤 결과를 줄이는 기법을 익히면 된다.

구글 쿼리 구문을 배우는 것은 매우 쉽다. 효과적인 구글 쿼리 작성 기법을 익히려면 약간의 시간이 걸리며 훈련이 조금 필요하다. 그렇지만 제대로 학습 후에는 범람하는 웹 세계로부터 필요한 정보를 찾는 데 능숙해질 것이다.

구글 검색의 황금률

구글 검색을 논의하기 전에 다음과 같은 기본 규칙을 이해해야 한다.

구글 쿼리는 대소문자를 구분하지 않는다

구글은 사용자가 검색 요청을 소문자(예: hacker)나 대문자(예: HACKER), 캐멀
camel 문자(예: hAcKeR)로 작성하든 또는 마음대로(예: haKEcR)로 작성하든 상관
하지 않는다. 앞서 요청한 이 단어들은 모두 동일하게 취급되는데, 이는 소스 코
드를 검색할 때 특히 중요하다. 프로그래머들에게 있어 대소문자 구분은 중요한
의미가 있기 때문이다. 위 규칙의 예외가 적용되는 단어는 'or'이다. 불 연산자로
'or'을 사용하려면 'OR'처럼 반드시 대문자로 입력해야 한다.

구글 와일드카드

구글의 와일드카드 개념은 프로그래머들이 사용하는 개념과 약간 다르다. 일반
적으로 와일드카드는 임의의 단일 문자를 물음표(?)로 표현하거나(유닉스 기반 사
용자일 경우), 별표(*)로 임의의 문자열을 대체하는 데 사용한다. 이런 종류의 기술
을 스테밍stemming이라고 부른다.

그러나 구글에서 와일드카드로 별표(*)를 이용할 때는 검색 구문의 단일 문자
를 의미한다. 이는 특정 단어의 앞이나 뒤에 와일드카드 문자를 붙이면 해당 단
어 자체를 사용한다는 뜻이다.

구글은 일부 단어를 무시한다

구글은 검색 시 사용하는 일부 단어, 문자, 숫자를 무시하는데 이를 중단어stop
words라고 부른다. 구글 기본 검색 문서(www.google.com/help/basics.html)에 의
하면, where과 how 등의 단어도 중단어에 포함되지만 구글은 검색 시에 이를
따로 알려주지는 않는다. 예를 들어, 구글에 WHERE 1 = 1을 검색하면 1 = 1로 검
색할 때보다 결과 수가 적다. 이는 WHERE이 검색어에 포함됐다는 말과 같다. 또
다른 예로 where pig를 검색하면 pig에 대한 검색보다 결과 수가 현저히 적음을
알 수 있다. 이는 where과 how 등의 단어가 중단어에 포함되지만 사실 구글 검
색에서 사용된다는 뜻인데, 이로 미루어볼 때 구글은 때때로 중단어를 사용자는

모르게 무시한다는 사실을 알 수 있다. 단어를 검색어에서 제외하는 뚜렷한 규칙은 없지만, 검색 요청에서 특정 단어가 배제됐을 때는 때때로 결과 페이지 쿼리 박스 하단에 해당 내용을 표기한다.

32단어 제한

구글은 검색 시 사용할 수 있는 단어를 이전에는 10개로 제한했지만 지금은 32개로 제한한다. 이는 검색단어뿐만 아니라 고급 연산자도 포함한 숫자다. 이 제한 개수가 일반 사용자들이 사용하기에는 충분하다고 생각되지만, 사실 제한 개수를 넘어 검색할 수 있는 방법도 있다. 그 방법 중 하나는 일부 단어를 별표(*)로 치환해 검색하는 것이다. 구글은 와일드카드 문자를 검색단어로 분류하지 않는데, 이를 이용해 검색 결과를 좀 더 확장할 수 있다. 다음과 같은 미국 헌법의 시작 구문을 검색한다고 가정해보자.

"We the people of the United States in order to form a more perfect union establish justice."

위 검색 구문은 17개의 단어를 포함한다. 별표를 사용해 몇 개의 단어를 치환한 후 다시 검색해보자.

"we * people * * united states * order * form * more perfect * establish *"

구글은 8개의 별표(*)를 한 단어로 인식해 위 검색 구문을 9개의 단어로 인식한다. 실제 사용되는 2개의 단어를 추가하고 와일드카드 문자를 조합한다면 검색 결과 영역을 좀 더 확장할 수 있다.

기본 검색

구글 검색은 하나의 프로세스이며 주제와 관련한 정보를 찾는 것을 목표로 한다. 프로세스는 기본 검색과 함께 시작되며, 검색 요청에 대한 정확한 정보를 얻을 때까지 다양한 방법이 동원된다. 구글 랭킹 기술은 검색 결과 첫 페이지에 검색 요청에 대한 정확도가 제일 높은 정보를 보여줌으로써 정보를 찾는 데 도움을 준다. 랭킹 시스템에 대한 자세한 정보는 복잡하고 때로는 모호하기 때문에 단일 단어 검색만으로는 원하는 정보에 대한 정확한 답을 찾기가 힘들다.

구글 쿼리의 제일 간단한 방법은 검색 인터페이스에 단일 단어 또는 개별 단어를 조합해 검색하는 방법이다. 기본 단어 검색은 다음과 같다.

- hacker
- FBI hacker Mitnick
- mad hacker dpak

단일 단어 검색보다 약간 복잡한 검색 방식은 구문 검색이다. 구문은 큰따옴표(") 안의 단어들의 조합이다. 구글은 구문 내 사용자가 단어를 입력한 순서대로 검색하며 구문 내 중복되는 단어들을 따로 제거하지 않는다. 구문 검색은 다음과 같다.

- "Google hacker"
- "adult humor"
- "Carolina gets pwnt"

단어/구문 검색은 결합이 가능하며 고급 연산자와 함께 사용이 가능하다. 이 부분에 대해서는 2장에서 알아보겠다.

불 연산자와 특수문자의 사용

기본 단어 검색보다 고급 검색 기법인 구문 검색은 여전히 구글 쿼리의 기본 형식으로 많이 이용되고 있다. 고급 쿼리를 실행하기 위해서는 AND, OR, NOT 같은 불 연산자의 이해는 꼭 필요하다. 또한 구글 고급 쿼리의 적절한 사용을 위해 괄호 문자를 사용해 그룹화하는 방법을 익혀야 한다. 마지막으로 연산자, 와일드카드 문자, 플레이스홀더placeholders 같은 특수문자와 앞서 언급한 기술들을 함께 사용한 고급 검색 기법을 알아본다.

여타 웹 검색 엔진을 사용하다 보면 불 연산자를 많이 접해봤을 것이다. 불 연산자는 쿼리한 결과 값을 특정화할 수 있게 도와준다. 만약 이미 불 연산자의 사용에 익숙하다면 이번 절은 연산자가 구글에서 어떻게 활용되는지 정도만 이해하고 가볍게 넘겨보자. 구글은 타 엔진들과 구별되게 연산자를 다른 방법으로 실행한다. 따라서 구글에서 연산자를 잘못 사용할 경우 결과 값이 크게 뒤바뀌어버리는 상황을 초래할 수 있다.

가장 일반적으로 사용되는 불 연산자는 AND이다. 이 연산자는 여러 용어들을 포함하는 데 사용된다. 예를 들어 hacker 같은 간단한 쿼리는 hacker AND cracker 같이 불 연산자를 이용함으로써 검색 영역을 확장할 수 있다. 두 번째 쿼리는 hacker에 대해 설명한 페이지뿐만 아니라 hacker와 그들이 먹는 간식 정보가 담긴 사이트까지 검색할 것이다. 일부 검색 엔진은 AND 연산자의 사용을 필요로 하지만 구글은 그렇지 않다. AND 연산자는 구글이 이미 사용하고 있기 때문이다. 기본적으로 구글은 사용자의 쿼리를 포함한 모든 단어를 자동으로 검색한다. 그렇기 때문에 구글은 명백하게 중복되는 단어를 사용자가 검색에 사용할 때 이를 경고한다.

플러스plus 기호(+)는 뒤따라오는 단어의 포함을 강조한다. 플러스 기호 뒤에 공란은 없어야 한다. 예를 들어 "and", "justice", "for", "all"을 개별 단어로 검색한다면, 구글은 일부 단어가 중복되어 있음을 발견했으며 그 단어를 임의로 제거했다는 점을 경고할 것이다. 이런 공통적인 단어들에 대한 검색을 강화하려면 플러스 기호를 함께 사용해야 한다. 플러스 기호를 중복해서 사용하는 것은 가능하다. 초과하여 사용하는 것은 별문제가 없으므로 위 개별 쿼리에서 모든 단어를 포함해 검색을 수행하고자 한다면 +and justice for +all과 같이 검색한다. 추가로 단어들은 큰따옴표(")로 가두어 검색하자. "and justice for all"과 같이 쿼리하면 구문 내 공통되는 단어들을 모두 포함시켜 검색을 좀 더 강화할 수 있다.

AND 연산자 다음으로 많이 사용되는 불 연산자는 NOT이다. NOT 연산자는

AND 연산자와 반대되는 개념으로, 검색에서 해당 단어를 제외시킨다. NOT 연산자 사용 방법은 검색단어와 마이너스 기호(-)를 함께 사용하는 것이다. 이때 검색어와 마이너스 기호 사이에 공백을 제거해야 한다는 점을 꼭 기억해두자.

간단한 예로 단어 hacker를 쿼리한다고 가정해보자. 이 쿼리는 매우 추상적이므로 골퍼, 나무꾼, 연쇄살인범, 만성기관지염 같은 모든 종류의 결과 값을 반환한다. 이러한 결과 값들은 애초에 찾으려던 결과와 무관하므로 특정 단어를 제거해 결과 범위를 축소해보자. 검색 영역을 축소하기 위해 구글은 AND 연산자를 자동 지원하므로 원하는 단어를 더 추가할 수도 있고 NOT 연산자를 이용해 필요 없는 단어를 제거할 수 있다. 검색 결과에서 불필요한 단어들을 제거하기 위해 hacker -golf 또는 hacker -phlegm과 같이 쿼리들을 이용해야 한다. 이런 연산자들을 이용한 쿼리는 사용자가 본래 목적대로 나무꾼과 벌목꾼이라는 결과를 얻게 한다.

OR 연산자(이하 OR)는 자주 쓰이지 않지만 사용법이 꽤 복잡하다. 이 연산자는 파이프 기호(|) 또는 대문자 OR로 표기되며, 쿼리에서 하나 이상의 단어를 나타낼 때 사용된다. "evil cybercriminal" OR hacker 같은 간단한 쿼리에서 OR의 사용은 매우 간단해 보이지만 AND, OR, NOT 연산자들이 함께 사용된다면 의미가 복잡해질 수 있다. 이런 혼란을 피하기 위해 하나만 기억하라. 문장은 무조건 왼쪽에서 오른쪽 순서대로 읽을 것. 고등학교 대수학시간에 배웠던 연산자 적용 순서는 잊어라. 구글 쿼리 시에 AND와 OR은 연산자의 순위가 동등하게 취급된다. 이런 요소들은 페이지의 결과가 나타내는 순위나 위치에는 영향을 미칠 수 있겠지만, 실제 구글이 쿼리를 처리하는 방식과는 관련이 없다.

이제 조금 복잡한 예를 들어보자(아래 예에 대한 정확한 이해는 2장에서 다시 다룬다).

```
intext:password | passcode intext:username | userid | user filetype:csv
```

위 쿼리는 "문서 내 password 또는 passcode 등의 단어가 포함되어 있는 모든 페이지. 그중에서 username이나 userid 또는 user 등의 단어가 포함되어 있는 페이지. 그중에서 CSV 파일 형식의 문서일 것"과 같은 요청문 형식의 문장을 읽는 쿼리를 만들기 위해 OR과 고급 연산자를 결합해 사용한다. 다소 복잡해 보이지만 중간에 OR이 브레이크^{break} 역할을 함으로써 구글이 처리함에 있어 문제가 되지 않는다. 대수학 관점에서 사용자의 쿼리가 문법적으로 틀렸더라도 구글은 크게 개의치 않는다. 쿼리 만드는 법을 배우는 데 있어 구글은 쿼리를 왼쪽부터 오른쪽으로 순서대로 처리한다는 점을 항상 기억하자.

불 연산자를 처리하는 구글의 확고한 방식은 때때로 가독성이 떨어져 사용자를 혼란스럽게 한다. 다행히도 구글은 괄호 문자의 영향을 받지 않는다. 다시 말해, 앞서 설명한 쿼리를 다음과 같이 수정할 수 있다.

intext:(password | passcode) intext:(username | userid | user) filetype:csv

이와 같이 괄호 문자를 사용해 수정한 쿼리가 수정 전 쿼리보다 사람이 읽기에 훨씬 쉽다. 두 쿼리에 대한 결과는 모두 동일하다.

검색 제외

좀 더 정확한 검색 결과를 얻기 위해 검색 쿼리를 수정해 검색 영역을 축소해야 하는 경우가 종종 있다. 기본 구글 검색으로 정확한 결과를 얻을 수 있지만 웹사이트의 검색 영역을 한정해 다소 검색이 까다로운 결과물을 쉽게 찾아보도록 한다. 이 책의 거의 대부분은 검색 축소 기술과 제안에 초점이 맞추어져 있으며, 검색 축소 기술의 기본을 이해하는 일은 아주 중요하다.

간단한 예로 GNU Zebra를 통해 학습해보자. GNU Zebra는 TCP-IP 기반 라우팅을 관리하는 무료 소프트웨어이며 설정, 인터페이스 정보, 비밀번호 등을 저장하기 위해 zebra.conf라는 파일을 사용한다. 웹에서 최신 버전의 Zebra를 내려받은 후에 다음과 같이 함께 포함된 zebra.conf 샘플 파일을 살펴보자.

```
! -*- zebra -*-
!
! zebra sample configuration file
!
! $Id: zebra.conf.sample,v 1.14 1999/02/19 17:26:38 developer Exp $
!
hostname Router
password zebra
enable password zebra
!
! Interface's description.
!
!interface lo
! description test ofdesc.
!
!interface sit0
! multicast
!
! Static default route sample.
!
!ip route 0.0.0.0/0 203.181.89.241
!
!log file zebra.log
```

　구글에서 위와 같은 파일을 검색하려면 여러분은 아마 단순히 "! Interface's description."과 같은 구문으로 검색할 것이다. 이와 같은 기본 검색으로 원하는 정보를 근접하게 찾으려면 쿼리 구문은 가능한 한 유일한 값이어야 한다. "쓸데 없는 것이 입력되면 출력되는 것도 쓸데없는 것뿐"이라는 격언을 기억하는가? 잘못된 구문으로 쿼리하는 기본 검색은 애써 검색 범위를 축소하려고 한 시도 전부를 수포로 만들어버릴 수 있다. 처음에 시도한 기본 검색 쿼리는 Interface's 텍

스트를 비롯해 느낌표, 공백 등을 포함하는 유일한 구문이다. 이 구문은 설정 파
일에 쓰여 있는 특정 구문으로 검색하는 데 별 무리가 없어 보인다.

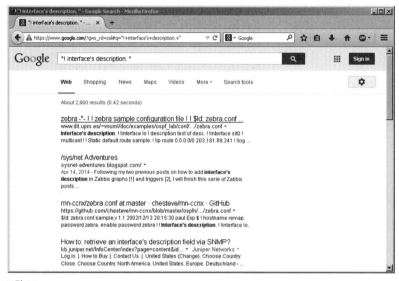

그림 1.7

하지만 이런 종류의 검색 쿼리에 대해 구글은 자율적으로 그림 1.7과 같이
zebra.conf 파일 외의 적절하지 않은 정보들을 찾아준다. 그러므로 검색 결과 범
위를 축소하기 위해 다음과 같이 쿼리를 수정해보자.

"! Interface's description." zebra.conf

위 쿼리의 실행 결과는 그림 1.8과 같다. 결과 창은 전 쿼리 결과와 비교해 얼
추 비슷해 보이지만 본래 찾으려는 결과 값에 좀 더 가깝다.

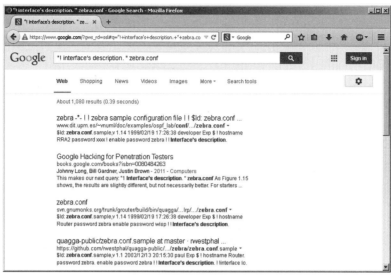

그림 1.8

두 쿼리에 대한 검색 결과의 차이점은 먼저 첫 번째 검색 결과에서 보이던 SeattleWireless 페이지가 두 번째 검색 결과에는 빠져 있다는 점이다. 이 페이지는 옳은 검색 결과이지만 설정 파일의 이름이 zebra.conf가 아닌 ZebraConfig인 관계로 수정한 쿼리의 결과 페이지에선 누락되어 있다. 위의 예시는 검색 축소를 설명해주는 좋은 교훈이라고 할 수 있다. 따라서 이전의 유효한 결과를 축소하지 않는 것이 좋다.

검색 결과 중 샘플 파일은 원하는 결과 값이 아니므로 기본 쿼리에 구문을 추가해 해당 파일을 검색 결과에서 제외시키자. 수정한 쿼리는 다음과 같다.

"! Interface's description." – "zebra.conf.sample"

지금부터는 잠시 소프트웨어 사용자 입장에서 생각해보자. 소프트웨어 설치 파일에는 사용자가 직접 설정할 수 있게 도와주는 샘플 설정 파일이 포함되어 있다. 대부분의 사용자는 작업 환경에 맞게 이 샘플 파일을 수정해 사용한다. 보통은 수정 후 파일 이름을 .sample이 아닌 .conf로 변경할 것이다.

이런 상황에서 사용자는 실제 설정 파일과 zebra.conf.sample 파일을 같이 보유한다. 위의 – "zebra.conf.sample" 축소 쿼리는 이러한 경로로 생성된 유효한 설정 파일을 결과에서 제거할 것이다.

여기에 눈여겨봐야 또 다른 요소가 있다. zebra.conf.sample 파일 내용 중 hostname Router가 포함되어 있음을 기억하는가? 임의의 장비 이름이 Router일지라도 이 값은 사용자들이 대부분 수정하는 설정 값 중 하나다. 이처럼 zebra.conf.sample의 설정 내용만 가지고 축소 기술을 이용해 실제 운영 중인 라우터의 설정 파일을 찾아내기란 매우 까다롭다. hostname Router 단어를 검색 쿼리에서 제외함으로써 검색 결과 수를 줄이고 샘플 파일이 아닌 실제 설정 파일을 찾아보자.

이렇게 검색 결과 축소로 적절한 결과 값을 찾는 쿼리를 만드는 것보다 눈으로 보고 제외 대상을 확인해 검색하는 편이 효율적일 때가 종종 있다. (무려 네 번의 시도를 통해) 이번 장에서 만든 최종 쿼리문은 "! Interface's description." – "hostname Router"이다. 이것은 설정 파일들을 찾기 위한 최선의 쿼리라고 볼 수는 없지만, 검색 축소 기술을 어떻게 사용하는지를 학습하는 좋은 실습이었음은 틀림없다. 2장에서 고급 연산자를 통해 더욱 완벽한 쿼리 만드는 법에 근접할 수 있을 것이다.

구글 URL 활용

숙련된 구글 사용자는 자신이 원하는 결과를 찾을 때까지 웹 인터페이스 검색 필드에 고급 쿼리를 계속 사용한다. 모든 구글 쿼리는 결과 페이지를 가리키는 URL로 표현된다. 구글 검색 결과 페이지는 정적 페이지가 아닌 동적 페이지다. 사용자가 **검색**Search 버튼을 클릭할 때 결과 페이지로 연결되는 URL이 자동 생성된다. 웹 인터페이스에서의 검색 요청을 전달하면 단일 URL로 표현된 결과 페이지가 사용자에게 전달된다. 예를 들어 단어 ihackstuff를 검색한다고 가정해보자. 이 쿼리를 입력하면 www.google.com/search?q=ihackstuff와 유사한 URL로 이동하게 된다. 만약 이 URL을 북마크로 등록한 후 나중에 다시 들어가거나 브라우저 창에 이 URL을 다시 입력해 직접 접속하면 구글은 ihackstuff에 대한 검색을 다시 수행하고 결과 페이지를 출력한다.

이 URL은 실제 결과 페이지를 연결해줄 뿐만 아니라 구글 쿼리를 위한 단축 경로로 활용된다. 숙련된 구글 사용자는 누구든 이 URL을 보면 검색 대상을 판별할 수 있다. 또한 이 URL은 수정도 아주 쉽다. URL 구문 중 단어 ihackstuff를 iwritestuff로 수정하면 구글 쿼리도 같이 수정되어 iwritestuff를 검색한다. 이와 같이 간단한 예를 통해 구글 URL의 고급 활용의 유용함을 학습했다. 이러한 URL을 빠르게 수정함으로써 결과를 좀 더 빠르게 찾을 수 있다.

URL 문법 구문

URL의 강력한 활용법을 전체적으로 이해하려면 구문을 먼저 해석할 줄 알아야 한다. URL의 첫 번째 부분인 www.google.com/search는 구글 검색 스크립트의 로케이션이다. /search 뒤에 바로 따라오는 물음표까지 포함해서 URL의 기본 또는 URL 시작이라고 언급한다. URL을 탐색하는 것은 빈 검색 페이지라는 훌륭한 도구를 얻게 되는 것과 같다. 파라미터를 지칭하는 검색어 뒤의 물음표도 검색 스크립트에 포함된다. 파라미터는 검색 스크립트가 실제로 어떠한 동작을 하게 끔 지시하는 옵션이다. 파라미터는 앰퍼샌드^{ampersand}(&)로 분리되고, 등호(=) 뒤의 변수와 설정된 변수 값으로 구성된다. 기본 구문은 다음과 같은 양상을 띤다.

www.google.com/search?variable1=value&variable2=value

이 URL은 매우 간단한 문자만을 포함하고 있다. 좀 더 복잡한 URL들은 헥사 코드^{hex code}와 동일하게 표시되는 특수문자를 포함한다. 헥사 코드 인코딩^{encoding}에 대해 잠깐 알아보자.

특수문자

헥사 인코딩이 성가신 일임은 분명하다. 하지만 조만간 검색 URL에 특수문자 사용이 필요해질 것이다. 그때가 되면 헥사 인코딩이 큰 도움을 줄 것이다. 요즘 사용하는 대부분의 브라우저는 정형화된 URL이 적용되는데, 특수문자와 공백을 인코딩된 16진수 값으로 변환해 출력한다. 여러분이 사용하는 브라우저도 이와 같이 동작한다면 URL 구조를 파악하는 일이 훨씬 수월해진다. 간단한 테스트를 위해 아래의 URL을 사용하는 브라우저에 입력해보자. 이때 i와 hack 그리고 stuff 사이에 공백이 들어감을 유의하라.

www.google.com/search?q="i hack stuff"

만약 브라우저가 자동변환 기능을 지원한다면, 주소창에 위 URL 구문 입력 후 주소창에 표기되는 URL이 www.google.com/search?q="i%20hack%20stuff" 와 같거나 이와 비슷하게 변환됐음을 확인할 수 있을 것이다. 공백문자가 %20으로 변경됐음을 주목하라. 퍼센트^{percent} 기호는 뒤따라오는 2개의 숫자가 공백문자의 16진수 값(20)임을 가리킨다. 일부 브라우저는 큰따옴표를 %22로 변환하는 한 가지 과정이 더 추가되기도 한다.

만약 브라우저가 이런 공백문자 변환을 지원하지 않는다면 쿼리는 예상한 대로 동작하지 않을 것이다. 이럴 경우 별도의 브라우저 설정 변경이 필요하다. 그렇지 않을 경우 기호에 따라 이를 지원하는 브라우저를 사용하도록 한다. 인터넷 익스플로러^{Internet Explorer}, 파이어폭스^{Firefox}, 사파리^{Safari}, 크롬^{Chrome}, 오페라^{Opera}는 위 기능이 지원되는 훌륭한 브라우저다.

조각 맞추기

구글 검색 URL 구조는 레고를 하나씩 쌓아 올리는 것과 같다. 검색이 시작되면 URL이 생성되고, 원하는 검색 결과를 찾기 위해 필요에 따라 URL을 수정하는 점이 그러하다. 기본 URL은 구글 웹 인터페이스를 통한 검색 요청에 따라 몇 번

이고 다시 생성된다. 만약 파라미터 추가가 필요하다면 기본 URL에 직접 추가 만 하면 된다. 만약 검색 중 파라미터 수정이 필요하다면, 파라미터의 값을 수정 하고 검색 실행을 다시 요청할 수 있다. 만약 파라미터 삭제를 원한다면, URL에 서 전체 파라미터를 삭제하고 검색 실행을 재요청하면 된다. 이런 과정들은 브라 우저 주소창에서 직접 수정이 가능하므로 아주 쉽다. 간단하게 URL을 수정하고 Enter 키만 누르면 끝난다. 브라우저는 자동으로 주소를 반영하고 결과 페이지를 업데이트해 출력한다. 이를 이용하면 앞서 말한 것과 같이 구글 고급 검색(www. google.com/advanced_search, 그림 1.9 참조)을 사용해 다양한 설정 값을 적용한 후 검색하는 것과 유사한 결과를 얻을 수 있다.

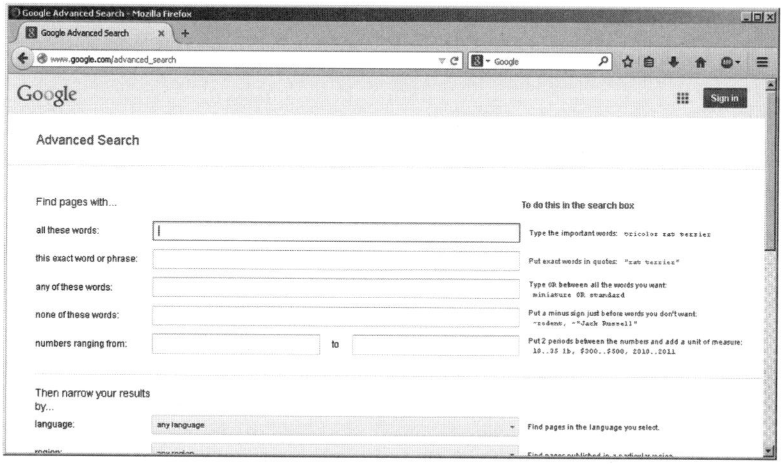

그림 1.9

구글 검색 URL은 다양한 파라미터를 포함한다. 사용자가 선택한 검색단어 옵 션에 기반해 변수 목록의 일부 또는 전부를 볼 수 있다. 파라미터는 추가될 수도 있고 검색 영역 변경을 위해 필요에 따라 수정될 수도 있다. 일부 파라미터는 언 어 제한 변수(lr)를 수용하기도 한다. lr 변수는 구글에게 특정 문자로 쓰인 페이 지만 반환하도록 지시한다. 예를 들어, lr = lang_ar은 아랍어^{Arabic}로 쓰인 페이지만 검색 결과로 반환한다.

hl 변수는 구글의 메시지와 링크를 출력하는 언어를 변경한다. lr 변수가 특정 언어로 작성된 페이지만을 결과 값으로 반환한다면, hl 변수는 결과 페이지의 언어를 설정 언어로 번역한다는 점에서 차이가 있다.

hl 변수와 lr 변수의 차이점을 정확히 이해하기 위해, 그림 1.10과 같이 lr 변수를 이용해 단어 food를 검색해보자. 화면을 보면 URL이 약간 다름을 알 수 있는데, 검색 결과 또한 현저히 적음을 알 수 있다. 이 경우 검색 결과는 덴마크어로 쓰인 페이지만을 출력하며 화면에 덴마크어 검색 페이지 버튼도 추가된다. 물론 구글 메시지나 링크는 모국어로 출력된다. hl 옵션과 달리 lr 옵션은 검색 결과를 변경한다.

그림 1.10

이는 구글에게 덴마크어로 작성된 페이지만 반환하라는 요청을 한 것이다. 검색 결과를 특정 언어로 작성된 페이지만 반환하는 부분에서 lr 변수를 일반 제한 변수와 쉽게 혼동할 수 있다. 그러나 사실 제한 변수는 언어와 아무런 관련이 없다. 이 변수는 사용자의 검색 결과를 .us처럼 톱레벨top-level 도메인 이름으로 정의하거나 서버 IP 주소의 지리상 위치에 근거해 하나 또는 그 이상의 국가에서 결과 값을 얻을 수 있게 제한한다. 이 기능이 다소 부정확하다고 생각될지도 모르는데, 사실 그렇다. 하지만 그래도 꽤 잘 동작하는 편이다. 그림 1.11에서처럼 JP(일본)로 검색 영역을 국가로 제한해 people을 검색해보자. URL이 제한 변수를 포함하는 형태로 바뀌었으나 두 번째 검색 결과인 www.unu.edu 페이지를 보면 사이트의 위치를 가늠하기 어렵다. 그러나 whois command를 이용해 해당 도메인을 검색하면 실제 물리적 주소가 일본에 위치한다는 사실을 알 수 있다.

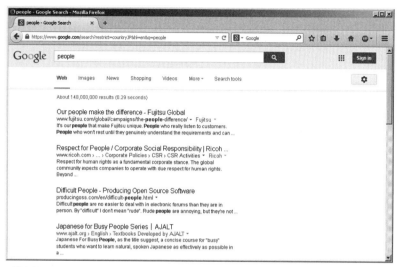

그림 1.11

✦ 정리

구글 인터페이스는 굉장히 간단하지만 강력한 검색을 가능케 하는 다양한 옵션을 제공한다. 구글을 이용하면 웹 페이지, 유즈넷USENET 같은 메시지 그룹, 이미지, 비디오 등 다양한 콘텐츠 종류를 검색할 수 있다. 구글 초보자는 구글이 제공하는 양식을 사용하되 구글이 전달하는 문법 관련 메시지와 경고에 주의를 기울일 필요가 있다.

불 연산자 NOT과 OR은 각각 마이너스 기호와 단어 OR(또는 | 기호)로 사용이 가능하다. 그러나 AND 연산자는 구글이 모든 검색어를 포함하는 데 자동으로 사용하기 때문에 사용자가 별도로 사용할 필요가 없다. 고급 검색 옵션은 고급 검색 페이지에서 사용 가능하며, 사용자의 검색 영역을 축소해 검색 시간을 단축해

준다. 숙련된 구글 사용자는 맞춤 제작한 쿼리와 오랜 경험 끝에 얻은 자신만의
방식을 사용해 효율적인 검색을 가능하게 한다.

◆ 빠른 해결책

구글 웹 인터페이스 탐험

- 구글은 웹, 그룹스, 비디오, 이미지 검색 등을 포함한 별개의 검색 영역으로
  구성되며 각각의 검색 특성 및 결과 페이지가 구별되어 있다.
- 구글의 핵심인 웹 검색 페이지는 간단하고, 명료하며, 고급 검색을 가능하
  게 할 만큼 강력하다.
- 구글 그룹 검색은 과거와 현재의 뉴스그룹 정보를 검색할 수 있다.
- 이미지 검색 기능은 검색어와 일치하는 10억여 개의 이미지 파일을 검색할
  수 있다.
- 구글 환경설정과 언어 도구는 검색 최적화, 번역 서비스, 언어 설정 등의 기
  능을 제공한다.

구글 쿼리 작성

- 구글 쿼리 작성은 원하는 결과를 찾기 위해 기본 검색과 검색어에 대한 확
  장과 축소를 통해 원하는 결과를 얻어내는 일련의 과정이다.
- 구글 검색의 황금률을 항상 기억하라. 간단해 보이는 규칙들이 성공적인
  검색을 위한 기초를 만든다.
- 불 연산자와 특수문자의 적절한 사용은 검색 결과를 확장 또는 축소하는
  데 도움이 된다. 이는 여러분의 쿼리문을 사용할 누군가가 해당 쿼리문을
  이해하는 데 도움을 줄 수 있다.

구글 URL 활용

- 구글 검색을 요청하면 결과 페이지로 바로 이동되며, 해당 URL은 검색 요청을 수정하거나 나중에 요청문을 다시 전송할 때 쓰일 수 있다.
- 구글 검색 URL을 설정하는 다양한 변수들이 있지만 꼭 필요한 변수는 q(또는 query) 변수다. 달^{month}을 기준으로 검색을 제한하는 as_qdr 변수 같은 고급 검색 옵션은 URL에 국한되어 사용 가능하다.

유용한 사이트

- www.google.com: 구글 메인 웹 페이지
- http://groups.google.com: 구글 그룹 웹 페이지
- http://images.google.com: 구글 이미지 검색
- http://video.google.com: 구글 비디오 검색
- www.google.com/language_tools: 구글 번역 페이지
- www.google.com/advanced_search: 구글 고급 검색 페이지
- www.google.com/preferences: 구글 환경설정 페이지. 인터페이스 언어, 검색 언어, 세이프서치 필터링, 결과 페이지 수 등의 옵션 설정 가능

자주 묻는 질문

아래 내용은 독자들이 자주 묻는 질문에 대해 책의 저자가 직접 답을 한 것이며, 각 장의 개념을 잡는 동시에 실제 생활에서 응용 가능한 방안을 제시한다. 저자에게 직접 묻고 싶은 질문이 있다면 www.syngress.com/solutions에 접속 후 '저자에게 묻기$^{Ask\ the\ Author}$' 코너를 이용한다.

Q: 일부 사람들은 툴바(toolbar)를 선호한다. 구글 툴바에 관한 정보는 어디에서 찾아볼 수 있는가?

A: 구글에게 물어봐라. 구글과 관련해 궁금한 점이 있다면 먼저 구글에게 물어보는 습관을 들여야 한다. 사용자가 구글에 적절한 검색을 요청했다면, 구글은 언제나 올바른 해답을 제공할 것이다.

아래는 유명한 구글 검색 도구 목록 중 일부다.

- 맥 구글 알림(www.google.com/mac.html/)
- 데스크톱, 구글 스케치업 PC 구글 팩(IE와 www.google.com/tools 파이어폭스 툴바, 구글 데스크톱 등)
- 모질라 브라우저 구글바(http://googlebar.mozdev.org/)
- 파이어폭스, Internet Groowe 멀티엔진 툴바(www.groowe.com/Explorer)

Q: 구글 URL을 작성하는 방법을 배울 수 있는 특별한 방법이 있는가?

A: 몇 가지 방법이 있다. 먼저 웹 인터페이스를 통해 기본 쿼리를 실행한 후, 쿼리 실행 시 생성되는 URL을 관찰한다. 그리고 검색 결과 페이지에서 쿼리를 약간 수정한 후 재실행 시 URL이 어떻게 변화되는지 살펴보라. 결국 핵심은 "실행하라. 무엇이 일어났는지 본 후 다시 실행하라."이다. 두 번째는, 그래픽 인터페이스를 제공하는 '쿼리 빌더(query builder)' 프로그램을 이용하는 방법이다. 이 프로그램은 사용자가 원하는 검색 옵션을 선택할 수 있고 인터페이스를 이용해 편리하게 구글 URL을 만들 수 있다. 좀 더 자세한 정보는 검색 엔진 해킹 포럼인 http://johnny.ihackstuff.com 사이트를 참고하라. 그중에서도 특히 '개발자 공간(coders corner)'에서 유용한 정보를 얻을 수 있다.

Q: 구글의 웹 인터페이스나 툴바 또는 URL을 직접 만드는 것 중 어느 방법이 가장 좋은가?

A: 어느 하나가 나머지 방법보다 월등히 좋다고 볼 수 없다. 이것은 개인의 기호에 따른 문제이며, 많은 숙련된 구글 사용자도 이 기술 중 하나를 각자 다른 방법으로 사용한다. 복잡한 구글 요청도 처음에는 구글 웹 인터페이스(www.google.com)에 단순한 쿼리 요청으로 시작한다. 검색 결과를 좁혀나가는 과정에서 검색 필드에 일부 쿼리를 추가하거나 빼는 방법이 가장 쉬울 수 있다. 또는 2장에서 다룰 날짜 범위 연산자를 이용해 URL의 끝에 as_qdr 파라미터를 추가하는 것이 경우에 따라 더 편할 수 있다. 다른 페이지를 서핑하다가 구글 검색이 필요한 경우에는 툴바를 이용하는 편이 더 빠를 것이다. 대부분의 툴바는 웹 페이지에서 특정 텍스트를 선택한 후 오른쪽 버튼을 클릭, 'Google 검색' 항목을 선택하면 해당 텍스트가 구글 쿼리로 전송되는 기능을 제공한다. 어떤 방법을 사용할지는 사용자의 기호나 상황에 따라 달라진다.

## 2장

고급 연산자

❖ 개요

1장에서 알아본 기본 검색 기술에서 더 나아가, 구글에서는 고급 연산자로 알려진 특수 기능을 제공해 사용자로 하여금 향상된 쿼리를 수행할 수 있게 한다. 이 연산자들을 적절하게 활용해, 검색 결과들을 하나하나 넘겨가는 수고 없이 사용자가 원하는 정확한 정보를 검색할 수 있다. 사용자가 제출한 쿼리 내에 고급 연산자가 존재하지 않을 경우, 구글에서는 웹 페이지의 제목, 텍스트, URL^Uniform Resource Locator 혹은 그 외 비슷한 것들에 포함된 검색단어를 나타내줄 것이다. 2장에서 살펴볼 고급 연산자는 다음과 같다.

- intitle, allintitle
- inurl, allinurl
- filetype
- allintext
- site
- link
- inanchor
- daterange
- cache
- info

- related

- phonebook

- rphonebook

- bphonebook

- author

- group

- msgid

- insubject

- stocks

- define

◆ 연산자 문법

고급 연산자는 쿼리에 추가되어 검색 결과들을 줄여나가기 위해 설계됐다. 고급 연산자는 비교적 사용이 쉬우나, 엄격한 문법을 사용하도록 되어 있다. 고급 연산자의 기본 문법은 '연산자:검색단어'다. 고급 연산자를 사용할 때는 다음 사항을 숙지하자.

- 연산자, 콜론(:), 검색단어 사이에는 공백이 없어야 한다. 이 문법을 지키지 않을 경우 사용자가 원하지 않는 결과를 얻게 될 것이며, 구글은 여러분의 검색 목적을 이해하지 못할 것이다. 대부분의 경우 구글은 문법이 적절하지 않은 고급 연산자를 또 다른 검색단어로 처리할 것이다. 예를 들어, intitle이라는 고급 연산자를 콜론과 검색단어 없이 사용한다면 구글에서 intitle이라는 단어를 포함한 페이지가 검색될 것이다.

- 연산 검색의 검색단어 부분은 1장에서 다룬 문법을 따라야 한다. 예를 들어, 검색단어는 큰따옴표(")로 둘러싸인 단어 혹은 문장이 되어야만 한다. 문장을 사용할 경우에는 연산자와 콜론, 그리고 문장 처음의 큰따옴표 사

이에 공백이 존재하지 않는지 확인해야 한다.

- 불 연산자와 특수문자(예: OR, +)는 고급 연산자에 적용될 수 있으며, 콜론 사이에 다른 문자가 존재해서는 안 된다.

- 고급 연산자는 혼합된 단일 쿼리를 지원한다. 이 경우 고급 연산자와 함께 구글 기본 쿼리 문법을 만족해야만 한다. 특정 고급 연산자는 다른 연산자보다 연산자 간 조합에 유리하며, 다른 특정 연산자들은 조합할 수가 없다. 이번 장의 뒷부분에서 이러한 제약사항들을 살펴볼 것이다.

- ALL 연산자(ALL이라는 단어로 시작하는 연산자)들은 매우 특이하다. 이 연산자는 일반적으로 각각의 쿼리에 사용되며, 여타 연산자와 혼용될 수 없다.

고급 연산자가 포함된 유효한 검색어의 예시는 다음과 같다.

- intitle:Google: 이 쿼리는 제목에 Google이라는 단어가 포함된 페이지를 찾아줄 것이다.

- intitle:"index of": 이 쿼리는 제목에 index of라는 문장이 포함된 페이지를 찾아줄 것이다. 이전 장의 내용을 상기하자면, 이 쿼리는 intitle:index.of와 같이 아무 문자나 검색하기 위해 마침표(.)를 이용할 수도 있다. 이러한 기법은 공백을 입력하거나 문장 앞뒤에 큰따옴표(")를 붙이는 수고를 덜 수 있다.

- intitle:"index of" private: 이 쿼리는 제목에 index of라는 문장을 포함하고 페이지 내의 URL, 제목, 내용 등 모든 위치에서 private라는 단어를 포함한 페이지를 찾아줄 것이다. intitle 연산자는 오로지 index of 문장에만 적용되며 private 단어에는 적용되지 않음을 알아두자. 구글은 index of 다음 처음으로 큰따옴표에 둘러싸이지 않은 공백을 고급 연산자 검색어 문구의 마지막으로 해석하게 되며, 계속해서 나머지 쿼리를 처리할 것이다.

- intitle:"index of" "backup files": 이 쿼리는 제목 내에 index of라는 문장을 포함하고, 페이지의 URL, 제목, 텍스트 등 모든 위치에서 backup files라는

단어를 포함한 페이지를 찾아줄 것이다. 다시 강조하자면, intitle은 오로지 index of라는 문장에만 적용될 것이다.

◆ 구문 오류 해결

고급 연산자에 대해 단순히 접근하기 전에, 고급 연산자를 사용할 때 피할 수 없는 문법 오류에 대해 알아보자. 그림 2.1과 같이 구글은 사용자가 실수한 경우를 찾아 알려준다.

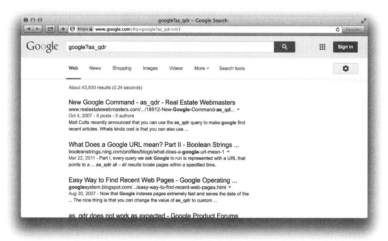

그림 2.1

이 예시의 경우, 사용자가 URL에 포함된 as_qdr 변수에 유효하지 않은 옵션을 구글에 제출했다(정확한 문법은 as_qdr = m3으로, 이후에 이것에 대해 알아볼 것이다). 구글의 검색 결과 페이지의 맨 윗부분에서 특정 문제가 발생했음을 나타내고 있다. 이러한 메시지들은 쿼리 문자열 혹은 URL에 존재하는 오류를 찾아내는 데 중요한 열쇠가 되기 때문에, 검색 결과 페이지의 맨 윗부분을 항상 주시해야 한다. 사용자는 보통 스크롤을 내려 결과를 확인하기 때문에 이 부분을 간과하기가 쉽다.

그림 2.2에서 볼 수 있듯이, 종종 구글에서는 오류 구문 없이 빈 결과 페이지를
출력하기도 한다.

그림 2.2

✦구글의 고급 연산자 소개

구글의 고급 연산자들은 매우 범용적이다. 그러나 이전의 예에서 봤듯이 모든 연
산자를 모든 곳에 쓸 수 있는 것은 아니다. 특정 연산자는 구글 웹^{Web} 검색을 수
행하는 데 쓰이며, 다른 것들은 구글 그룹 검색을 하기 위해 사용할 수 있다. 이와
같은 규칙을 기억하는 데 어려움이 있다면, 페이지 맨 윗부분 근처의 결과 줄을
자세히 확인해야 한다. 구글이 잘못된 문법을 찾아냈다면, 사용자의 잘못된 문법
에 대해 알려주는 오류 메시지가 나타날 것이다. 종종, 구글이 잘못된 형식을 찾
아내지 못하고 바로 검색을 수행하는 경우도 존재한다. 이 경우 검색 결과 페이
지를 잘 살펴보면 구글이 검색 결과 내에 단어를 굵은 글씨체로 나타내고 있음을
확인할 수 있을 것이다. 이러한 단어들은 구글에서 사용자가 제출한 검색단어로
인식한 것들이다. 예를 들어 intitle이라는 단어가 굵은 글씨체로 되어 있다면, 사
용자가 intitle 연산자를 사용하는 데 실수를 했을 것이다.

◈ intitle과 allintitle: 페이지의 제목 내 검색

기술적 관점에서 본다면, 페이지의 제목은 HTML^{Hypertext Markup Language} 문서에 포함된 TITLE 태그에서 찾을 수 있는 글자들이다. 그림 2.3과 같이, 제목은 페이지를 열어볼 때 대부분의 브라우저에서 맨 윗부분에 표시된다. 구글 그룹과 관련해서, intitle 연산자는 메시지 포스트의 제목 부분에서 단어를 찾아줄 것이다.

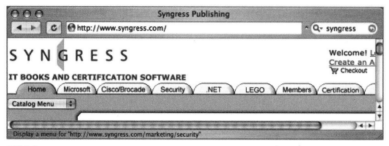

그림 2.3

그림 2.3에서 볼 수 있듯이, 웹 페이지의 제목은 Syngress Publishing이다. 어떤 브라우저의 경우, 특정 환경에서 웹 페이지의 제목에 글자를 삽입할 수도 있다.

사파리 브라우저의 경우 페이지의 제목 앞에 Loading이라는 단어와 큰따옴표를 추가한다. intitle을 사용할 때는, 어떤 글자들이 제목에 있으며 어떤 글자들이 브라우저에 의해 추가되는지 확인해야 한다.

제목에 들어가는 글자는 제한이 없으나, TITLE HTML 태그에 제한이 있다. 웹 페이지의 문서는 매우 다양한 형태로 만들어질 수 있으며, 어떤 웹 페이지는 제목 부분이 아예 없는 경우도 존재한다. 제목은 웹 페이지의 윗부분에 나타나는 문자들이며, intitle을 이용해 제목 부분에 포함된 글자를 찾아낼 수 있다는 점을 기억하라.

intitle을 사용할 때는 intitle 연산자 뒤에 이어지는 문장 혹은 단어가 단순 검색 문장으로 인식될 수 있기 때문에 검색 문자열의 문법에 주의를 기울여야 한다. allintitle의 경우에는 이 규칙을 따르지 않는다. allintitle은 구글에서 페이지의 제목에서 찾을 수 있는 모든 모든 개별 단어와 문장을 검색한다. 예를 들어, intitle 검색의 예로 intitle:"index of" "backup files"라는 쿼리를 살펴봤다. 그림 2.4와 같이 이 쿼리의 "backup files" 부분은 제목의 두 번째 부분이 아닌 문서 내 모든 문자의 단어에서 검색이 될 것이다.

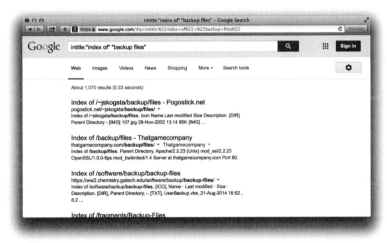

그림 2.4

이 쿼리를 allintitle:"index of" "backup files"로 수정하면, 그림 2.5와 같이 구글로부터 다른 응답을 받아올 수 있을 것이다.

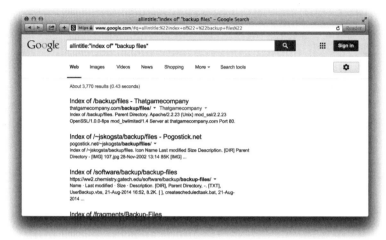

그림 2.5

　제목 내에 "index of"와 "backup files"에 대한 검색 결과가 동시에 포함되어 있을
것이다. allintitle 검색 또한 제한적이며, intitle 검색처럼 일부분만을 표시한다는 점
을 참고하자.

　allintitle 연산자를 사용하는 데 주의해야 할 점이 몇 가지 있다. 이 연산자는 여
타 고급 연산자와 함께 사용될 경우 느려지는 경향이 있으며, 전체 쿼리를 망가
뜨려 아무 결과도 나오지 않게 할 수도 있다. allintitle 연산자를 사용하기보다는
여러 개의 intitle 연산자를 사용하는 편이 낫다.

❖ allintext: 페이지의 텍스트 안에 포함된 문자열 찾기

allintext 연산자는 사용하기에 가장 단순한 연산자다. 이 연산자는 검색 엔진의 잘
알려진 기능대로, 페이지의 글 내용 안의 단어를 찾아준다. 이 고급 연산자가 실
제로 사용하기에 너무 일반적이라고 생각할 수도 있으나, 사용자가 특정 글자를
페이지 내의 텍스트에서만 검색하고자 할 때 편리하게 사용할 수 있다. allintext는
'이 문자열을 제목, URL, 링크를 제외한 모든 곳에서 검색하라'는 의미의 일종의

약칭으로 사용된다. 이 연산자는 all이라는 단어로 시작하기 때문에, 모든 검색단어는 연산자가 연산자의 검색 쿼리의 일부로 인식될 때 제공될 것이다.

이러한 이유로 allintext 연산자는 그 밖의 고급 연산자와 혼용되어서는 안 된다.

❖ inurl과 allinurl: URL 내의 문자열 찾기

intitle 연산자의 한계를 살펴보다 보니, inurl 연산자를 설명하는 편이 훨씬 간단하다는 생각이 든다. 하지만 URL의 경우 단순한 페이지 제목보다 훨씬 더 복잡하며, inurl 연산자 또한 사용하기에 쉽진 않을 것이다.

우선, URL에 대해 알아보자. URL은 'Uniform Resource Locator'의 약자로, 단순히 말하자면 웹 페이지의 주소다. URL의 앞부분은 http:// 혹은 ftp://와 같이 프로토콜과 ://로 이루어져 있다. 프로토콜 다음으로는 정방향 슬래시(/)로 분리된 주소와 경로명이 존재한다. 경로명 뒤에는 선택적인 파일 이름이 따라오게 된다. 일반적인 기본 URL은 http://www.uriah.com/apple-qt/1984.html 같은 형태이며, 다양한 여러 기능들을 확인할 수 있다. 프로토콜 http는 이것이 기본적인 웹 서버임을 의미한다. 이 웹 서버는 www.uriah.com에 위치해 있으며, 요청된 파일인 1984.html은 서버의 /apple-qt 디렉토리 내에 존재한다. 1장에서 살펴봤듯이 구글 검색은 http://www.google.com/search?q=ihackstuff와 같이 URL을 통해 전달될 수 있다.

프로토콜, 서버, 디렉토리, 그리고 URL의 파일 부분에 대해 논의했으나, 예시 URL의 마지막 부분인 ?q=ihackstuff를 좀 더 검토해볼 필요가 있다. 간단하게 설명하자면, '검색' 프로그램 혹은 파일로 전달되는 파라미터의 목록이다. 더 자세하게 파고들기보다는 단순히 이 모든 것이 구글에서 inurl 혹은 allinurl 연산자를 이용해 검색할 수 있는 URL의 일부라고 이해하면 된다.

intitle 연산자를 다룰 때보다 훨씬 복잡하진 않지만, 약간의 복잡함은 존재한다. 첫 번째로, 구글은 예를 들면 http:// 같은 URL의 프로토콜 부분을 효과적으로 검색하지 못한다. 두 번째로, 수많은 특수문자가 URL 내에 존재하는데 구글은 이것들을 전부 분석해내는 데 문제가 발생할 수 있다. 특정 특수문자를 검색에 포함시킬 경우 원하지 않은 결과를 초래할 수 있으며, 원하지 않는 방법으로 검색을 제한당할 수 있다. 세 번째로, 가장 중요한 것은 여타 고급 연산자(예: site, filetype)가 inurl보다 좀 더 URL 내의 상세 위치를 검색할 수 있다는 점이다. 비교적 쉬운 intitle 검색에 반해 inurl을 효과적으로 사용하기 힘든 이유가 바로 이런 부분 때문이다. 그럼에도 불구하고 inurl은 구글 고급 사용자들에게 있어 가장 필수적인 연산자 중 하나인데, 이 책을 통해 이것이 어떻게 광범위하게 사용될 수 있는지 알아볼 것이다.

inurl은 intitle 연산자와 함께 allinurl이라는 동료 연산자를 갖고 있다. 그림 2.6에 나온 inurl 검색 결과 페이지를 잘 살펴보자.

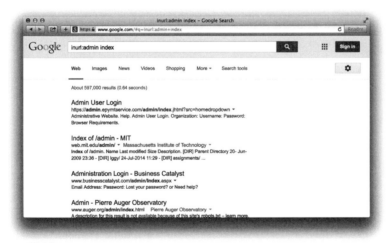

그림 2.6

이 검색은 문서 내의 URL에서 admin이라는 단어를 찾아내고, 문서 내 임의의 위치에서 index라는 단어를 찾아 2백만 건 이상의 검색 결과를 찾아냈다. inurl 검색을 allinurl 검색으로 변경해, 그림 2.7과 같은 결과 페이지를 확인할 수 있었다.

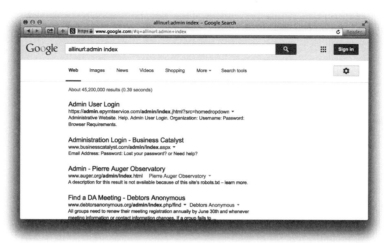

그림 2.7

이번에는 구글이 admin과 index라는 단어를 문서의 URL 부분에서만 찾게 했으며, 백만 건보다 적은 결과를 찾아냈다. allintitle 검색과 마찬가지로 allinurl은 구글에게 페이지의 URL에서 어떤 단어 혹은 문장을 찾게 한다. 또한 allintitle과 같이 allinurl도 여타 쿼리들과 함께 잘 사용되지 않는다. 여러 개의 단어 혹은 문장을 URL에서 찾고자 한다면, allinurl 조합을 사용하기보다는 여러 개의 inurl 쿼리를 사용하는 편이 낫다.

❖ site: 특정 사이트들에 대한 상세 검색

site는 기술적으로는 URL의 일부이지만, 가장 효과적으로 서버의 주소(혹은 도메인 이름)를 검색할 수 있는 연산자다. site는 특정 서버 혹은 특정 도메인 내에 호스팅되는 페이지에 대해서만 검색을 할 수 있게 해준다. 간단한 일은 아니지만, site 연산자를 적절하게 사용하기 위해서는 (사람이 왼쪽에서 오른쪽으로 사이트 이름을 읽는 방식과는 반대로) 구글이 웹 서버의 이름을 오른쪽에서 왼쪽으로 읽는 데 익숙해져야만 한다. 일반적인 웹 서버 이름을 www.apple.com으로 생각

해보자. 그림 2.8과 같이 blackhat.com으로 호스팅된 페이지를 찾고자 한다면,
site:blackhat.com의 간단한 쿼리로 충분하다.

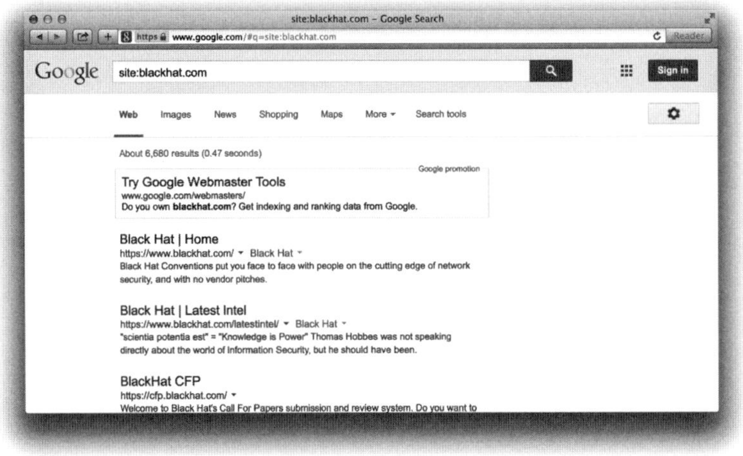

그림 2.8

처음 2개의 결과가 www.blackhat.com과 japan.blackhat.com으로부터 확인
됨을 참고하라. 양측 서버가 blackhat.com으로 끝나는 것으로 사용자가 제출한
쿼리에 부합함을 알 수 있다.

대부분의 구글 고급 연산자와 마찬가지로, site는 흥미로운 방법으로 사용될 수
있다. 예를 들어 site:r에 대한 쿼리를 작성한다면, 그림 2.9와 같은 결과를 얻을
수 있다.

그림 2.9

이 쿼리에 대한 결과를 자세히 살펴보면, 처음 반환된 결과가 약간 이상한 것을 알 수 있다. 사실 이 결과에는 이상한 점이 있다. 구글(또는 대규모 인터넷)에서는 서버 이름(실제 도메인 이름)을 왼쪽에서 오른쪽이 아닌 오른쪽에서 왼쪽으로 읽는다. 따라서 .r이라는 도메인 이름이 존재하지 않기 때문에 site:r 쿼리에 대한 유효한 결과 값을 반환하지 않는다. 구글이 검색 결과를 반환하는 이유는 무엇일까? 확실하게 알 수는 없으나, 한 가지 확실한 것은 이러한 이상한 검색들과 관련된 결과가 고급 검색 엔진 사용자에게는 매우 흥미로우며, 추가적인 탐색을 수행하도록 사용자의 도전의식을 자극한다는 점이다.

site 연산자는 간단하게 다른 검색어 또는 연산자와 혼합해 사용할 수 있는데, 이 장 후반부에서 이 내용을 살펴볼 것이다.

❖ filetype: 특정 종류의 파일 검색

구글은 일반 웹 페이지 외에 많은 것을 찾아낼 수 있다. 구글은 PDF^Adobe Portable Document Format나 마이크로소프트 오피스^Microsoft Office 문서 같은 다양한 종류의 파일을 찾아낼 수 있다. filetype 연산자는 이러한 종류의 파일을 찾을 수 있게 해준다.

좀 더 자세하게 설명하자면, filetype은 특정 파일 확장자로 끝나는 페이지를 찾아낸다. 파일 확장자는 URL의 일부로, 파일 이름의 마지막 '.' 뒤의 부분이면서, 파라미터 목록이 시작되는 물음표의 앞부분에 위치해 있다. 파일 확장자가 어떠한 종류의 프로그램이 파일을 실행할 수 있는지를 나타내는 부분이기 때문에, filetype 연산자는 특정 파일 확장자를 찾음으로써 특정 종류의 파일을 검색하는 데 사용될 수 있다.

이 책의 초판 이래로 10년 이상의 기간 동안 이러한 프로세스들의 많은 부분이 변경됐다. 구글이 얼마나 많은 검색 결과를 알려주는지 확인해보라! 검색 결과의 증가는 매우 놀라울 것이다. 만약 사용자가 이러한 확장자에 대해 친숙하지 않다면, 파일 확장자가 어떤 것인지, 어떠한 프로그램이 연관되어 있는지에 대한 방대한 자료를 얻을 수 있는 www.filetext.com을 방문해 확인해보라.

구글은 모든 문서를 온라인으로 볼 수 있는 HTML 혹은 텍스트로 변환할 수 있다. 그림 2.10과 같이 구글이 파일을 검색하고, 검색 결과 페이지에서 파일을 변환해준 것을 확인할 수 있다.

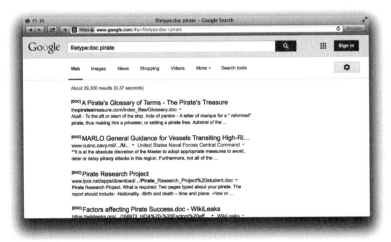

그림 2.10

문서의 제목과 마이크로소프트 워드^{Microsoft Word} 파일 형식 이전 첫 번째 결과들이 [DOC]를 나타내고 있음을 확인할 수 있다. 구글이 이 파일을 마이크로소프트 워드 문서로 인식하고 있다는 뜻이다. 추가적으로, 그림 2.11과 같이 구글에서는 클릭 시 파일과 유사한 HTML을 보여주는 링크에 대한 뷰를 보여줄 것이다.

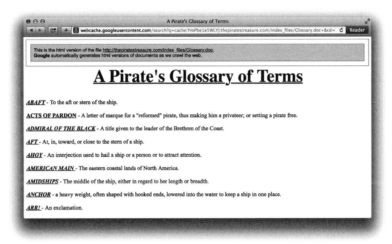

그림 2.11

구글이 변환한 문서에 대한 링크를 클릭하면 헤더가 페이지 상단에 나타나며, 이는 사용자가 페이지의 HTML 버전을 보고 있음을 의미한다. 원래의 파일에 대한 링크 또한 제공된다. 사용자는 이 페이지의 캐시된^{cached} 뷰를 보고 있는 것이다. 이 페이지는 HTML로 변환된 원래 페이지의 캐시된 버전이다.

이것이 대단한 기능임에도 불구하고, 구글 검색이 완벽하지는 않다. 다음 내용을 참고하라.

- 구글이 변환된 버전의 페이지에 대한 링크를 항상 제공하는 건 아니다.
- 구글은 아주 흔한 파일 형태의 파일 종류라도 적절하게 인식하지 못할 수 있다.
- 특정 파일 확장자로 끝나는 파일이지만 파일이 비어 있는 경우, 구글은 가끔 유효한 파일 형태와 변환된 형식의 페이지로 이동하는 링크를 제공하기도 한다. 빈 워드 문서의 HTML 버전일지라 하더라도 빈 부분을 보여준다.

이 연산자는 OR이 붙는 경우 이상하게 동작하는 경우가 있다. 예를 들어 filetype:doc라는 쿼리가 3,900만 개의 결과를 보여주고, filetype:pdf라는 쿼리가 2억 5,500만 개의 결과를 보여준다면, (filetype:doc | filetype:pdf)라는 쿼리는 각각의 검색 결과가 혼합된 3억 3,500만 개의 결과를 나타낸다. 그러나 (filetype:doc | filetype:pdf) (doc | pdf) 같은 조합을 사용한다면 원래의 것보다 많은, 넓은 의미의 검색이 수행되어 4억 4,100만 개의 결과가 반환될 것이다. 연산자에 반영된 불 연산자는 신뢰할 수가 없으므로, 연산자 사용에 유의하기 바란다.

이 연산자는 여타 연산자 및 검색단어와 함께 쓰일 수 있다.

◆ link: 특정 페이지로 이동하는 링크 검색

link 연산자는 다른 페이지로의 링크를 제공하는 페이지에 대한 검색을 가능하게 한다. 검색단어를 입력하는 대신 link 연산자는 URL 혹은 서버 이름을 변수로 필요로 한다. 그림 2.12와 같이 link는 가장 기본적인 형태로 서버 이름을 함께 사용한다.

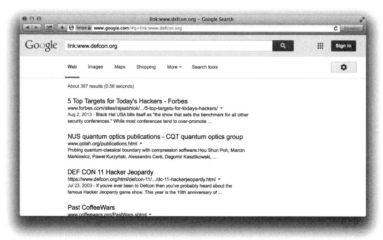

그림 2.12

그림 2.12에서 확인할 수 있는 각각의 검색 결과는 http://www.defcon.org 웹사이트로의 HTML 링크를 포함하고 있다. link 연산자는 기본 URL만이 아닌, 디렉토리 이름, 파일 이름, 파라미터 등의 완성된 URL 형태를 포함하도록 확장될 수 있다. 긴 URL은 각 부분에 대한 검색보다 좀 더 상세하고, 적은 결과를 반환하게 될 것임을 상기하라.

링크에 대한 URL이 있는 위치는 브라우저의 상태 바 혹은 페이지의 소스에서 보일 것이다. 검색단어(링크가 가리키는 웹사이트)가 실제 페이지에서 보이지 않기 때문에 다른 캐시된 페이지와는 달리, link 연산자의 검색 결과는 검색단어를 하이라이트highlight하지 않는다. 실제로, 그림 2.13과 같이 캐시된 배너는 사용자가 제출한 검색 쿼리에서 참조되지 않는다.

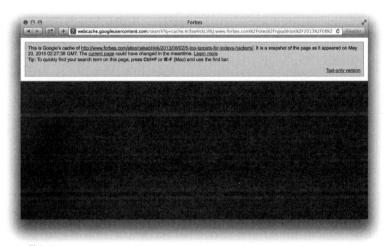

그림 2.13

흔한 오해 중 하나가 link 연산자는 링크에 포함된 글자들을 찾는다는 것이다. 다음에 살펴볼 inanchor 연산자는 이와 유사한 검색을 수행한다. link 연산자를 적절히 사용하기 위해서는 반드시 완전한 URL(프로토콜, 서버, 디렉토리, 파일)을 입력해야 한다. URL의 일부(프로토콜 혹은 호스트만을 포함한) 혹은 단순히 서버 이름 등을 입력하는 경우 구글은 예상치 못한 결과를 반환할 수 있다. 예를 들어 151,000개의 결과를 반환하는 link:linux에 대한 검색을 생각해보자. 이 검색은 도메인 이름이 유효하지 않기 때문에 링크 검색을 위한 적절한 구문을 사용하고 있지 않다. 이에 대한 정확한 구문은 link:linux.org(317개의 결과를 반환) 혹은 link:linux.org(결과가 없음)가 될 것이다. 원래의 쿼리가 151,000개의 결과를 갖고 있는 건 말이 되지 않는다. link:linux 같은 검색에 구글이 반환한 결과는 실제로 무엇일까? 그림 2.14에서 어떤 결과가 나왔는지 확인할 수 있다.

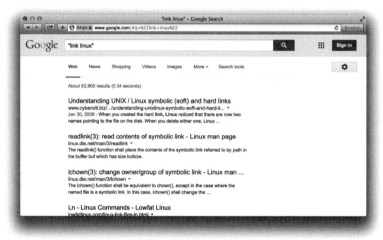

그림 2.14

유효하지 않은 link: 구문이 입력될 경우, 구글은 이것을 문장 검색처럼 처리한다. 그림 2.15와 같이 구글은 캐시된 페이지를 통해 잘못된 link 검색을 어떻게 처리하는지에 대해 또 다른 단서를 제공한다. link:linux 검색을 통해 얻어낸 캐시된 배너는 전형적인 link 검색을 통해 캐시된 배너가 아닌, 일반적인 검색을 통해 하이라이트된 검색어를 포함한 캐시된 배너와 유사하다.

그림 2.15

이것은 구글이 link 검색을 수행하지 못했고, 단어를 구분하는 콜론(:)을 포함한 문장에 대한 검색을 수행했음을 나타낸다.

link 연산자는 여타 연산자 혹은 검색단어와 함께 사용할 수 없다.

inanchor: 링크 글자에 포함된 글자 찾기

이 연산자는 링크들을 찾는 데 사용된다는 점에서 link 연산자의 동지 연산자로 여겨진다. 그러나 inanchor 연산자는 링크 내의 문자를 찾으며, 실제 URL을 찾지 못한다. 예를 들어 'current page'에 대한 구글 링크는 텍스트에 밑줄이 그어진 부분을 가진 전형적인 형태의 링크다. 이 링크를 클릭하면, 사용자는 다음 URL로 이동하게 된다.

http://dmoz.org/Computers/Software/Operating_Systems/Linux

이 페이지에 대한 실제 소스를 확인해보면 다음과 같음을 확인할 수 있다.

〈A HREF="http://dmoz.org/Computers/Software/Operating_Systems/Linux/"〉 current page 〈/A〉 inanchor 연산자는 'current page' 문장 같은 경우의 앵커^{anchor} 혹은 링크에 표시된 글자를 찾는 데 유용하다. 이것은 inurl을 이용해 inurl:Computers inurl:Operating_Systems 쿼리와 같이 'current page'를 검색하는 것과는 차이점이 있다.

inanchor는 inanchor:click 혹은 inanchor:James.Foster처럼 단어 혹은 문장을 변수로 받아들인다. 이 검색은 이후 각 사이트 간의 관계를 검색하는 방법을 알아볼 때 매우 편리하게 사용될 것이다. inanchor 연산자는 여타 연산자 혹은 검색 단어와 함께 사용될 수 있다.

❖cache: 페이지의 캐시된 버전을 보여주기

앞서 살펴봤듯이, 구글은 검색 결과 페이지에서 캐시된 링크를 통해 미리 탐색된 페이지에 대한 스냅샷을 보관하고 있다. 먼저 검색 결과 페이지에서 캐시된 링크를 얻어내기 위한 구글 쿼리를 실행하기 전에 바로 페이지의 캐시된 버전으로 접근하고 싶다면, cache:blackhat.com 혹은 cache:www.netsec.net/content/index.jsp 같이 cache 고급 연산자를 이용한 구글 쿼리를 사용할 수 있다. 만약 완전한 URL 혹은 호스트 이름을 입력하지 않는다면, 구글은 예상하지 못한 결과를 반환할 것이다. link 연산자와 마찬가지로, 유효하지 않은 호스트 이름 혹은 URL을 파라미터로 입력할 경우에는 이 쿼리를 문장 검색으로 처리할 것이다. cache:linux는 "cache linux"와 완전히 동일한 다수의 결과를 반환할 것이다. 이것은 구글이 cache 검색을 일반 검색으로 받아들인다는 뜻이다.

cache 연산자는 예상치 못한 결과를 반환할 수 있긴 해도 여타 연산자 혹은 단어와 함께 사용할 수는 있다.

❖ numrange: 숫자 범위 검색

numrange 연산자는 대시(-)로 분리된 낮은 숫자와 큰 숫자, 2개의 파라미터를 필요로 한다. 이 연산자는 강력하지만, 악의적인 구글 해커가 사용하는 경우에는 매우 위험할 수 있다. numrange라는 단어 의미 그대로, 이것은 특정 범위 내의 숫자를 찾는 데 사용된다. 예를 들면, 숫자 12345를 찾아내기 위해 numrange:12344-12346 같은 쿼리가 유효하게 동작할 것이다. 숫자를 검색하는 경우 구글은 통화 문자와 콤마(,) 같은 문자를 무시할 것이며, 페이지 내의 숫자를 찾는 데 도움이 될 것이다. 이 연산자의 요약된 버전 또한 존재한다. numrange 연산자를 사용하기 전에, 쿼리 내에 2개의 점(.)으로 구분된 숫자를 2개 입력하면 된다. 위에서 말한 요약된 버전의 쿼리는 12344..12346이다. numrange 연산자가 완전히 쿼리에서 빠져 있음을 주목하라.

이 연산자는 여타 연산자 혹은 검색단어와 함께 사용할 수 있다.

❖ daterange: 특정 날짜 범위 내에 발행된 페이지 찾기

daterange 연산자는 반응 속도가 조금 느릴 수 있다. 그러나 이 연산자는 배워둘 만한 가치가 있으며, 매우 유용한 연산자임에 틀림없다. 이 연산자를 이용해 구글이 인덱싱한 특정 날짜 범위 내에 있는 페이지를 찾아낼 수 있다. 매번 구글이 페이지를 탐색할 때마다 이 데이터는 변할 것이다. 구글이 애매모호한 웹 페이지를 찾아낸다면, 구글이 한 번 탐색했으나 다시 이 페이지를 찾지 못했을 경우일 것이다. 사용자의 검색어가 애매모호한 웹 페이지들로 인해 난관에 부딪힌다면, daterange 연산자를 통해 검색에서 이것들을 제외시킬 수 있다(또한 최신의 결과를 얻어낼 수 있다).

이 연산자로 전달되는 파라미터는 반드시 대시(-)로 구분된 2개의 날짜 범위로 표현되어야 한다. 특정한 하루의 날짜로 검색된 페이지를 찾고자 한다면, 대시로 구분된 동일한 날짜 2개를 입력해야 한다. 이것이 간단해 보이겠지만, 실제로는 그렇지 않다. 날짜들은 율리우스일$^{Julian\ dates}$로 입력되어야만 한다. 율리우스일은 기원전 4713년 1월 1일부터 지난 날짜의 수다. 예를 들면, 2001년 9월 11일의 경우 율리우스일로 2452164일이다. 그러므로 Osama Bin Laden이라는 단어를 포함하는 2001년 9월 11일 구글에서 검색된 페이지를 찾으려면, 다음과 같은 쿼리를 사용해야 한다.

daterange:2452164-2452164 "osama bin laden"

구글은 daterange 연산자와 이로 인한 사용자의 응용 방식을 공식적으로는 지원하지 않는다. www.google.com/advanced_search 페이지에서 제공하는 구글은 고급 연산자 검색 폼에서 사용되는 날짜 제한을 사용하기를 원하는 것으로 보인다. 1장에서 살펴봤듯이, 이 폼은 특정 함수들을 실행하기 위해 URL 문자열에 필드 값을 채워넣는 역할을 한다. 구글은 as_qdr 필드를 이용해 특정 시간 단위 동안 업데이트된 페이지를 찾도록 설계되어 있다. 예를 들면, Google을 포함하고 3달 이내에 작성된 페이지를 찾기 위해 다음과 같은 쿼리를 사용할 수 있다.

http://www.google.com/search?q=google&as_qdr=m3

info 연산자(다음 절 참조)는 사이트에 대한 요약 정보와 구글에서 검색된 이 사이트에 관련된 것으로 보이는 링크를 제공한다. 이 연산자에 입력되는 파라미터는 유효한 URL 혹은 사이트 이름이 되어야 한다. 검색 쿼리로 사이트 이름 혹은 URL을 입력해 동일한 기능을 수행할 수도 있다.

반응이 느린 daterange 연산자를 사용하는 대신, 날짜 한정자를 이용하는 편이 나을 수도 있다. 그러나 이 두 방식은 다른 기능을 수행한다. daterange는 as_qdr과 동일하게 사용되지 않으며, 어떠한 연산자도 동일한 기능을 수행할 수 없다. 지난 몇 년 혹은 그 이내에 작성된 페이지를 찾고자 한다면, 구글 고급 검색 인터페이스를 사용하거나, URL 끝에 &as_qdr = 3m(혹은 비슷한 것)을 붙여야만 한다. daterange 연산자는 반드시 다른 검색단어 혹은 고급 연산자와 함께 사용되어야만 한다. daterange 연산자 하나로는 어떠한 결과도 얻어낼 수 없을 것이다.

✤ info: 구글의 요약 정보 보여주기

info 연산자는 그림 2.16과 같이 사이트에 대한 요약 정보와 구글에서 검색된 사이트에 관련된 것으로 보이는 링크를 제공한다. 이 연산자에 입력되는 파라미터는 유효한 URL 혹은 사이트 이름이 되어야 한다. 검색 쿼리로 사이트 이름 혹은 URL을 입력해 동일한 기능을 수행할 수도 있다.

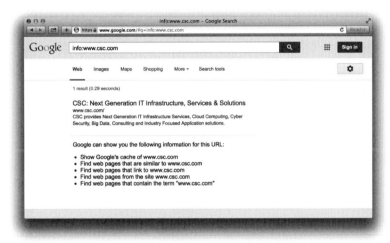

그림 2.16

　완전한 URL 혹은 호스트 이름을 입력하지 않을 경우, 구글에서는 예상하지 못한 결과를 반환할 가능성이 있다. link와 cache 연산자와 마찬가지로, 잘못된 호스트 이름 혹은 URL을 info 연산자에 대한 입력 파라미터로 사용할 경우 구문 검색과 동일한 쿼리를 수행할 것이다. info:linux를 사용한 쿼리의 경우, "info linux" 쿼리와 동일한 결과를 반환할 것이며, 이것은 구글이 info 검색을 일반 구문 검색으로 인식한다는 뜻이다.

　info 연산자는 여타 연산자 혹은 검색단어와 함께 사용할 수 없다.

❖ related: 관련된 사이트 보여주기

related 연산자는 그림 2.17과 같이 구글이 연관된 사이트로 판단하는 결과를 보여준다. 이 연산자에 대한 입력 파라미터는 유효한 사이트 이름 혹은 URL이 되어야 한다. 동일한 기능을 검색 결과 페이지에 있는 '유사한 페이지' 링크를 클릭하거나, 고급 검색 폼의 'URL과 유사하거나 연결되는 페이지 검색' 부분에서 수행할 수 있다.

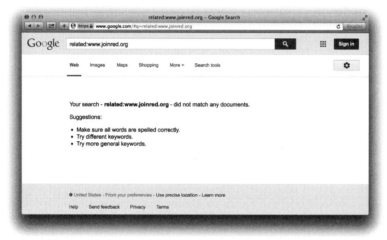

그림 2.17

완전한 URL 혹은 호스트 이름을 입력하지 않을 경우, 구글은 예상하지 못한 결과를 반환할 수 있다. related 연산자에 입력되는 파라미터에 유효하지 않은 호스트 이름 혹은 URL을 입력하면, 일반 구문 검색과 같은 쿼리를 보낼 것이다. related:linux라는 검색은 구글이 이것을 일반 구문 검색으로 받아들인다는 뜻이며, 이로 인해 "related linux"라는 검색어와 완전히 동일한 결과를 반환할 것이다.

related 연산자는 여타 연산자 혹은 검색단어와 함께 사용할 수 없다.

❖ stocks: 주식 정보 검색

stocks 연산자는 특정 회사의 주식 시장 정보를 검색할 수 있게 해준다. 이 연산자에 제공되는 파라미터는 유효한 주식 약칭으로 제공되어야만 한다. 유효한 티커 심볼^{ticker symbol}을 입력했다면, 그림 2.18과 같이 정확한 주식명을 찾기 위한 페이지로 이동할 것이다.

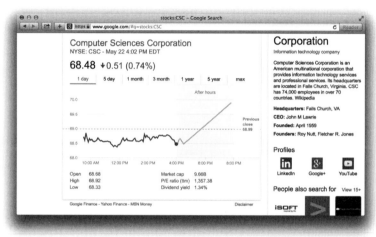

그림 2.18

stocks 연산자는 여타 연산자 혹은 검색단어와 함께 사용할 수 없다.

❖ define: 특정 용어의 정의 보여주기

define 연산자는 검색단어에 대한 정의를 검색한 결과를 반환한다. 이 연산자는 매우 간단하고 복잡하지 않으며, 연산자에 입력되는 인자는 단어 혹은 문장이 되어야 한다. 그림 2.19와 같이 용어의 정의에 대한 링크가 보일 것이다.

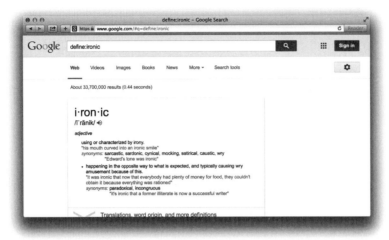

그림 2.19

❖ 연산자 간 충돌과 잘못된 검색법

고급 연산자를 사용하는 과정에서, 사용자가 찾고자 하는 것에 대해 특정 조합이 다른 것들보다 효율적임을 느끼게 될 것이다. 또한 어떤 연산자들은 서로 잘 조합되지 않음을 깨닫게 될 것이다.

allintext 연산자는 여타 연산자와 조합할 경우 부정확한 결과를 반환한다. 예를 들어 allintext:moo goo gai filetype:pdf라는 검색 쿼리는 중국 음식 메뉴를 검색하는 데 잘 동작하지만, allintext:Sum Dum Goy intitle:Dragon이라는 쿼리는 1985년에서 〈라스트 드래곤The Last Dragon〉을 뺀 것과 같이 아무 결과도 반환하지 않을 것이다(그림 2.20 참조).

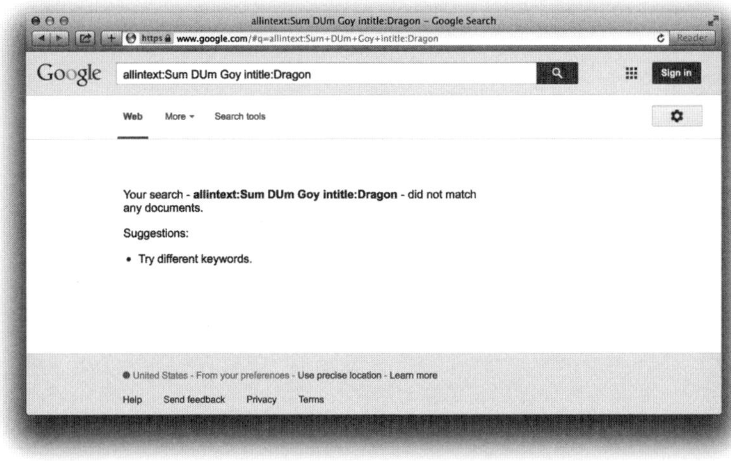

그림 2.20

특정 연산자가 여타 연산자와 혼합되기 때문에, 서로 충돌하는 연산자들을 시행할 경우에는 최적의 결과를 가져올 확률이 줄어든다. 이번 절에서는 극심한 충돌을 발생시켜 쓸모없는 결과를 반환할 가능성이 있는 예를 찾아내는 데 집중할 것이다. 가장 명백한 오류부터 살펴보자.

우선, "검색어 – 앞과 동일한 검색어" 쿼리의 예시를 살펴보자. 특정 고급 연산자에서 동일한 특정 고급 연산자를 뺀 결과를 요청한다면, 구글은 아무런 결과도 찾아내지 못할 것이다. 명백한 예시이긴 하나, intitle:검색어 – intitle:검색어의 예를 생각해보자. 이 쿼리는 앞과 유사하게 처음의 검색어를 중복된 NOT 검색으로 처리함으로써 아무것도 찾아내지 못할 것이다. 문법적으로 말하자면 우리는 '제목에서 특정 검색어를 찾아주고, 결과 내의 제목에서 그 검색어를 빼달라'고 말하고 있는 셈이다. 이 두 가지 예시는 특정 쿼리를 무효화하는 동일한 쿼리를 수행할 수 없음을 보여주며, 이것은 아무것도 찾아내지 못한다는 뜻이다.

연산자들이 겹치기 시작하면 상황이 매우 복잡해진다. site 연산자와 inurl 연산자를 살펴보자. URL은 사이트의 이름을 포함하고 있다. '자기 자신을 부정하지 마라'는 규칙을 확장해보면, inurl 검색어와 site 검색어를 서로 제외시킬 경우 유효한 결과를 기대할 수 없다는 것이다. site:microsoft.com -inurl:microsoft.com 같은 쿼리는 이치에 맞지 않으며, 제대로 동작할 수가 없을 것이다. 그러나 그림 2.21에서 볼 수 있듯이, 이것은 잘 동작한다.

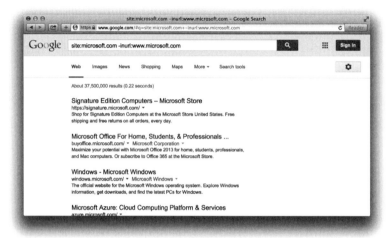

그림 2.21

특정 주제에 대한 좀 더 정확한 검색을 원할 때 위의 규칙을 상기한다면 좀 더 빠른 속도로 검색을 수행할 수 있을 것이다. 구글 해킹 라이선스 시험에 대비하고자 한다면, 규칙에 따르지 않는 검색을 잘 새겨둬야 한다.

다음은 실패한 검색의 예시이며, 왜 이것들이 실패했는지에 대한 설명이다.

- site:com site:edu

  com과 edu는 동시에 검색될 수 없다. 사용자가 하고자 하는 검색은 (site:edu | site:com)과 유사할 텐데, 이것은 2개의 도메인을 동시에 검색할 수 있다.

- inanchor:click -click

  이것은 상호배제의 경우다. 고급 연산자를 사용하지 않을 경우, 사용자의 검색어는 페이지의 제목, URL, 텍스트, 앵커까지 모든 위치에 나타날 것이다.

- allinurl:pdf allintitle:pdf

  'all'로 시작하는 연산자들은 조합이 어렵기로 매우 악명이 높다. 이것들을 함께 사용하는 습관을 버려야 한다. allinurl을 inurl로, allintitle을 intitle로 바꾸고, allintext는 절대 다른 all 연산자와 함께 사용해서는 안 된다.

- site: syngress.com allinanchor:syngress publishing

  이 쿼리는 아무런 검색 결과도 반환하지 않을 것이다. 이전 예시와 같이 대부분의 all* 연산자 검색은 사용하기에 까다로운 것이 일반적이다. 그러나 이 쿼리는 상세 검색을 방해할 수 있는 매우 일반적인 정렬 문제에서 벗어날 수 없다. 쿼리를 allinanchor:syngress publishing site:syngress.com 같이 수정함으로써, allinanchor의 위치를 앞으로 변경해 더 많은 결과를 얻어낼 수 있다. allintitle 연산자가 뒤따라오는 검색어와 연산자를 고려하기 때문에 자연스럽지 못한 일로 보일 수 있다. 그러나 이것은 유일한 해결책이 될 수 있다.

- link:www.microsoft.com linux

  이 쿼리는 초심자가 잘 동작하리라고 생각하는 고질적인 문제로, 페이지 내에 linux라는 단어를 포함하는 마이크로소프트로 이어지는 링크를 찾고자 하는 시도다. link 연산자는 여타 연산자와 함께 사용될 수 없기 때문에 에러 메시지가 반환될 것이다. 구글은 사용자가 제출한 쿼리를 수정해, "link.www.microsoft.com" linux와 같은 결과를 반환할 것이다.

❖ 정리

구글은 고급 검색을 수행하기 위한 수백 가지의 옵션을 제공한다. 1장에서 다룬 내용 및 URL, 수정 등을 통해 이전에 검색했던 쿼리를 수정하는 수많은 옵션을 제공할 수 있지만, 고급 연산자는 더 나은 쿼리를 할 수 있게 한다. 고급 쿼리는 URL 수정 방법보다 더 쉽게 기억할 수 있는 진정한 구글 해커의 무기다. 이러한 이유로, 이것들은 정상적인 사용자가 웹 기반의 정보를 보호하기 위한 도구가 될 수 있다.

대부분의 연산자는 조합해 사용할 수 있지만, 주목할 만한 예외사항은 allintitle, allinurl, allinanchor, allintext 연산자다. 고급 구글 검색가들은 이러한 연산자를 피하기 위해 intitle, inurl, link 연산자를 이용해 제목, URL, 특정 페이지로 가는 링크에 포함된 문자열을 검색하기도 한다. 문서의 텍스트 내에 포함된 특정 검색단어를 찾기 위해 사용되는 allintext 연산자는 그 밖의 미사용 고급 연산자 중에서도 가장 사용 빈도가 적은 연산자다. filetype과 site는 매우 강력한 연산자로, 특정 사이트 혹은 특정 파일 종류를 검색할 수 있다. datarange 연산자는 특정 시간 단위 내에 검색된 파일에 대한 검색을 가능하게 해주지만, as_qdr이라는 URL 파라미터가 더 많이 쓰이는 것으로 보인다. 웹 페이지를 크롤링할 때 구글은 특정 캐시된 페이지의 복사본, 페이지에 대한 간략한 정보, 관련된 것으로 보이는 사이트 목록 등에 대한 정보를 생성한다. 이 정보는 각각 cache, info, related 연산자 등을 이용해 얻어낼 수 있다. stocks 연산자는 특정 티커 심볼에 대한 주식 정보를 반환하고, define 연산자는 특정 단순 문구나 단어에 대한 정의를 반환한다.

❖ 빠른 해결책

intitle

- 페이지의 제목에 대한 문자열 검색
- 여타 연산자와 원활한 조합 가능
- 구글 웹, 그룹스, 이미지, 뉴스 검색에서 잘 사용됨

allintitle

- 페이지의 제목에 대한 모든 단어 검색
- 여타 연산자 혹은 검색단어와의 조합이 잘 되지 않음
- 구글 웹, 그룹스, 이미지, 뉴스 검색에서 잘 사용됨

inurl

- 페이지의 URL 내 문자열 검색
- 여타 연산자와 원활한 조합 가능
- 구글 웹, 이미지 검색에서 잘 사용됨

allinurl

- 페이지의 URL에 대한 모든 단어 검색
- 여타 연산자 혹은 검색단어와의 조합이 잘 되지 않음
- 구글 웹, 그룹스, 이미지 검색에서 잘 사용됨

filetype

- 특정 파일 확장자를 가진 파일 검색
- ext와 동일한 연산자
- 여타 연산자와 원활한 조합 가능
- 구글 웹, 그룹스 검색에서 잘 사용됨

allintext

- 페이지 내의 텍스트에 대한 모든 단어 검색
- 절대 악(사용하지 말 것)
- allintext에 대해 들은 모든 내용을 잊을 것

site

- 특정 사이트 혹은 도메인에 대한 한정적인 검색
- 여타 검색단어 혹은 연산자와 원활한 조합 가능
- 연산자 단일로 사용 가능
- 구글 웹, 그룹스, 이미지 검색에서 잘 사용됨

link

- 사이트 혹은 URL에 대한 링크 검색
- 여타 검색단어 혹은 연산자와 조합 불가
- 구글 웹 검색에서 잘 사용됨

inanchor

- 링크의 설명 글 내용에 대한 검색
- 여타 검색단어 혹은 연산자와 원활한 조합 가능
- 구글 웹, 이미지, 뉴스 검색에서 잘 사용됨

daterange

- 특정 날짜 범위 내에 생성된 페이지 검색
- 검색단어를 입력해야 함
- 여타 검색단어 혹은 연산자와 원활한 조합 가능
- 구글 웹 검색에서 잘 사용됨
- 점차적으로 없어져 as_qdr을 사용하도록 유도할 예정

numrange

- 특정 범위의 숫자 검색
- 여타 검색단어 혹은 연산자와 원활한 조합 가능
- 구글 웹 검색에서 잘 사용됨
- ext와 동일함

cache

- 구글의 캐시된 페이지 표시
- 여타 검색단어 혹은 연산자와 조합 불가
- 구글 웹 검색에서 잘 사용됨

info

- 페이지에 대한 요약 정보 표시
- 여타 검색단어 혹은 연산자와 조합 불가
- 구글 웹 검색에서 잘 사용됨

related

- 특정 사이트와 관련된 사이트 혹은 URL 표시
- 여타 검색단어 혹은 연산자와 조합 불가
- 구글 웹 검색에서 잘 사용됨

stocks

- 티커 심볼에 대한 야후 파이낸스^{Yahoo Finance} 주식 목록 표시
- 여타 검색단어 혹은 연산자와 조합 불가
- 웹 쿼리로 사용될 수 있음

define

- 검색한 단어 혹은 문장에 대한 다양한 정의 표시
- 여타 검색단어 혹은 연산자와 조합 불가
- 웹 쿼리로 사용될 수 있음

❖ 유용한 사이트

- 구글 파일 종류 FAQ(www.google.com/help/faq_filetypes.html)
- 파일 확장자 정보(www.filext.com): 이 사이트는 특정 확장자에 대해 어떠한 프로그램이 관련되어 있는지 알아내는 데 도움이 된다.
- 구글의 날짜 관련 검색 옵션 제약에 대한 이슈를 다룬 기사(http://searchenginewatch.com/article/2064851/Its-Tough-to-Get-a-Good-Date-with-a-Search-Engine)

## 3장

구글 해킹 기본

❖ 개요

이 책의 거의 대부분은 '나쁜 사람들'이 민감한 정보를 찾는 방법을 기술하고 있다. 나는 그들의 해킹 동기를 먼저 파악하고 우리 자신(또는 우리의 고객)을 보호하기 위해 이 정보를 기술했다. 이미 앞 장에서 구글 기본 검색 기술을 습득함으로써 구글 해킹의 기본기를 익혔고, 이제 다음 단계인 구글 해커의 길로 들어서는 관문에 이르렀다. 3장에서는 진짜 해커들이 쓸 법한 구글의 비도덕적인 사용방법을 알아보자.

먼저 구글 캐시^{cache}에 대해 알아본다. 만약 이전에 캐시를 사용해보지 않았다고 하더라도 누구나 한 번쯤은 검색 결과 페이지에서 '저장된 페이지' 링크를 클릭해봤을 것이다. 저장된 캐시 페이지를 이용해 웹 브라우징을 하면 익명성을 어느 정도 보장받을 수 있다. 물론 이런 익명성 보장에는 일부 한계가 있다. 그렇지만 구글은 아주 훌륭하게 사용자의 크롤링 흔적을 감춰주며, 사용자가 웹사이트를 마구 돌아다닌다고 해도 단 하나의 데이터 패킷조차 서버에 전달되지 않도록 수행할 수 있다. 어떻게 동작하는지는 바로 이어지는 절에서 설명한다.

다음으로 디렉토리 목록에 대해 알아본다. 디렉토리 목록은 매우 단순하지만 그 안에는 중요한 정보가 가득 들어 있다. 이런 페이지들의 단순 노출은 책의 뒷부분에서 다룰 고급 공격 기법의 기초를 제공한다.

마지막으로, 디렉토리 탐색^{traversing} 기법을 살펴본다. 디렉토리 탐색 기술은 검색을 확장해 좀 더 많은 정보를 수집할 수 있는 기술이다. 이 기술을 살펴봄으로써 디렉토리 수 범위 확장, 트롤링trolling 등의 공격을 수행할 수 있다.

◈ 캐시와 익명성

구글의 캐시는 정말 놀라운 기능이다. 이 기능은 구글이 어떤 웹 페이지나 문서를 크롤링했다면 원본 페이지가 삭제됐더라도 해당 페이지의 복사본을 항상 얻을 수 있음을 의미한다. 물론 이는 관리자가 서버의 전원 플러그를 뽑아버린다고 하더라도 해커들이 중요한 문서의 복사본을 얻을 수 있다는 안 좋은 측면도 있다. 또 다른 캐시 기능의 단점은 해커가 서버에 패킷 하나 보내지 않고도 여러분이 잊고 있었던 디렉토리 경로를 포함한 웹사이트 전체의 정보를 수집할 수 있다는 점이다. 이 경우 대상이 되는 웹 서버는 패킷을 하나도 받지 않기 때문에 로그 파일에 어떤 흔적도 남지 않게 된다. 로그 파일에 아무 정보가 기록되지 않았다면, 당연히 서버 관리자는 중요한 데이터가 유출됐더라도 이를 전혀 알아채지 못할 것이다. 안타깝지만 지금 이 순간에도 실로 메가바이트megabytes, 기가바이트gigabytes, 테라바이트terabytes급의 많은 데이터가 매일 웹 서버로부터 유출되고 있다. 그러므로 해커들이 구글 캐시를 이용해 사용자의 민감한 정보를 어떻게 익명으로 수집하는지를 이해하는 일은 아주 중요하다.

구글은 크롤링한 웹 데이터 대부분의 사본을 저장한다. 이후의 장에서 다루겠지만 이런 처리에는 예외가 있으며, 물론 막을 수 있는 방법도 존재한다. 그러나 대부분의 데이터는 구글이 웹 페이지를 크롤링해 사본을 복사한 뒤, 검색 페이지의 '저장된 페이지' 링크를 통해 누구나 볼 수 있다. 지금부터는 캐시 동작의 이해를 위해 구글의 캐시된 문서 배너의 세부 요소들을 테스트할 것이다. 그림 3.1의 배너를 살펴보자. 배너는 www.phrack.org에서 수집한 정보를 담고 있다.

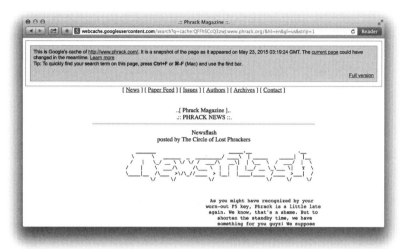

그림 3.1

이전에는 배너를 보고 대충 지나쳤다면 이번에는 그 문구 내용을 천천히 읽어
보자. 그림 3.2의 캐시 배너에는 "이 캐시 페이지는 현재 존재하지 않는 이미지를
참조하고 있을 수 있습니다."라고 쓰여 있다. 보통 이 메시지를 놓치기 쉬운데, 이
는 구글의 캐시 동작 방식을 이해할 수 있는 중요한 단서를 제공한다.

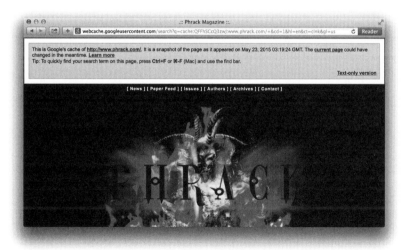

그림 3.2

구글 캐시 동작 과정을 더 자세히 알고 싶다면 이 캐시 페이지에 접근하는 동안 tcpdump로 출력되는 정보를 읽어보자. 패킷을 캡처하려면 간단하게 tcpdump –n을 입력해 동작시킨다. PC에 tcpdump를 설치한 후 –i 옵션으로 네트워크 인터페이스를 지정해 실행하면 된다.

패킷 캡처를 완료했다면 출력 결과를 함께 살펴보자. 이 통신은 테스트 웹 브라우저(10.9.5)와 구글 서버(66.249.83.83) 간의 포트 80(웹) 통신이다. 이 트래픽은 구글과 사용자의 트랜잭션 일부분이지만 캡처된 패킷의 시작 부분을 보면 200.199.20.162로 연결되는 또 다른 포트 80(웹) 통신을 볼 수 있다. 이 IP는 구글 서버 IP가 아니다. 해당 IP를 nslookup 해보면 www.phrack.org의 웹 서버 정보가 출력된다. 이 서버로의 연결에 대한 자세한 정보를 얻으려면 캐시 페이지 재접속 후, 패킷 헤더 정보를 포함하여 데이터를 출력하는 명령어 옵션을 추가해 tcpdump를 다시 실행한다. 강제로 페이지를 재접속하면 대부분의 브라우저는 기존에 물고 있던 세션이 아닌 새로운 세션으로 웹 호스트와의 연결을 다시 시도한다.

라인 0x30과 0x40은 GET 요청을 통해 다운로드한 이미지 정보(구체적으로, JPG 이미지)를 보여준다. 네트워크 추적을 따라 쭉 훑어보면 Host 필드가 보이는데, 이로 인해 사용자 www.phrack.org 웹 서버와 통신하고 있었음을 알 수 있다. 이 패킷을 200.199.20.162의 IP 주소로부터 전달받았기 때문에 Phrack 웹 서버를 해당 IP 주소에서 호스팅한다는 사실을 알 수 있다. 이것은 구글 캐시에 저장된 Phrack 웹 페이지를 볼 때 Phrack 웹 서버로부터 이미지를 직접 가져온다는 뜻이다. 익명성을 보장받기 위해 구글 캐시 페이지를 사용했다면 이는 완전히 실패한 셈이다. 게다가 행 0x90을 보면 REFERER 필드가 Phrack 서버로 전달됐음을 확인할 수 있는데, 그 필드는 구글 캐시에 저장된 URL^Uniform Resource Locator을 참조하고 있다. 이것은 익명성 보장이 실패했을 뿐만 아니라 캐시 페이지를 통해 phrack 웹 페이지를 보고 있다는 사실까지도 해당 서버에게 전달됐음을 의미한다!

그렇지만 실제로 대부분의 해커는 목표 대상의 웹 서버를 탐색할 때 프록시 서버proxy server를 이용한다는 사실을 기억하라. 물론 구글 페이지 역시 프록시 서버를 활용한다. 만약 앞서 연습한 테스트에서 익명의 프록시 서버를 사용해 캐시 페이지에 접근했다면, Phrack 웹 서버는 해당 프록시 서버의 IP 정보만을 얻을 뿐 실제 IP 주소는 알지 못한다.

그러나 캐시 배너는 다른 외부 참조 없이 오직 구글이 캡처한 데이터만 출력하는 옵션을 제공한다. 이 옵션을 사용해 웹 페이지에 접근하면 이전 예제와 같은 페이지에 접근했음에도 불구하고 다른 외부 서버가 아닌 구글 서버(216.239.51.104)로만 통신함을 알 수 있다. 캐시 페이지의 배너 부분에 있는 'cached text only' 링크를 클릭했을 때 생성되는 URL을 보면 끝부분에 &strip=1과 같이 흥미로운 파라미터가 추가됐음을 알 수 있다. 이 파라미터는 구글이 외부 참조 없이 오로지 캐시에 저장된 텍스트만을 출력하게 한다. 이 URL 인자는 구글 캐시 페이지를 참조하는 URL에 한해 이용이 가능하다.

지금까지 살펴본 내용을 종합해보면, 프록시 서버 없이 URL을 간단하게 수정해 익명으로 캐시 브라우징을 수행할 수 있었다. 한 예로, site:phrack.org 쿼리를 수행해보자. 이번에는 '저장된 페이지'를 클릭하는 대신에, 링크에서 오른쪽 버튼을 클릭해 클립보드에 해당 웹 페이지의 URL을 복사하라. 브라우저마다 URL을 클립보드에 복사하는 방법은 다를 수 있으므로 유의하자.

URL을 클립보드에 복사했으면 브라우저의 주소창에 복사한 URL을 붙여넣고, 끝에 &strip=1 파라미터를 추가한다. 올바르게 추가했다면 전체 URL은 다음과 같을 것이다.

http://216.239.51.104/search?q=cache:LBQZIrSkMgUJ:www.phrack.org/
+site:phrack.org&hl=en&ct=clnk&cd=1&gl=us&client=safari&strip=1

수정한 URL 입력 후 Enter를 눌러 페이지에 접근하면 캐시 페이지의 외부 참조가 제거된 페이지를 볼 수 있는데, 이 페이지는 원본 캐시 페이지와 배너가 약간 다름을 볼 수 있다.

외부 참조가 제거된 캐시 페이지는 "이 캐시 페이지는 현재 존재하지 않는 이미지를 참조하고 있을 수 있습니다."라는 원본 캐시 페이지의 배너 메시지 대신 "이미지가 포함된 전체 캐시 페이지를 보려면 여기를 클릭하세요."라는 배너 문구를 출력한다. 이것은 새 캐시 페이지가 외부 참조를 제거했음을 의미한다. 안타깝게도 외부 참조가 제거된 페이지는 이미지를 포함하지 않는다. 그러므로 해당 페이지는 원본과 비교해보면 많은 부분이 다르게 보일 수 있으며, 심지어 알아볼 수 없을 정도로 판독이 불가한 페이지도 있다. 이런 경우 프록시 서버를 이용하면 익명을 보장받으면서 원본 캐시 페이지에 접근할 수 있다. 그러나 진정한 구글 해커는 프록시 서버가 필요하지 않다!

❖ 디렉토리 목록

디렉토리 목록은 웹 서버 내에 존재하는 파일과 디렉토리를 보여주는 웹 페이지의 한 종류다. 이 페이지는 디렉토리 링크를 클릭하면 다른 경로의 디렉토리로 이동할 수 있도록 설계되어 있으며, 디렉토리 목록은 일반적으로 현재 디렉토리, 클릭 가능한 파일과 디렉토리 목록, 디렉토리 목록의 끝을 표시하는 하단부 등으로 구성된다. 디렉토리 목록 페이지 샘플은 그림 3.3과 같다.

그림 3.3

FTP 서버와 마찬가지로, 디렉토리 목록도 범주화된 폴더 내에 저장된 파일에 쉽게 접근할 수 있는 방법을 제공한다. 그렇지만 불행하게도 디렉토리 목록은 다음과 같은 많은 취약점이 있다.

- 디렉토리 목록은 사용자 제어에 취약하다. 이는 사용자가 특정 파일을 다운로드하거나 특정 디렉토리에 접근하려는 것을 막을 수 없다. 이러한 취약점의 대안으로 웹 서버 내에 소프트웨어 또는 서드파티[third-party] 스크립트, 모듈 또는 해당 목적을 위해 특별히 제작된 프로그램을 설치하는 방법 등이 있다.
- 디렉토리 목록은 공격자가 웹 서버와 관련된 특정 정보 기술을 획득할 수 있게 도움을 주는 정보를 출력할 수 있다.
- 디렉토리 목록은 공개 파일과 비공개 파일을 식별하지 못한다.
- 디렉토리 목록은 종종 관리자의 의도와 상관없이 출력된다. 만약 최상위 인덱스 파일(index.htm, index.html, default.asp 등)이 웹 서버 내에 존재하지 않거나 해당 파일이 유효하지 않다면, 웹 서버는 디렉토리 목록을 노출하게 된다.

이러한 취약점을 모두 조합하면 최악의 결과를 빚어낸다. 다음 절에서 구글 해커가 디렉토리 목록을 이용할 수 있는 다양한 방법을 알아보자.

❖ 디렉토리 목록 찾기

공격자가 디렉토리 목록을 악용하려면 먼저 그것을 찾아야만 한다! 디렉토리 목록은 'parent directory' 링크를 제공하므로, 초보 공격자라 할지라도 디렉토리 목록을 찾은 뒤 파일과 폴더를 자유롭게 탐색하며 민감한 정보를 손쉽게 찾을 수 있다.

구글을 이용해 디렉토리 목록을 찾는 방법은 꽤 간단하다. 대부분의 디렉토리 목록은 그림 3.3과 같이 index of 구문으로 시작하며 타이틀에도 함께 출력된다.

그러므로 디렉토리 목록을 찾기 위해 intitle:index.of 쿼리를 사용한다. 이 쿼리는 문서의 타이틀이 index of로 시작하는 페이지를 찾아주는데, 구글에 검색 요청 시 마침표(.)는 단일 문자를 대체하는 와일드카드로 쓰인다는 점을 기억하라. 하지만 안타깝게도 쿼리 결과는 다음과 같은 타이틀을 가진 불필요한 결과 값을 많이 반환한다.

- Index of Native American Resources on the Internet
- LibDex - Worldwide index of library catalogues
- Iowa State Entomology Index of Internet Resources

위 페이지들의 제목으로 미루어볼 때 intitle:index.of 쿼리는 디렉토리 목록뿐만 아니라 의도치 않은 결과 페이지도 함께 반환한 것이 분명하다. 좀 더 정확한 결과 값을 얻기 위해 intitle:index.of "parent directory"(그림 3.4참조) 또는 intitle:index.of name size처럼 쿼리를 일부 수정하자. 이 쿼리들은 타이틀의 index.of 구문을 포함해 디렉토리 목록 내의 상위 디렉토리, 이름, 크기 같은 기타 키워드에도 초점을 맞추어 검색을 요청한다. 수정한 쿼리를 실행해보면 검색 결과 페이지의 요약만 보더라도 찾고자 하는 디렉토리 목록이 결과에 많이 포함되어 있음을 알 수 있다.

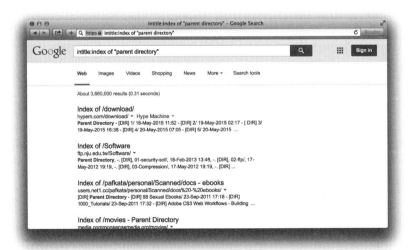

그림 3.4

❖ 특정 디렉토리 찾기

어떤 상황에서는 일반 디렉토리 목록만이 아닌 접근 가능한 특정 디렉토리 목록을 찾는 게 유용한 경우가 있다.

이때 검색 쿼리에 특정 디렉토리의 이름을 추가하면 쉽게 찾을 수 있다. 디렉토리 목록에서 접근 가능한 admin 디렉토리를 찾고 싶다면 intitle:index.of.admin 또는 intitle:index.of inurl:admin 같은 쿼리를 이용하면 된다.

❖ 특정 파일 찾기

디렉토리 목록 페이지는 파일과 디렉토리의 이름을 모두 나열하기 때문에, 페이지 내에서 특정 파일을 간단하게 찾을 수 있다. 예를 들어, 디렉토리 목록 내 WS_FTP 로그 파일을 찾으려면 intitle:index.of ws_ftp.log와 같이 검색하면 된다. 타이틀 문자열인 index.of 구문과 웹 페이지 텍스트의 파일 이름을 수정한 쿼리를 통해 어떤 종류의 파일이든지 확장해 검색이 가능하다.

또한 특정 파일을 찾기 위해 filetype과 inurl 연산자를 사용할 수도 있다. 앞서 찾은 wf_ftp.log 파일을 이번에는 filetype:log inurl:ws_ftp.log 쿼리를 이용해 찾아보라. 이 쿼리는 일부 제한 요소가 있는 index.of를 사용한 검색 요청보다 더 많은 결과를 찾을 수 있을 것이다. 특정 파일을 찾기 위한 방법들은 책의 뒷부분에서 좀 더 자세하게 알아보겠다.

❖ 서버 버전 정보 찾기

공격자가 웹 서버를 공격하는 데 적절한 방법을 모색할 때 필요한 중요한 정보 중 하나는 바로 서버의 소프트웨어 버전이다. 공격자는 해당 정보를 얻기 위해 서버의 웹 포트에 직접 접속해 HTTP^Hypertext Transfer Protocol (웹) 헤더 요청을 발생시킨다. 그러나 공격 대상 서버에 직접 접속하지 않고도 구글을 이용해 이와 유사한 서버 정보를 찾을 수 있다. 그중 한 가지 방법은 디렉토리 목록에서 얻은 정보를 이용하는 것이다.

그림 3.5는 전형적인 디렉토리 목록의 하위 영역을 보여준다. 일부 디렉토리 목록은 서버의 버전 정보를 비롯해 사용하는 소프트웨어의 이름까지 출력한다. 숙련된 웹 관리자는 서버를 보호하기 위해 서버 태그를 위장하지만, 대부분 이러한 정보는 실제와 일치하므로 공격자는 이 정보를 활용해 그들의 공격을 정교하게 완성한다.

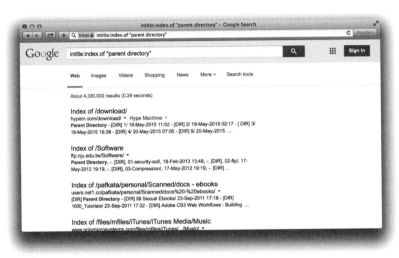

그림 3.5

서버 정보를 찾는 데 사용하는 구글 쿼리는 간단하게 intitle:index.of 쿼리를 확장해 사용한다. 예를 들어, intitle:index.of "server at"과 같이 활용한다. 이 쿼리는 제목에 index of 구문이 있고 모든 페이지 중 server at이 포함된 디렉토리 목록을 찾아준다. 이 쿼리문은 그다지 특별해 보이지 않지만 결과는 매우 깔끔하므로 더 나은 검색 결과를 찾기 위한 별도의 쿼리 수정은 필요 없다.

특정 서버 버전을 찾는다면 intitle:index.of "Apache/1.3.27 Server at"처럼 intitle:index.of 쿼리를 확장해 사용하면 된다. 이 쿼리의 실행 결과는 그림 3.5와 같다.

웹 서버 버전뿐만 아니라 서버에 설치된 OS 정보, 사용하는 모듈, 사용하는 소프트웨어 같은 정보도 찾을 수 있다. 그 구체적인 방법은 이후에 다룰 예정이지만, 앞서 배운 서버 버전 찾는 방법을 확장해 응용하면 서버와 관련된 더 많은 정보를 찾을 수 있다.

특정 서버 정보를 찾기 위해 쿼리문의 괄호 안에 서버의 운영체제 이름을 넣는 것도 하나의 방법이다. 예를 들어, Apache/1.3.26(Unix)는 유닉스 기반 운영체제를 의미한다. 다음에 나열한 OS 특정 태그들도 이와 같이 사용된다.

- CentOS
- Debian
- Debian GNU/Linux
- Fedora
- FreeBSD
- Linux/SUSE
- Linux/SuSE
- NETWARE
- Red Hat
- Ubuntu
- UNIX
- Win32

공격자는 운영체제 정보와 웹 서버 버전 등의 정보를 결합해 특정 공격을 만드는 데 사용한다. 만약 이 정보가 특정 서버의 취약점을 찾는 데 도움이 되지 않는다면, 공격자는 이들을 데이터 마이닝 또는 정보 수집에 활용할 것이다. 해당 내용은 이후의 장에서 다시 다룰 예정이다.

❖ 위험 감수하기: 탐색 기법

우리가 시험해볼 다음 기술은 탐색 또는 트레버셜^{traversal}(이하 탐색 기술)로 알려진 기술이다. 탐색 기술은 말 그대로 이곳저곳을 횡단하는 것을 의미한다. 공격자는 탐색 기술을 활용해 작은 루트를 거대한 취약점으로 확장한다.

디렉토리 탐색

디렉토리 탐색 기술의 이해를 돕기 위해 intitle:index.of inurl:"admin" 쿼리로 찾은 디렉토리 목록을 살펴보자.

이 예에서 위 쿼리는 /admin/php/tour라는 URL을 찾아냈다. URL을 자세히 보면 admin 디렉토리는 현재 위치에서 두 단계 상위 디렉토리에 있음을 알 수 있다. 이때 'parent directory' 링크를 클릭하면 한 단계 상위 레벨인 php 디렉토리로 이동할 것이다. 또한 php 디렉토리에서 한 번 더 'parent directory' 링크를 클릭하면 흥미로운 정보가 많을 것 같은 admin 디렉토리로 이동한다. 이것이 기본적인 디렉토리 탐색 기술이다. 이와 같이 개별 디렉토리와 상위 디렉토리, 그리고 각 하위 디렉토리를 탐색함으로써 원하는 정보를 획득할 수 있다. 또 다른 방법으로 inurl 연산자를 사용해 site:anu.edu inurl:admin ws_ftp.log와 같이 독창적인 쿼리를 구글에 요청하여 특정 하위 디렉토리 내의 특정 파일이나 단어를 찾을 수도 있다. 아니면 주소창의 URL을 직접 수정함으로써 디렉토리 구조를 탐색할 수도 있다.

이 기술은 디렉토리 트리를 어떻게 이용하든지 별도의 구글 검색 없이 대상 웹 서버의 정보를 수집한다. 이런 방법을 바로 기본 탐색 기술, 특히 디렉토리 탐색 기술이라 부른다. 또 다른 간단한 탐색 기술의 예로, 단어 admin을 student 또는 public 등의 단어로 바꾸는 것 등이 있다. 이보다 약간 복잡한 탐색 기술의 예로, 공격자가 소프트웨어 취약점을 이용해 웹 서버 디렉토리 트리 외 경로의 디렉토리로 직접 접근하는 방법이 있다. 예를 들어 웹 서버가 /var/www 디렉토리에 설치되어 있고 공용 웹 문서들이 /var/www/htdocs 경로에 저장되어 있다면, 기본적으로 웹 서버 최상위 디렉토리에 접근한 사용자는 누구든 /var/www/htdocs 내에 위치한 파일을 볼 수 있다. 일반적인 환경에서 웹 서버는 웹 사용자가 /var/www/htdocs 내의 파일에 접근하는 것을 허용하지 않는다. 하지만 디렉토리 이름을 변수로 받도록 허술하게 프로그래밍된 서드파티 소프트웨어^{third party software} 제품이 웹 서버에 설치됐을 경우를 가정해보자. 이 제품에 사용되는 일반 URL은 www.somesadsite.org/badcode.pl?page=/index.html이라고 하자. 이 URL은 badcode.pl 프로그램에게 /var/www/htdocs/index.html에 위치한 (페이지 장식 이미지 같은) 파일을 가져와 사용자에게 출력하라고 지시한다. 공격자는 www.somesadsite.org/badcode.pl?page=../../../etc/passwd 같은 URL을 전송함으로써 이런 종류의 프로그램을 공격할 수 있다. 만약 badcode.pl 프로그램이 디렉토리 탐색 공격에 취약하다면 이 프로그램은 /var/www/htdocs 디렉토리 점령 후 실제 루트 디렉토리까지 진입한 뒤 /etc 디렉토리 내의 시스템 비밀번호를 공격자에게 그대로 전달할 것이다.

자동화 도구를 이용하면 이런 종류의 파일과 취약점을 찾는 일을 좀 더 효과적으로 수행할 수 있다. 만약 여러분이 프로그래머라면 Libwhisker 펄^{Perl} 라이브러리에 매우 흥미를 느낄 것이다. RFP^{Rain Forest Puppy}가 관리하고 있으며 www.wiretrip.net/rfp에서 이용 가능하다. 시큐리티 포커스^{Security Focus}에 가면 Libwhisker 사용법을 잘 설명한 글(www.securityfocus.com/infocus/1798)을 찾아볼 수 있다. 만약 여러분이 프로그래머가 아니라고 해도 RFP의 Whisker 도구는 매우 유용하다. 이 도구 역시 와이어트립^{Wiretrip} 사이트에서 구할 수 있다. 이외에도 sullo@cirt.net이 만든 Libwhisker를 베이스로 한 nikto 도구가 있는데, 이 도구는 Whisker 프로그램보다 업데이트가 자주 이루어진다는 장점이 있다. 또 다른 유용한 도구로 파일과 디렉토리 마이닝을 수행하는 센스포스트^{SensePost}의 Wikto 도구가 있다. 이 도구는 www.sensepost.com/research/wikto에서 내려 받을 수 있으며, 404 웹 메시지 응답처럼 필요 없는 정보를 자체적으로 걸러준다.

증분 치환

증분 치환^{incremental substitution}은 디렉토리 탐색 기술과 유사하다. 이 기술은 숨겨진 파일이나 디렉토리 또는 링크되어 있지 않은 기타 페이지들을 찾기 위해 URL 내의 숫자를 변경한다. 구글은 일반적으로 다른 파일에 링크된 파일만 찾을 수 있으며, 링크되어 있지 않은 파일은 찾을 수 없다(물론 모든 규칙에는 예외가 존재한다. 자세한 내용은 3장의 FAQ를 참고하라). 간단한 예를 들어보자. 구글로 exhc-1.xls라는 이름의 문서를 찾았다고 가정하자. 다음으로 해당 URL에서 숫자 1을 2로 수정해 문서명을 변경하면 파일 이름이 exhc-2.xls인 문서에 접근할 수 있다. 만약 해당 경로에 그 문서가 실제로 존재한다면, 증분 치환 기술을 성공적으로 이용한 것이다! 일부 경우에는 구글 검색 기능을 통해 사이트 내의 다른 유사 파일을 간단하게 찾을 수 있다. 하지만 웹의 모든 파일이 구글 데이터베이스 내에 있진 않다는 점을 기억하라. 간단한 URL 수정으로 파일을 찾기 어려울 때만 구글 검색을 사용하는 편이 더 효율적이다.

증분 치환 기술은 파일 이름에만 적용되는 게 아니라, URL 내에 숫자를 포함하는 것은 어떤 것이든(심지어 스크립트에 쓰이는 파라미터까지도) 적용이 가능하다. 이 기술을 응용해 스크립트의 파라미터를 조작하는 방법은 이 책에서 다루지 않는다. 그렇지만 간단하게 이 기법을 테스트하고 싶다면 filetype:xls inurl:1.xls이나 intitle:index.of inurl:0001, 또는 1.jpg 같은 이미지 검색을 시도해보라. 그런 다음 URL의 숫자를 수정해 그 사이트에 존재하는 다른 파일이나 디렉토리를 찾으면 된다. 관련하여 몇 가지 예를 들어보면 다음과 같다.

- /docs/bulletin/**1.xls**를 /docs/bulletin/**2.xls**로 변경한다.
- /DigLib_thumbnail/spmg/hel/**0001**/H/를 /DigLib_thumbnail/spmg/hel/**0002**/H/로 변경한다.
- /gallery/wel008-**1.jpg**를 /gallery/wel008-**2.jpg**로 변경한다.

확장자 탐색

2장에서 파일 확장자에 대해 알아봤고, 특정 파일 확장자를 가진 파일을 찾기 위해 filetype 연산자를 사용하는 방법을 살펴봤다. 예를 들어, HTM 파일을 찾고 싶다면 filetype:HTM1 같은 쿼리를 이용해 쉽게 파일을 찾을 수 있었다. 만일 HTM 파일을 찾았다면 치환 기술을 적용해 파일 이름은 같지만 확장자는 다른 파일도 찾을 수 있다. 예를 들어, /docs/index.htm을 찾았다면 URL 내의 파일 확장자를 /docs/index.asp와 같이 수정해 문서 디렉토리 내의 index.asp 파일을 찾아볼 수 있다. 이 작업이 다소 의미 없게 느껴질 수도 있는데, 사실 틀린 생각은 아니다. 그렇지만 좀 더 지능적인 치환문을 만들어 활용한다면 어떨까? 디렉토리 목록을 다시 살펴보자.

백업 파일은 보안 관점에서 보면 매우 흥미로운 발견물이다. 일반적으로 백업 파일은 원본 파일의 이전 버전일 경우가 많다. 그렇지만 웹의 백업 파일은 흥미로운 부작용을 지니고 있다. 바로 백업 파일이 소스 코드를 노출하는 경향이 있다는 점이다. 웹 페이지 소스 코드는 보안에 관심 있는 사람에겐 매우 값진 정보다. 왜냐하면 소스 코드는 코드 생성과 수정 프로세스, 인증 정보 등 작성자에 관한 중요한 정보를 담고 있기 때문이다.

디렉토리 목록을 예로 들어 좀 더 구체적으로 알아보자. 디렉토리 목록에서 index.php 링크를 클릭하면 관련된 그림과 텍스트 등의 정보가 포함된 페이지의 내용이 사용자의 브라우저에 그대로 출력된다. 만약 이 파일이 HTM이나 HTML 파일이었다면, 해당 페이지에서 마우스로 오른쪽 클릭 후 **소스 보기**를 선택해 작성된 소스 코드를 쉽게 볼 수 있었을 것이다. 반면 PHP 파일은 서버에서 먼저 실행된다. 실행된 프로그램의 결과가 사용자의 브라우저에 HTML 코드 형태로 전송된 후 화면에 출력되는 방식이다. 그렇기 때문에 PHP 스크립트로 만든 웹 페이지에서 **소스 보기**를 실행하면 PHP 소스 코드가 아닌 HTML 소스만 출력된다. 관리자의 실수 같은 문제가 발생하지 않는 이상 웹 페이지에서 실제 PHP 소스 코드를 보는 것은 불가능하다. 위에서 언급한 실수의 예로 소스 파일 이름을 PHP

파일이 아닌, 끝에 BAK 같은 확장자를 붙여서 복사한 경우를 들 수 있다. 대부분 웹 서버는 BAK 파일을 인식하지 못하므로 PHP.BAK 파일은 텍스트 형식으로 출력된다. 이런 일이 발생할 경우 실제 PHP 소스 코드가 웹 브라우저에 텍스트 형태로 출력된다. 이때 PHP 소스 코드에 SQL 요청문이 포함된다면 SQL DB 구조 같은 민감한 정보도 함께 노출된다.

서버의 백업 파일 이름을 찾는 가장 쉬운 방법은 intitle:index.of를 이용해 디렉토리 목록을 찾거나, intitle:index.of index.php.bak나 inurl:index.php.bak 같은 쿼리를 사용해 특정 파일을 검색하는 것이다. 웹에서 디렉토리 목록을 노출하는 경우는 흔하지 않다. 특히 기업에서 운영하는 웹 서버는 더 그렇다. 그렇지만 구글 캐시는 특정 페이지의 예전 스냅샷 정보를 저장한다는 사실을 기억하자. 현재 웹 서버의 디렉토리 목록을 검색할 수 없다고 해서 이전에도 디렉토리 목록이 노출되지 않았다고 볼 수 없다. 다음은 구글 캐시에 저장된 페이지이며, 당시 index. php(또는 유사한 파일)가 없기 때문에 디렉토리 목록이 노출됐다. 사용자가 웹에서 그 서버에 직접 접속한다면, 현재는 index 파일이 생성됐기 때문에 일반 페이지를 반환할 것이다. 그러나 구글 검색 결과에서 '저장된 페이지'를 클릭한 후 해당 웹 서버에 접속하면 서버의 파일 목록이 노출된 디렉토리 목록을 볼 수 있다. 파일 목록은 파일 확장자를 추측할 필요 없이 서버에 존재할 가능성이 있는 파일을 URL 수정을 통해 지능적으로 찾는 데 사용될 것이다.

디렉토리 목록은 사이트의 다른 공간에서 사용 중인 파일 확장자에 대한 정보를 제공한다. 만약 관리자가 1개의 디렉토리 안에 .BAK 확장자를 사용해 백업 파일을 저장했다면, 이는 다른 디렉토리에도 BAK 파일이 존재할 수 있음을 알려주는 좋은 정보.

❖ 정리

구글 캐시는 고급 사용자에게 있어 아주 강력한 도구로, 일반적인 사용자가 발견 불가능한 정보를 노출할 수 있는 페이지의 예전 버전을 찾는 데 사용될 수 있다. 캐시는 캐시 페이지를 찾는 데 사용한 쿼리 외의 단어를 강조할 수 있다. 또한 구글 캐시 페이지 URL 끝에 &strip=1 파라미터를 추가해 웹 페이지에 익명으로 접근이 가능하며, 일부 구글 서비스 도구의 경우 투명한 프록시 서버로 이용이 가능하다. 고급 구글 사용자는 캐시 페이지의 헤더가 포함하는 세부 정보에 주의를 기울여야 한다. 헤더를 자세히 보면 페이지의 정보를 수집한 날짜, 검색에 사용된 용어, 캐시 페이지가 외부 이미지를 참조하는지 여부, 원본 페이지로의 링크, 캐시 페이지로 접근하는 데 사용되는 URL 같은 중요한 정보가 포함되어 있기 때문이다. 디렉토리 목록은 웹 페이지에서 확인할 수 없는 웹 서버만의 특별한 페이지이며, 디렉토리 탐색 기술은 공격자에게 공개용으로 설정되지 않은 파일을 찾아낼 수 있는 기회를 제공한다.

❖ 빠른 해결책

캐시와 익명성

- 캐시 링크를 클릭하면 웹 브라우저는 구글의 데이터베이스에 저장된 페이지를 가져올 뿐만 아니라 실제 서버의 그래픽과, HTML이 아닌 기타 콘텐츠를 참조한다.
- 구글 캐시 페이지 URL의 끝에 &strip=1을 붙이면 캐시 페이지의 HTML 부분만을 출력한다. 이 방법으로 캐시 페이지에 접근하면 실제 웹 서버에 연결되지 않기 때문에 사용자의 익명성을 보호할 수 있다.

디렉토리 목록 찾기

- 디렉토리 목록은 중요한 정보를 포함한다.
- 디렉토리 목록을 찾는 최선의 방법은 구글 검색으로 intitle:index.of "parent directory" 또는 intitle:index.of name size 같은 쿼리를 실행하는 것이다.

특정 디렉토리 찾기

- 디렉토리 목록에서 특정 디렉토리를 쉽게 찾으려면, index.of 검색 쿼리 앞에 찾고자 하는 디렉토리 이름을 추가하면 된다. 예를 들어, intitle:index.of inurl:backup 같은 쿼리는 URL 내의 backup이라는 단어를 포함하고 있는 디렉토리 목록을 찾는 데 사용한다. URL 안에 backup이라는 단어가 포함된다면, 해당 URL은 디렉토리 이름일 가능성이 높다.

특정 파일 찾기

- 디렉토리 목록 내의 특정 파일을 찾는 방법은 간단하다. intitle:index.of ws_ftp.log처럼 index.of 쿼리 뒤에 찾고자 하는 특정 파일 이름을 추가하면 된다.

서버 버전 찾기

- 일부 서버(특히 아파치Apache와 아파치 파생 OS)는 디렉토리 목록 하단부에 서버 태그를 추가한다. 이 서버 태그들은 index.of 검색 쿼리 뒤에 server at 구문을 추가해 검색할 수 있다.
- 서버 태그가 바르게 포맷되어 있다면, 위 검색 쿼리에 서버에 대한 더 자세한 정보를 추가해 웹 서버의 특정 버전을 찾을 수 있다. 예를 들어, intitle:index.of server.at "Apache Tomcat/" 쿼리는 다양한 버전의 아파치 톰캣Tomcat으로 동작하는 웹 서버를 검색한다.

디렉토리 탐색

■ 목표 대상 웹 서버의 특정 디렉토리를 찾았다면, 그 밖의 디렉토리나 하위 디렉토리를 찾기 위해 탐색 기술을 사용할 수 있다.

■ 탐색 기술을 사용하는 가장 쉬운 방법은 디렉토리 목록을 경유하는 것이다. 간단하게 페이지의 'parent directory' 링크를 클릭하면 현재 디렉토리의 상위 디렉토리로 이동된다. 만약 해당 디렉토리가 또 다른 디렉토리 목록을 포함하고 있다면, 간단하게 링크를 클릭하면서 다른 디렉토리를 탐색하면 된다. 만약 상위 디렉토리가 디렉토리 목록에 보이지 않는다면, 디렉토리 이름을 추측한 후 상위 디렉토리의 URL 끝에 추측한 디렉토리 이름을 추가하는 방식의 좀 더 어려운 방법이 필요하다. 대안으로, inurl과 site 연산자를 이용해 구글 검색을 하는 방법도 있다.

증분 치환

■ 증분 치환은 '숫자 하나를 그보다 높거나 낮은 숫자로 치환'하는 식의 추측이 필요한 기술이다.

■ 이 기술은 디렉토리 또는 파일 이름에 숫자가 포함되는 사이트를 탐색하는 데 사용된다. 간단히 말해서 해당 URL의 숫자를 기존 숫자보다 높거나 낮은 숫자로 치환하는 방식인데, 파일 또는 디렉토리 이름은 수정하지 않도록 주의해야 한다. 또 다른 방법으로는 inurl이나 filetype 또는 site 연산자를 조합한 쿼리문을 만들어 구글로 검색하는 방식이 있다.

확장자 찾기

■ 이 기술은 확장자는 다르지만 파일 이름은 동일한 (백업 파일 같은) 파일을 찾는 데 도움을 준다.

■ 확장자 찾기 기술을 활용하는 가장 쉬운 방법은 html을 bak로 교체하는 식으로 URL의 파일 확장자를 다른 확장자로 수정하는 것이다.

- 디렉토리 목록(특히 캐시에 저장된 목록)은 사이트에 백업 파일이 존재하는지 혹은 사이트의 다른 부분에 어떤 종류의 파일 확장자가 사용되는지를 알 수 있다.

## 4장

문서 파일 분석과
데이터베이스 디깅

✦ 개요

인터넷의 문서 자료는 매우 풍부하다. 좋은 사람이든 나쁜 사람이든 각자의 목적을 달성하기 위해 인터넷에서 찾은 문서 정보를 이용할 수 있다. 4장에서는 구글을 사용해 이런 문서를 찾는 방법뿐만 아니라 문서 내의 특정 정보를 검색하는 방법에 대해 알아본다. 알다시피 문서의 종류는 매우 다양해서 모든 문서를 이책에서 다룰 수는 없다. 하지만 문서를 기능에 따라 분류하고 설정 파일, 로그 파일, 오피스 문서 같은 카테고리별 대표 문서를 중심으로 살펴본다. 이러한 파일을 살펴본 후에 데이터베이스 디깅digging 영역에 대해 샅샅이 살펴볼 것이다. 4장에서는 SQLStructured Query Language이나 데이터베이스 구조, 상호작용에 대해 자세히 다루지 않는다. 대신 구글 해커가 검색 엔진을 이용해 데이터베이스 시스템을 찾고악용하는 방법을 알아볼 것이다.

문서 검색과 관련해 기억해야 할 중요한 사항은 구글은 오직 문서의 내용 부분, 즉 사용자가 읽을 수 있는 문서의 부분만을 검색한다는 점이다. 예를 들어, 마이크로소프트 워드 문서를 생각해보자. 워드 문서 파일은 그림 4.1처럼 메타데이터metadata를 포함할 수 있다. 이 필드는 주제, 작가, 글쓴이, 매니저, 회사 등의 정보를 포함하지만 구글은 이 필드들을 검색하지 않는다. 만약 파일 내부의 메타데이터를 얻는 데 관심이 있다면, 실제 파일을 내려받아서 사용자가 직접 메타데이터를 확인해야 한다.

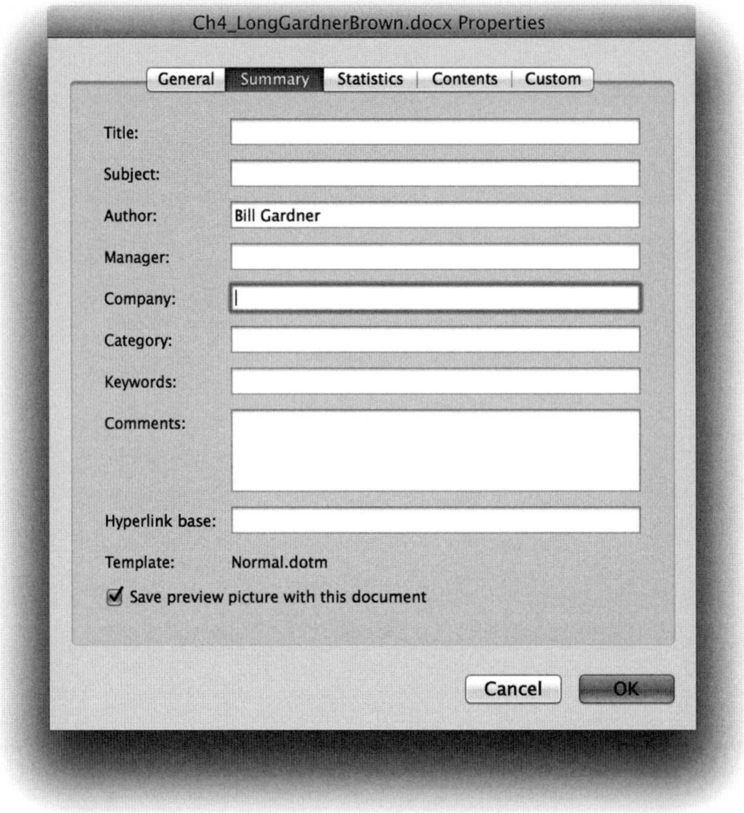

그림 4.1

❖ 설정 파일

설정 파일은 프로그램 설정 값을 저장한다. 공격자(또는 보안 전문가)는 프로그램
이 사용하는 방법을 포함해, 프로그램이 실행되는 시스템 또는 네트워크가 어떻
게 설정되고 운영되고 있는지 등의 정보를 얻기 위해 이 파일을 사용한다. 3장에
서 살펴봤듯이, 이런 정보의 작은 한 조각도 숙련된 공격자에게는 중요한 단서가
된다.

그림 4.2를 보자. 이 파일은 구글에 filetype:ini inurl:ws_ftp 같은 쿼리를 실행해 찾을 수 있으며, 해당 파일은 WS_FTP 클라이언트 프로그램에 사용되는 설정 파일이다. WS_FTP 프로그램을 다운로드하고 설치할 때 설정 파일에는 공용 인터넷 FTP 서버 목록 정보밖에 없다. 그러나 시간이 지나 사용자가 이 프로그램을 사용하는 빈도가 늘어나면 설정 파일에는 디렉토리, 사용자 이름, 사용자가 접속한 FTP 서버 비밀번호 등의 정보가 자동으로 업데이트된다. 저장될 때 비밀번호는 암호화되지만, 시중에 나와 있는 많은 무료 크랙 도구^{crack tool}를 이용하면 비교적 쉽게 비밀번호를 알아낼 수 있다.

그림 4.2

설정 파일이 담고 있는 데이터의 종류와 상관없이 단순히 설정 파일의 존재만으로도 중요한 정보가 된다. 만약 설정 파일이 서버 내에 위치한다면, 그 파일을 사용하는 프로그램이 해당 서버나 같은 네트워크의 다른 장비에도 설치되어 있을 확률이 높기 때문이다. 찾은 프로그램이 FTP 클라이언트 소프트웨어인 경우에는 그다지 대수롭지 않게 생각할 수 있다. 하지만 filetype:conf inurl:firewall 로 검색할 경우 일반 방화벽 설정 파일을 찾게 될 수도 있다. 이 쿼리는 확장자가

conf인 파일을 찾는데, 일반적으로 설정 파일 이름을 짓는 규칙으로 널리 사용된다. 이 외에도 설정 파일의 이름을 짓는 데 사용하는 몇 가지 규칙이 있는데, 이 규칙들을 결합하면 설정 파일을 찾는 효과적인 쿼리를 만들 수 있다. 설정 파일을 찾기 위한 가장 일반적인 기본 검색 요청 중 하나는 (inurl:conf OR inurl:config OR inurl:cfg)인데, 이것은 3개의 가장 공통적인 설정 파일 확장자를 결합한 것이다. filetype 연산자 응용도 가능하다.

만약 공격자가 소프트웨어 작성자 또는 벤더가 제공하는 설정 파일의 이름을 알고 있다면, 구글 검색으로 filetype과 inurl 연산자를 사용해 파일 이름을 직접 찾을 수 있다. 그러나 대부분의 프로그램은 설정 파일 이름의 변경을 허용하므로 구글로 검색해 해당 파일을 찾는 일이 쉽지만은 않을 것이다. 이런 경우에 설정 파일의 내용에서 검색어로 사용할 만한 유일한 문자열을 추출하면 도움이 된다. 가끔 기본 설정 파일을 찾는 요청문과 소프트웨어 제품의 이름(또는 확장자)을 결합해 만족하는 결과를 얻는 경우가 있다. 그림 4.3은 (inurl:conf OR inurl:config OR inurl:cfg) MRTG로 검색한 결과다.

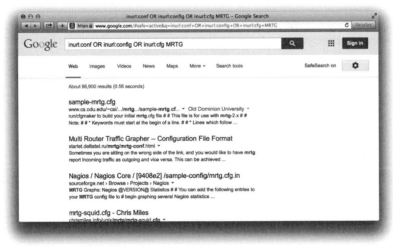

그림 4.3

검색 결과는 우리가 찾고자 한 결과 값과 크게 다르지 않지만, 최선이라고 생각한 해당 쿼리 실행 결과, 그림 4.4와 같이 MRTG 샘플 설정 파일이 많이 포함된다는 사실을 알 수 있다.

그림 4.4

이런 결과는 구글 해커에게 효과적인 검색 영역 축소 기술의 중요성을 다시 상기시켜준다. 다음은 구글 해커가 설정 파일 검색 시 검색 영역 축소를 위해 고려해야 할 사항이다.

- 실제 운영 중인 파일 내용의 유일한 문자 또는 구문을 추출해 강력한 기본 검색 쿼리문을 만들어라.
- 예제 파일을 검색 대상에서 제외하기 위해 sample, example, test, how to, tutorial 같은 단어를 검색에서 제외하라.
- -cvs를 사용해 기본 설정 파일의 저장소로 사용되는 CVS 저장 페이지를 검색 대상에서 제외하라.
- 유닉스 프로그램의 설정 파일을 찾는다면 맨페이지manpage 또는 매뉴얼Manual을 검색 대상에서 제외하라.

■ 예제 설정 파일에서 자주 바뀌는 필드를 찾은 후, 그 필드를 제외한 페이지를 찾는다. 이렇게 하면 예제 설정 파일(그 필드가 바뀌지 않은)을 검색 대상에서 제외할 수 있다.

이런 점을 고려한 검색 요청의 예로 실제 운영 중인 MRTG 파일을 찾기 위해 다음과 같은 쿼리를 사용해보자.

```
filetype:cfg mrtg "target[ * ]" –sample –cvs –example
```

검색 결과는 그림 4.5와 같다. 그림에서 볼 수 있듯이 이 쿼리는 MRTG 파일 내의 유일한 문자열인 "target[*]"를 사용했으며(이 쿼리는 약간 흔하긴 하지만 여전히 괜찮은 방법이다) 예시 파일과 CVS 파일을 검색 대상에서 제외함으로써 만족할 만한 결과 페이지를 반환한다.

그림 4.5

그림 4.5의 검색 결과 일부는 실제 MRTG 설정 파일이 아닐 수도 있다. 그러나 /Squid-Book 밑의 MRTG 파일인 첫 번째 검색 결과를 제외하고는 실제 운영 중인 파일일 가능성이 높다.

그렇지만 검색 영역 축소 기법 덕분에 이전 검색 결과에 비해 실제 운영 중인 파일일 가능성이 높다.

다양한 설정 파일을 찾을 수 있는 검색 요청 리스트를 참조하는 것도 좋은 방법이다. 해당 리스트는 GHDB(https://www.exploitdb.com/google-hacking-database/)에서 찾아볼 수 있으며, 설정 파일을 찾는 데 이용하는 다양한 방법을 제시한다. 내용을 쭉 훑어보면 CVS 검색 대상 제외 처리, 예제 파일 제거, 설정 파일 내 유일한 구문 검색 같은 쿼리 예시들을 볼 수 있으며, 이 검색 요청들의 대부분은 최초 작성자가 쿼리문을 작성해 공유한 후 좀 더 효율적인 검색을 위해 다른 사람들이 수정해 공동 작업한 것이다. 목록 내의 쿼리들을 직접 실행하면서 테스트해보길 바란다. 앞서 만든 –cvs나 –sample 같은 연산자를 검색 요청에서 제거해보는 것도 좋다. 그렇게 할 경우 엄청나게 많은 양의 불필요한 검색 결과를 반환하기 때문에 쿼리를 이해하는 데 도움이 될 것이다.

❖ 파일 찾기

특정 파일을 찾기 위한 가장 좋은 방법은 다양한 종류의 쿼리를 시도하는 것이다. 예를 들어, intitle:index.of ws_ftp.ini 쿼리와 filetype:ini inurl:ws_ftp.ini 쿼리는 같은 검색 결과를 반환할 것이다. 그러나 경우에 따라서는 inurl 연산자를 활용한 검색이 최선의 선택이 될 수 있다. 첫 번째로, filetype 연산자 검색은 캐시된 페이지의 검색까지 가능하다. 두 번째로, 디렉토리 목록에서 intitle:index.of 검색의 경우 해당하는 목록 페이지의 출력은 가능하나 실제 파일에 접근할 수는 없다. 세 번째로, 디렉토리 목록 내에 존재하는 파일은 공통적이지 않으므로 intitle 연산자 대신 filetype 연산자를 이용하면 어떤 파일이든 찾을 수 있다.

◆ 로그 파일

로그 파일은 정보를 기록한다. 로그 파일에 기록되는 정보는 애플리케이션의 종류에 따라 타임스탬프와 IP 정보, 사용자 이름, 비밀번호, 심지어 신용카드번호까지 매우 다양한 중요한 정보를 포함하고 있다!

설정 파일과 마찬가지로 기본 로그 파일 이름 또한 기본 검색 쿼리에 사용될 수 있다. 로그 파일에 거의 공통적으로 사용되는 확장자는 log이기 때문에 로그 파일을 찾기 위한 간단한 기본 검색으로 filetype:log inurl:log 또는 더 간단하게 ext:log log 같은 쿼리를 사용할 수 있다. 여기서 ext(filetype) 연산자는 최소 1개 이상의 인자가 필요하다는 점을 유의하라. 로그 파일 검색은 설정 파일 검색 결과보다 예제나 설정 파일을 더 적게 포함하지만 그래도 검색 축소 기술을 활용해 검색 결과를 줄일 필요는 있다. 검색 결과를 줄이는 방법은 설정 파일의 축소 기술과 비슷하므로 앞 절의 내용을 참고한다.

로그 파일을 찾기 위한 검색 쿼리 모음 역시 GHDB에서 찾아볼 수 있다. 해당 목록에서 구글 해커들이 고안한 다양한 기술을 접할 수 있으며, 모의 테스트를 통해 사용자 자신만의 학습 도구 제작을 위한 정보도 얻을 수 있다.

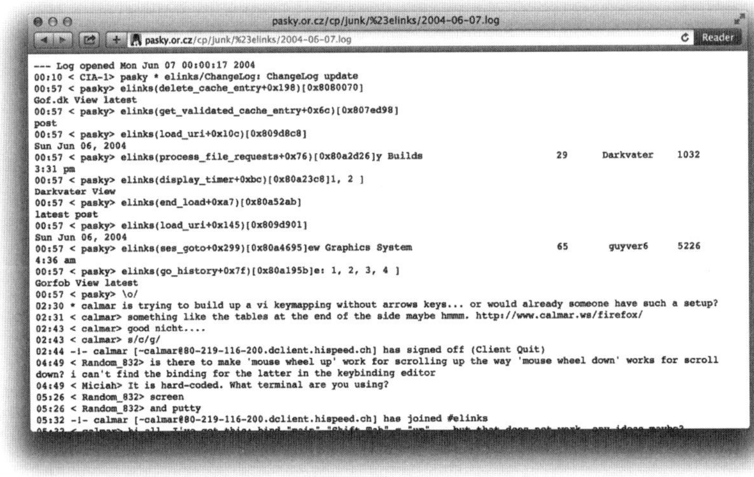

그림 4.6

　　로그 파일은 다양한 종류의 정보를 노출한다. 그림 4.6의 filetype:log username putty 쿼리 실행 결과를 살펴보자. 이 로그 파일의 내용을 보면 장비 이름과 사용자 이름이 노출되는데, 공격자는 이런 정보를 활용해 해당 장비를 공격하는 데 사용할 수 있다.

✦ 오피스 문서

오피스 문서는 보통 워드 프로세스^{word processing}, 스프레드시트^{spreadsheet}, 경량 데이터베이스^{light database} 프로그램에서 작성된 문서 파일을 의미한다. 많이 알려져 있는 워드 프로세스 소프트웨어의 종류로는 마이크로소프트 워드^{Microsoft Word}, 코렐 워드퍼펙트^{Corel WordPerfect}, 맥라이트^{MacWrite}, 어도비 아크로뱃^{Adobe Acrobat} 등이 있다. 스프레드시트는 주로 마이크로소프트 엑셀^{Microsoft Excel}, 로터스 1-2-3^{Lotus 1-2-3}, 리눅스 그누메릭^{Gnumeric} 등의 프로그램이 사용되며, 기타 오피스 문서의 범주에 포함되는 소프트웨어로는 마이크로소프트 파워포인트^{Microsoft PowerPoint}, 마이크로소프트 웍스^{Microsoft Works}, 마이크로소프트 액세스^{Microsoft Access} 도큐먼트 등이 있다.

　　대부분의 경우 추가적인 검색 기법을 사용하지 않고 단순히 filetype 연산자만을 사용해 파일을 찾는 행위는 의미가 없다. 구글 해커들은 private이나 password 또는 admin 같은 단어를 filetype 검색의 끝에 추가해 흥미로운 정보를 성공적으로 찾아낸다. 하지만 (inurl:xls OR inurl:doc OR inurl:mdb) 같은 간단한 기본 검색 구문을 활용하더라도 다양한 파일 유형을 광범위하게 검색하는 데 사용할 수 있다.

　　filetype:xls inurl:password.xls 같은 검색 요청은 파일의 특정한 이름에 초점을 맞춘다. password.xls 파일이 특정 소프트웨어에 포함되는 필수 파일은 아니지만, 파일의 이름은 보안 관점에서 매우 흥미롭게 보인다. 또 다른 예로 filetype:xls username password email 검색 요청의 경우 파일 이름이 아닌 파일의 내용에 중점을 둔다. 그 이유는 엑셀 스프레드시트 파일 내에 username password와

email 같은 단어가 포함되어 있다면 비밀번호 같은 중요한 정보를 얻을 수 있는 가능성이 높아지기 때문이다. 구글 검색의 핵심은 일반 검색 요청문을 계속 다듬어 그 검색 요청과 일치하는 최대한의 검색 결과를 얻는 데 있다. 그러므로 고급 구글 사용자에게 있어 다양한 종류의 문서를 검색할 수 있는 구글의 검색 능력은 아주 강력한 도구인 셈이다.

❖ 데이터베이스 디깅

최근 들어 웹 기반 데이터베이스, 그중에서도 특히 데이터베이스 인터페이스 프론트단의 애플리케이션 보안에 대한 관심이 높아지고 있다. 보안 커뮤니티에서는 이제 CGI 취약점이 아닌 SQL 인젝션injection을 논의한다. 이는 데이터베이스가 운영체제 또는 웹 서버 소프트웨어보다 더 큰 공격 대상이 되었음을 의미한다.

공격자는 구글을 이용해 데이터베이스나 데이터베이스 프론트단의 애플리케이션을 직접 공격하지 않는다. 대신 인터넷을 돌아다니면서 취약한 서버들이 노출하는 데이터베이스의 정보를 찾는 데 집중한다. 공격자는 이런 정보를 모아서 공격 대상 서버를 선정하고 (맨 밑바닥부터 시작하는 공격이 아닌) 좀 더 지능화된 공격을 수행할 수 있다. 이런 공격 과정의 이해를 돕기 위해, 서버로의 직접 공격을 다루는 대신 구글 해커가 검색 대상을 선정하기에 앞서 공격을 수행하기 위한 정보를 수집하는 방법에 대해 알아볼 것이다.

❖ 로그인 포털

로그인 포털은 웹 기반 애플리케이션의 '정문'이다. 보통 사용자 이름과 비밀번호를 입력하는 대화상자를 출력하는데, 일반적으로 웹 공격자들의 공격 대상이 된다. 이는 가장 보안이 집중됐기 때문이다. 물론 예외는 있지만 대체적으로 그렇다. 집을 안전하게 지키려면 먼저 집의 정문이 안전한지 점검을 선행해야 하지 않겠는가?

　　그림 4.7은 전형적인 로그인 포털의 데이터베이스다. 그림 상단을 보면 이 로그인 페이지는 SQL 서버를 이용하고 있다는 사실뿐만 아니라 마이크로소프트 웹 데이터 관리자 소프트웨어 패키지로 운영 중이라는 정보를 표시한다.

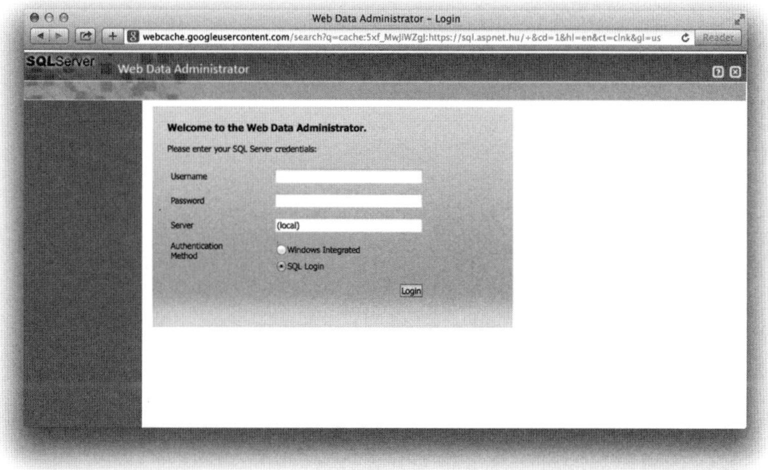

그림 4.7

　　보안 수준과 상관없이 로그인 포털의 대부분은 사용 중인 소프트웨어와 하드웨어의 종류를 짐작하게 한다. 간단히 말해, 로그인 포털 접근 자체가 공격 대상 서버의 정보를 수집할 수 있는 훌륭한 사전 작업인 셈이다. 극단적인 경우, 보안되지 않은 로그인 포털은 공격자를 환영하는 발판과 같다. 그렇다면 공격자가 로그인 포털 같은 데이터베이스 프론트단의 애플리케이션을 찾기 위해 사용하는 쿼리들을 살펴보자.

　　로그인 포털을 찾는 방법 중 하나는 login이라는 단어 자체를 검색하는 것이다. 또 다른 방법은 페이지 하단부에 위치한 저작권 표시copyright 문구에 초점을 맞추는 것이다. 대부분 유명 포털 사이트는 페이지의 하단부에 저작권 표시를 명시한다. 저작권 표시와 제품 이름, 그리고 welcome 같은 문구를 결합해 쿼리를 수행하면 로그인 포털을 좀 더 순조롭게 찾을 수 있다.

제공 파일

데이터베이스를 찾고 해당 정보를 수집할 수 있는 또 다른 방법은 데이터베이스 소프트웨어 설치 시 생성되거나 함께 제공되는 파일을 찾는 것이다. 이런 기본 제공 파일에는 설정 파일을 포함해 디버깅 스크립트, 샘플 데이터베이스 파일까지 그 종류가 다양하다. 몇몇 경우에는 유명 데이터베이스 클라이언트와 서버가 생성하거나 포함하는 특정 파일이 제공되는 파일에 포함된다. 제공되는 파일의 예로 mysql_connect 함수를 사용하는 PHP 스크립트 파일을 들 수 있다. 그림 4.8과 같이 해당 페이지는 장비 이름, 사용자 이름, 평문 비밀번호 같은 정보를 그대로 출력한다. 엄밀히 말해 이 파일은 PHP 코드이지만 확장자가 INC이므로 인클루드 파일include file로 인식된다. 구글 해커들은 바로 이런 종류의 파일에 흥미를 느낀다.

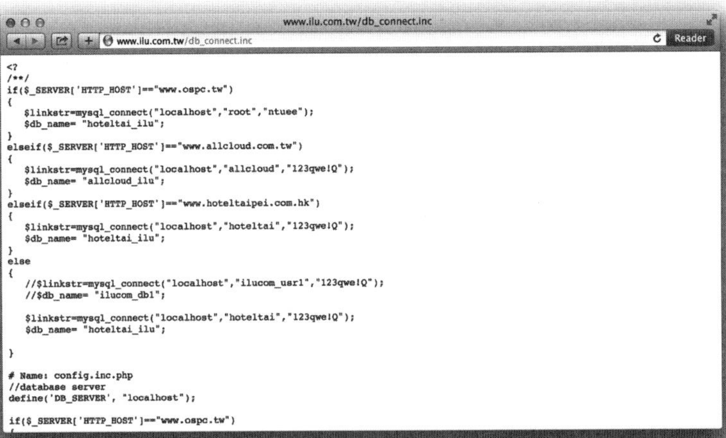


```
<?
/**/
if($_SERVER['HTTP_HOST']=="www.ospc.tw")
{
   $linkstr=mysql_connect("localhost","root","ntuee");
   $db_name= "hoteltai_ilu";
}
elseif($_SERVER['HTTP_HOST']=="www.allcloud.com.tw")
{
   $linkstr=mysql_connect("localhost","allcloud","123qwe!Q");
   $db_name= "allcloud_ilu";
}
elseif($_SERVER['HTTP_HOST']=="www.hoteltaipei.com.hk")
{
   $linkstr=mysql_connect("localhost","hoteltai","123qwe!Q");
   $db_name= "hoteltai_ilu";
}
else
{
   //$linkstr=mysql_connect("localhost","ilucom_usr1","123qwe!Q");
   //$db_name= "ilucom_db1";

   $linkstr=mysql_connect("localhost","hoteltai","123qwe!Q");
   $db_name= "hoteltai_ilu";

}

# Name: config.inc.php
//database server
define('DB_SERVER', "localhost");

if($_SERVER['HTTP_HOST']=="www.ospc.tw")
```

그림 4.8

❖ 에러 메시지

이 책에서 여러 번 언급했듯이 에러 메시지는 다양한 형태의 프로파일링과 정보 수집에 이용된다. 또한 에러 메시지는 데이터베이스 시스템의 프로파일링과 탐지에 있어 중요한 역할을 담당한다. 에러 메시지와 마찬가지로 데이터베이스 에러 메시지도 웹 서버 버전과 운영체제 시스템 정보 프로파일링에 이용된다. 이와 반대로 운영체제 시스템과 웹 서버 에러 메시지는 데이터베이스를 탐지하고 관련한 정보를 수집하는 데 사용된다.

게다가 이 에러 메시지는 데이터베이스와 관련된 정보를 노출함으로써 서버 내에 존재하는 잠재적 취약점 같은 위험한 정보까지도 알아낼 수 있다. 예를 들어, 그림 4.9와 같이 "SQL command not properly ended" 같은 에러 메시지가 발생했다고 가정하자. 이 메시지는 SQL 문장의 끝에 종료 문자가 누락됐음을 경고한다. 만일 이 에러 메시지를 발생시킨 페이지가 사용자의 입력을 허용한다면 공격자는 에러 메시지의 내용을 참고해 SQL 인젝션 공격을 실행할 수 있다.

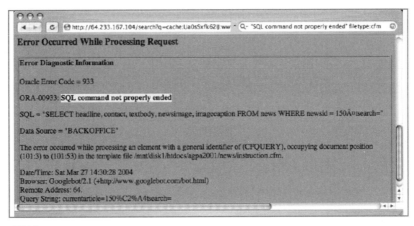

그림 4.9

✦ 데이터베이스 덤프

데이터베이스 출력 결과를 특정 형식으로 변환하면 데이터베이스 덤프 파일을 얻을 수 있다. 설명을 위해 이 책에서 데이터베이스 덤프^{database dump}는 텍스트로 변환된 데이터베이스 형태로 그 의미를 통일하겠다. 4장 뒷부분에서 다시 다루겠지만 공격자는 어떤 형태의 이진 데이터베이스 파일도 찾아낼 수 있다. 그러나 인터넷에서 가장 많이 볼 수 있는 데이터베이스 덤프의 형태는 그림 4.10과 같이 텍스트 기반의 SQL 덤프 같은 전형적인 포맷이다.

그림 4.10

데이터베이스 관리자는 전체 덤프를 이용해 데이터베이스를 완전히 재구성할 수 있다. 이 말은 곧 전체 덤프가 데이터베이스 테이블의 구조만이 아닌 각 테이블의 모든 레코드 정보를 포함하고 있음을 의미한다. 데이터베이스에 포함된 데이터의 중요도에 따라 데이터베이스 덤프는 매우 중요한 정보를 포함하고 있기 때문에 이 파일이 공격자에게 유출될 경우 큰 피해가 발생할 수 있다. 그렇다면 공격자가 데이터베이스 덤프 파일을 찾는 몇 가지 방법에 대해 알아보자. 가장 많이 쓰이는 방법은 덤프의 헤더 부분을 검색하기 위해 "#Dumping data for table"

같은 검색 요청을 실행하는 방법이다. 그림 4.10에서 해당 쿼리의 결과를 확인할 수 있다. 이 방법은 모든 데이터베이스 덤프 헤더에 확장해 사용할 수 있으며, 다른 데이터베이스 덤프 헤더와 구별되는 특수 문자열을 찾아 검색 쿼리를 실행하면 된다.

또 다른 방법은 username이나 password 또는 user 같은 덤프 내에 있을 법한 단어들을 추가해 검색 축소 기법을 이용하는 방법이다. 예를 들어, password라는 단어가 데이터베이스 덤프 내에 존재한다면 거기에는 비밀번호가 어떤 형태로든 포함되어 있을 가능성이 높다. 그러므로 공격자는 OR 연산자를 적절히 사용해 "#Dumping data for table" (user | username | pass | password) 같은 쿼리를 실행하여 원하는 정보를 얻을 수 있다. 그뿐 아니라 공격자는 일부 도구가 데이터페이스 덤프 파일 끝에 추가하는 확장자를 이용해 filetype:sql sql 같은 쿼리문에 특정 단어, 문자열, 사이트 등의 정보를 포함해 효과적인 쿼리를 수행할 수 있다. 이때 SQL 파일 확장자는 배치batch SQL 명령어를 찾는 데 사용될 수도 있다.

❖ 실제 데이터베이스 파일

공격자가 데이터베이스를 찾을 수 있는 또 다른 방법은 데이터베이스 파일 자체를 직접 찾는 것이다. 이 기술을 모든 데이터베이스 시스템에 적용할 수 있는 건 아니며, 오직 특정 이름 또는 확장자를 사용하는 파일 형태로 존재하는 데이터베이스만 사용이 가능하다. 팁을 주자면 구글은 이런 파일들이 어떻게 처리되고 번역되는지 인식하지 못하기 때문에, 검색 결과 페이지의 요약(또는 일부)을 보면 공란으로 비어 있을 것이며, 파일 종류는 그림 4.11과 같이 '알 수 없는 타입'으로 표기될 것이다.

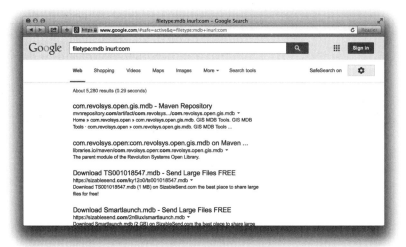

그림 4.11

구글이 바이너리 파일^{binary file}의 포맷을 인식하지 못한다면(filetype 연산자를 이 용한 검색이 대부분 이에 해당됨) 파일의 내용을 검색할 수 없다. 이 경우 대부분의 검색 옵션은 사용할 수 없으며, 대신 inurl 또는 site 연산자만 사용이 가능하다.

❖자동 문서 분석

구글에서 파일을 검색하는 것은 매우 쉽다. 특히 검색 대상 파일의 종류를 알고 있을 경우에는 더욱 쉽다. 앞 절에서 중요한 정보를 담고 있는 파일을 찾는 일이 얼마나 쉬운지 살펴봤다. 그러나 때때로 오프라인에서 파일 검색이 필요한 경우 가 있다. 예를 들어, 야후닷컴 이메일 주소 정보 수집이 필요한 경우가 그러하다. "@yahoo.com" email 같은 쿼리로 검색 요청 시 웹 검색은 결코 효율적이지 않으 며, 그림 4.12에서 볼 수 있듯이 그룹스를 활용한 검색도 마찬가지다.

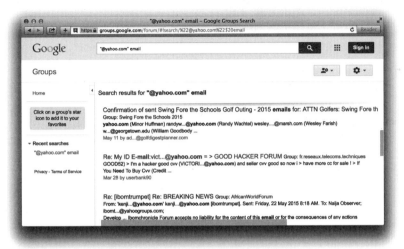

그림 4.12

검색 결과 jg65_83@yahoo.com 같은 이메일을 찾기는 했지만 store.yahoo.
com처럼 이메일 주소가 아닌 검색 결과도 보인다. 이런 경우에 특정 문자열을
찾는 가장 좋은 방법은 정규식^{regular expression}을 이용하는 것이다. 이렇게 하려면
구글을 통해 검색하고자 하는 문서를 우선 다운로드한 뒤, 그 문서에서 찾고자
하는 정보를 검색해야 한다. 문서를 자동으로 다운로드하는 방법은 12장에서 다
루겠지만, 다운로드한 파일 내에서 흥미로운 정보를 자동화해 쉽게 찾는 방법을
알아보자. 바로 다음과 같은 펄 스크립트를 실행하면 된다.

```
#!/usr/bin/perl
#
# Usage: ./ssearch.pl FILE_TO_SEARCH WORDLIST
#
# Locate words in a ile, coded by James Foster
#
use strict;
open(SEARCHFILE,$ARGV[0]) || die("Can not open searchile because $!");
open(WORDFILE,$ARGV[1]) || die("Can not open wordile because $!");
```

```
my @WORDS=⟨WORDFILE⟩;
close(WORDFILE);
my $LineCount = 0;
while(⟨SEARCHFILE⟩) {
  foreach my $word (@WORDS) {
close(SEARCHFILE);
```

이 스크립트가 동작하려면 2개의 인자 값이 필요한데, 바로 검색 대상 파일과 단어 리스트다. 사실 이 스크립트는 grep 명령과 동일한 일을 수행하는 간단한 프로그램이다. 그러나 단어 대신 단어를 포함한 정규표현식을 사용하면 매우 강력한 도구로 변한다. 예를 들어, 돈 란타Don Ranta가 작성한 아래 정규표현식을 살펴보자.

```
[a-zA-Z0-9._-]+@(([a-zA-Z0-9_-]{2,99}\.)+[a-zA-Z]{2,4})|((25[0-5]|2[0-
4]\d|1\d\d|[1-9]\d|[1-9])\.(25[0-5]|2[0-4]\d|1\d\d|[1-9]\d|[1-9])\.(25[0-5]|2[0-
4]\d|1\d\d|[1-9]\d|[1-9])\.(25[0-5]|2[0-4]\d|1\d\d|[1-9]\d|[1-9]))
```

만약 정규표현식에 대한 사전지식이 없다면 위 문자열을 쓸모없는 텍스트 뭉치라고 생각할 수 있다. 하지만 이 정규표현식은 매우 강력하며, 이를 도구와 함께 활용하면 이메일 주소의 다양한 형태를 단번에 찾아줄 수 있다.

그렇다면 위 정규표현식이 어떻게 동작하는지 알아보자. 테스트를 위해 구글 그룹에서 "@yahoo.com" email로 검색한 결과 값을 result.html 파일의 형태로 저장한다. 그리고 위 정규표현식을 메모장에 입력한 후 wordfile.txt 파일로 저장한다. 해당 작업은 텍스트 기반 웹 브라우저로 유명한 Lynx 같은 프로그램을 이용해 CLI에서도 검색 결과 저장이 가능하다. 물론 Lynx 대신 Curl, Netcat, Telnet 같은 프로그램도 사용 가능하며, 일반 웹 브라우저에서 **다른 이름으로 저장** 기능을 이용해 검색 결과를 파일에 저장할 수도 있다. 단, 구글의 서비스 규약에서는 자동 검색을 지양한다는 점에 유의하자. 그러므로 구글에서 검색을 수행한 뒤 결과 파일 저장은 수동으로 할 것을 권장한다. 그러나 앞서 논의한 것과 같이 서비스 규약에 의거해 지나친 자동화를 수행하여 구글의 검색 서비스에 영향을 끼치지만 않는다면 구글은 이를 문제 삼지 않는다. 구글의 서비스 규약을 얼마나 엄격히 지킬 것인지에 대한 판단은 사용자의 몫으로 넘긴다.

다시 구글 검색으로 돌아와 보자. 그림 4.13의 URL을 보면 num=100 파라미터를 볼 수 있는데, 이는 100개의 결과 값을 저장하라는 뜻이다. 이 파라미터를 사용하면 좀 더 많은 이메일 주소 정보를 찾을 수 있다. 결과 값이 results.html 파일에 저장되면 ssearch.pl 스크립트를 실행해 wordfile.txt 파일에 저장된 이메일 정규표현식을 사용하여 검색을 다시 수행한다. 결과를 줄이기 위해 grep yahoo | head -15 | sort -u 명령으로 결과 값을 필터링하면, 그림 4.13과 같이 yahoo라는 단어를 포함하는 최대 15개의 결과 값을 얻을 수 있다.

그림 4.13

테스트 결과를 보면 알 수 있듯이, 이와 같은 명령어의 조합은 이메일 주소를 정확하게 찾아주었다. 유닉스 명령어에 익숙하다면 위 명령어를 굳이 2개로 나눌 필요가 없었다는 사실을 알아챘을 수 있다. 이 프로세스 전체를 하나의 명령어로 결합하려면 펄 스크립트를 수정해 표준 입력을 읽어들이고 Lynx 명령어 출력을 ssearch.pl로 바로 보내면 results.html 파일을 굳이 만들 필요가 없다. 그러나 구글은 자동화 기법을 통한 검색 방식을 공개적으로 허용하지는 않는다.

자동화에 사용하면 좋은 또 다른 정규표현식도 있다. 아래 정규표현식은 URL을 찾아주는데, 이 역시 돈 란타가 만들었다.

```
[a-zA-Z]{3,4}[sS]?://((([\w\d\-]+\.)+[ a-zA-Z]{2,4})|((25[0-5]|2[0-4]\d|1\d\d|[1-
9]\d|[1-9])\.(25[0-5]|2[0-4]\d|1\d\d|[1-9]\d|[1-9])\.(25[0-5]|2[0-4]\d|1\d\d|[1-
9]\d|[1-9])\.(25[0-5]|2[0-4]\d|1\d\d|[1-9]\d|[1-9])))((\?|/)[\w/=+#_~&:;%\-
\?\.]*)*
```

이 정규표현식은 IP 주소나 도메인 이름을 포함한 URL과 파라미터를 찾아주는데, 구글 검색 결과 페이지의 모든 링크를 결과 값으로 반환한다. 이 방법은 API 기반 스크립트보다 결과 값을 잘 찾지는 못하지만 사용법은 훨씬 간편하다. 아래 정규표현식은 IP 주소를 찾아준다.

```
(25[0-5]|2[0-4]\d|1\d\d|[1-9]\d|[1-9])\.(25[0-5]|2[0-4]\d|1\d\d|[1-9]\d|[1-
9])\.(25[0-5]|2[0-4]\d|1\d\d|[1-9]\d|[1-9])\.(25[0-5]|2[0-4]\d|1\d\d|[1-9]\d|[1-9])
```

위 표현식은 대상 네트워크 정보를 얻는 데 도움을 주는데, 이 정규표현식을 적용하면 HTML 페이지를 포함해 실제 어떤 종류의 문서 형식이든 파싱을 가능케 한다. 그렇지만 대다수의 파일이 바이너리 형태인 경우, 해당 파일을 텍스트 형식으로 변환한 후 검색해야 한다는 점을 유의하라. 유닉스 strings 명령어 또한 이런 작업에 매우 유용하지만, 구글은 다양한 종류의 문서 번역 기능이 내장되어 있으니 이를 이용하자. 만약 텍스트 문서를 검색한다면 구글 번역 기능을 적용할 수도 있다. 그러나 메타데이터처럼 텍스트로 식별 불가능한 파일은 먼저 원본 파일을 다운로드한 뒤 오프라인으로 검색해야 한다. 이와 같이 검색 기능에 약간의 자동화 기능만 추가하면 구글은 아주 강력한 정보 수집 도구로 활용될 수 있다.

❖ 정리

문서 분석 분야는 따로 책 한 권을 쓸 수 있을 만큼 방대한 주제다. 4장에서는 해당 주제와 관련해 겉핥기 수준으로 살짝 맛만 봤다고 생각하면 된다. 문서 분석에 능통한 공격자는 대상으로부터 정보를 쉽게 탈취할 수 있다. 4장에서는 설정 파일과 로그 파일 그리고 오피스 문서 등의 파일에서 얻을 수 있는 가치 있는 정보에 대해 알아봤지만, 여기서 언급한 종류 외의 문서 파일도 얻을 수 있는 정보가 많다. 문서 분석의 핵심은 우선 대상에 존재하는 문서의 유형을 검색한 뒤 중요한 정보가 있을 법한 문서 정보를 찾기 위해 결과를 좁혀나가는 데 있다. 공격 대상 정보에 근거해 사업 분야, 문서 종류 등의 정보를 포함한 다양한 키워드와 함께 filetype 연산자를 조합하면 핵심 문서를 찾을 수 있다.

데이터베이스 해킹 또한 책 한 권을 가득 채울 만큼 내용이 방대한 분야다. 이 책에서는 전체적인 데이터베이스 감사^{audit}에 앞서 구글이 제공할 수 있는 정보의 이점에 대해 간략히 알아봤다. 로그인 포털, 제공 파일, 데이터베이스 덤프 파일은 감사에 재활용될 수 있는 많은 정보를 제공한다. 이 정보들 중 가장 중요한 정보가 소스 코드인데, 이런 소스 코드를 통해 데이터베이스가 어떻게 구성되어 있는지와 같은 중요한 정보가 외부에 노출될 수 있고, 관리자가 미처 발견하지 못한 서버 취약점이 외부에 누설될 수도 있다. 그렇지만 대부분의 경우 위와 같은 애플리케이션 취약점을 찾으려면 코드 분석이 필요하다. 에러 메시지 또한 공격자에게 중요한 정보가 노출될 수 있는 동기를 제공할 수 있다.

자동 문서 분석은 별도 프로그램을 이용해 많은 문서를 검색하여 중요한 정보만을 수집할 수 있는 기술이다. 구글이 탁월한 문서 검색 기능과 자동화 도구를 함께 결합하면 아주 강력한 정보 수집 도구를 얻을 수 있다.

❖ 빠른 해결책

설정 파일

- 설정 파일은 공격자에게 중요한 정보를 누설할 수 있다.
- 설정 파일의 이름은 다양하지만 보통 INI, CONF, CONFIG, CFG 같은 공통된 확장자를 사용하므로 쉽게 찾을 수 있다.

로그 파일

- 로그 파일 또한 공격자에게 중요한 정보를 노출할 수 있는데, 이 정보는 업데이트가 이루어지므로 설정 파일보다 최근의 정보가 포함되어 있을 가능성이 높다.
- 로그 파일 명명naming 규칙은 다양하지만, 보통 확장자 LOG로 쉽게 찾을 수 있다.
- 대부분의 경우 오피스 문서는 외부에 공개하지 않는다. 의도치 않게 외부에 공개된 문서 파일의 경우 중요한 정보를 담고 있을 가능성이 높다.
- 공통으로 사용하는 오피스 문서 확장자로는 PDF, DOC, TXT, XLS 등이 있다.
- 문서 파일은 다양한 콘텐츠를 포함하지만 그중 private, password, backup, admin 같은 문자열이 포함된 문서의 경우 중요한 내용이 담긴 파일로 간주한다.

데이터베이스 디깅

- 로그인 포털(특히 소프트웨어 벤더가 제공하는 기본 포털) 페이지에서 공격자는 소프트웨어의 특정 버전이나 종류 같은 정보를 쉽게 얻을 수 있다. 특히 login, welcome, copyright statements 같은 단어들로 로그인 포털 페이지를 쉽게 찾을 수 있다.

- 서버와 클라이언트에서 사용하는 소프트웨어에는 제공 파일이 존재한다. 이 파일에는 설정 값이나 애플리케이션 사용법 같은 정보가 들어 있다.
- 에러 메시지는 다양한 콘텐츠를 포함하는데, 이는 공격자에게 대상의 정보 수집 용도로 활용될 수 있다.
- 데이터베이스 덤프 파일은 모든 데이퍼베이스 관련 파일 중 가장 많은 정보를 담고 있다. 덤프 파일은 "#Dumping data for table" 같은 문자열을 이용해 찾을 수 있다.

유용한 사이트

- www.filext.com: 파일 확장자에 관련된 유용한 정보를 얻을 수 있는 사이트
- www.exploit-db.com/google-dorks/: 구글 해킹 데이터베이스 홈 사이트. 4장에서 언급한 내용과 관련해 좀 더 많은 정보를 얻을 수 있다.

자주 묻는 질문

아래 내용은 독자들이 자주 묻는 질문에 대해 책의 저자가 직접 답을 한 것이며, 각 장의 개념을 잡는 동시에 실제 생활에서 응용 가능한 방안을 제시한다. 저자에게 직접 묻고 싶은 질문이 있다면 www.syngress.com/solutions에 접속 후 '저자에게 묻기Ask th Author' 코너를 이용한다.

Q: 이 책에서 소개한 종류의 정보 유출을 막기 위해 할 수 있는 방안에는 어떤 것들이 있는가?

A: 해당 문제를 개선하기 위해서는 우선 본인이 관리하는 사이트에서 구글 검색을 통해 검색이 가능한 모든 문서의 점검이 선행되어야 한다. 그리고 검색된 문서들이 공개용인지 여부를 판별해야 한다. 물론 자동화 도구를 사용한 데이터베이스 정보 유출 방지를 위한 점검 작업도 좋지만, 최선의 방법은 정보가 유출될 수 있는 소스 자체를 제거하는 것이다. 외부 사용자가 원격 데이터베이스 관리 도구를 사용할 수 없도록 해당 프로그램에 대해 잠금 설정을 하고, 기본 로그인 포털의 경우에는 소프트웨어 버전 정보가 페이지에서 제거됐는지 등의 보안을 위한 안전성 검증이 필요하다. 또한 해당 서버가 공용 서버라면 소프트웨어 제공 파일도 삭제하는 편이 좋다. 그리고 서버의 에러 메시지에 과도한 정보가 노

출되진 않는지 점검이 필요하며, 사용 중인 모든 애플리케이션에 대해 전체적으로 보안성 검토를 해야 한다. 추가로 특정 종류의 파일들만 다운로드할 수 있도록 서버에서 설정 변경이 필요하며, 이때 다운로드를 허용하지 않는 파일들을 선택하기보다는 다운로드를 허용할 파일을 선택하는 편이 관리하기가 더 쉬울 것이다.

Q: 오피스 문서에 메타데이터가 너무 많아 고민이다. 이들을 깔끔하게 정리할 수 있는 방법이 없을까?

A: 마이크로소프트에 이 문제와 관련해 전용 페이지가 개설되어 있다. http://support.microsoft.com/default.aspx?scid(kb;EN-US;Q223396 링크를 참조하라. 추가로 일부 유틸리티는 메타데이터를 자동으로 정리해주는 기능을 지원하니 이용해보는 것도 좋을 것이다.

Q: 대부분의 소프트웨어는 외부 콘텐츠 참조를 위해 내부 인클루드 파일을 이용한다. 이 파일 역시 4장에서 다룬 INC 파일처럼 프로그램 내부에서 사용하는 중요한 정보가 많이 포함되어 있어 유출될 경우 문제가 클 것 같은데, 이런 인클루드 파일의 위험성을 제거할 수 있는 방안에는 어떤 것들이 있는가?

A: 인클루드 파일이 문제가 되는 이유는 파일 확장자 때문이다. 만일 .INC 같은 확장자를 사용한다면 대부분의 웹 서버는 이를 텍스트 파일로 인식해 중요한 정보가 유출될 수 있다. .INC 또는 인클루드 파일에 사용되는 파일의 확장자가 무엇이든 해당 확장자에 대해 다운로드를 할 수 없도록 차단하라. 이렇게 설정을 변경하면 브라우저에서는 해당 파일을 읽을 수 없지만 서버의 백엔드 프로세스는 접근이 가능해진다.

Q: 현재 사용하는 소프트웨어에서 데이터베이스 연결 설정을 저장하기 위해 .INC 파일을 사용 중이다. 이를 보완할 수 있는 다른 방법은 없는가?

A: 파일 확장자를 .PHP로 바꾸어라. 그렇게 하면 해당 정보가 노출되지 않는다.

Q: 공격자들에게 애플리케이션 데이터베이스가 노출되지 않게 하려면 어떻게 해야 하는가?

A: 먼저 애플리케이션 문서를 살펴봐라. 일부 형편없는 소프트웨어의 경우 경로 지정이 하드코딩되어 수정이 불가능할 수 있지만, 대부분의 소프트웨어는 데이터베이스 파일 경로를 서버 외부로 변경할 수 있다.

## 5장

정보 수집을 위한
구글의 기능

❖ 개요

해킹을 수행하는 데는 여러 가지 이유가 존재한다. 해커라는 단어를 들었을 때 대부분의 전문가는 컴퓨터와 네트워크 보안을 떠올리지만, 판사나 세일즈맨, 경찰 같은 일반인도 해커라는 단어를 알고 있다. 해킹은 물리적 속성보다는 마음가짐에 따른 사고방식과 유사하다. 사람들이 해킹을 하는 이유는 무엇인가? 여러 가지 동기가 있겠지만, 그중 하나는 일반인이 알지 못하는 무언가를 알게 된다는 점이다. 이러한 이유로 많은 동기가 뿌리를 뻗어나간다. 지식은 곧 힘이다. 즉 다른 사람이 알지 못하는 무언가를 본다는 사실에 대한 흥분이 존재한다. 지식에 대한 갈망을 이해하는 게 해킹의 중심일 것이다. 구글은 모든 정보에 접근이 가능하고 단순한 사용자 인터페이스를 가진 거대한 슈퍼컴퓨터가 사용자의 어떤 검색 요청이든 몇 초 내로 응답하기 위해 항시 대기하고 있다. 이렇게 보면 구글은 마치 해커들을 위해 만들어진 것만 같다.

이 책의 초판과 두 번째 판은 해커(또는 모의 침투 테스터)가 전통적인 보안 구성에 관한 정보(예: 네트워크, 도메인, 이메일 정보 등을 찾는 방법)를 얻는 데 사용되는 여러 기술을 이해하는 데 도움을 주었다. 전통적인 보안 테스트(혹은 침투 테스트)의 목표는 보안 척도를 위반하고, 제한된 정보에 접근하는 것이다. 그러나 이러한 정보는 단순히 작은 조각을 모아 큰 그림을 구성하는 방법으로도 얻을 수 있다. 매우 비밀스럽고 겹겹이 암호화된 사용자의 문서를 구글을 통해 얻어낼 수 있는 확률은 극히 낮다. 그러나 구글처럼 공개된 소스에서 많은 정보를 수집하는 데 있어 이러한 방법을 사용해 도박을 걸어볼 수 있다.

이 책을 읽고 있는 독자는 이미 검색 엔진을 통해 흥미로운 방법으로 정보를 수집하는 데 관심이 있을 것이다. 5장에서는 흥미롭고 현명한 방법으로 정보를 수집하는 방법을 보여주게 될 것으로 기대한다.

❖ 자동 검색의 원칙

컴퓨터는 따분한 작업들을 자동화하는 데 도움이 될 수 있다. 현명한 자동화는 사람들이 동시에 일해도 부족할 몇 천 가지의 일을 이루어낼 수 있다. 그러나 수동으로 할 수 없는 일들을 자동화하는 것은 절대 불가능하다. 여러분이 프로그램을 작성해 무언가를 수행하려 한다면, 전체 프로세스를 직접 손으로 수행해야 하고, 매번 이러한 프로세스를 거쳐야만 한다. 결함이 있는 프로세스를 자동화하는 것은 불가능하다. 수동 프로세스가 바로잡혀야, 프로세스를 컴퓨터 프로그램으로 변환할 수 있는 알고리즘이 사용된다.

예를 살펴보자. 한 사용자가 이메일 주소 andrew@syngress.com을 포함하고 있는 웹사이트를 찾아내고자 한다. 먼저, 사용자는 구글에 접속해 입력박스에 이메일 주소를 입력할 것이다. 이 결과를 그림 5.1에서 확인할 수 있다.

사용자는 이메일 주소가 나열된 각기 다른 3개의 사이트, 즉 g.bookpool.com, www.networksecurityarchive.org, book.google.com을 보게 될 것이다. 사용자는 이메일 주소가 보이는 사이트가 이게 다는 아닐 거라고 생각하고, 그들이 기억하기로 어딘가에서 andrew at syngress dot com이라고 쓰인 이메일 주소를 봤다고 생각할 것이다. 사용자가 이것을 구글에 입력하면, 그림 5.2와 같은 결과를 얻어낼 수 있다.

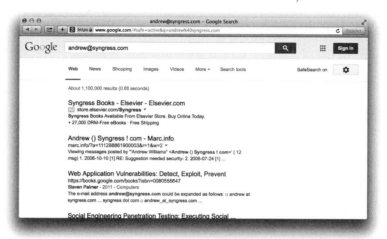

그림 5.1

그림 5.2

쿼리 구문에 따옴표가 없으면 부정확한 결과를 초래할 수 있다. 사용자가 따옴표를 추가해 얻어낸 결과는 그림 5.3과 같다.

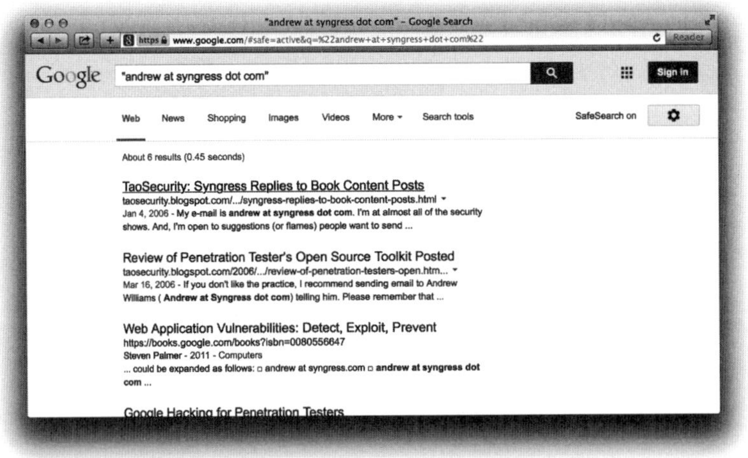

그림 5.3

사용자는 쿼리를 다르게 만들어냄으로써 새로운 결과, 즉 taosecurity. blogspot.com을 얻어낸다. 검색 쿼리 조작이 잘 동작한다면, 사용자는 다른 참고 사이트를 얻어낸 셈이다.

이러한 프로세스를 논리적인 부분으로 분해해보면, 실제로 많은 절차가 수행됐음을 알 수 있다. 모든 검색은 대부분 다음 절차를 따르게 된다.

- 원래의 검색단어 정의
- 검색단어 확장
- 데이터 소스로부터 데이터 추출
- 데이터 파싱
- 데이터 사후 처리를 통한 정보 추출

각각을 좀 더 자세히 살펴보자.

❖ 원래의 검색단어

이전 예시의 목표는 특정 이메일 주소를 참조하는 웹 페이지를 찾는 데 있었다. 앞 예시는 복잡하지 않아 보였으나, 모든 검색에 있어 명확한 목표를 정의하는 일이 가장 어렵다. 현명한 검색 방법조차 명확하지 않은 목표를 이루는 데는 도움이 되지 않을 것이다. 검색을 자동화한다면, 수동 검색과 동일한 원칙이 적용된다. 즉 쓰레기를 넣으면, 쓰레기가 나온다.

컴퓨터는 '사고'를 할 수 없으며, '숫자 쪼개기'에 능하다. 컴퓨터가 스스로 생각하도록 시도하지 않아야 한다. 이로 인해 사용자는 컴퓨터가 만들어낸 결과에 몹시 실망하게 될 것이다. 쓰레기를 넣으면 쓰레기가 나온다는 원칙은, 처음부터 잘못된 정보를 컴퓨터에 입력하면 쓰레기(잘못된 정보)를 얻게 된다는 뜻이다. 경험이 부족한 검색 엔진 사용자는 이러한 기본 원칙과 종종 씨름하곤 한다.

경우에 따라서는 목표를 바꿀 필요가 있다. 넓은 의미의 목표인 경우가 그러하며, 예를 들면 네덜란드 치즈 공장에서 일하는 사용자의 이메일 주소 등을 찾고자 할 때가 해당될 수 있겠다. 이런 경우, 적어도 하나의 부목적이 존재한다(먼저 치즈 공장에 대한 정의가 필요하다). 목표가 명확하게 정의됐는지 확인한 후에 핵심 검색단어를 지정하는 방법을 정해야 한다. 어떤 경우에는 적절한 검색단어를 찾기 위해 단일 쿼리에 대한 결과를 지속적으로 얻어내야 한다. 나는 종종 쿼리에 대한 결과를 가지고 생각하게 된다. '내 쿼리가 이런 결과를 나타내었군. 자동으로 조금씩 다르게 쿼리를 변경한다면 흥미로운 정보를 잔뜩 얻을 수 있겠어'라고 말이다.

마지막으로, 검색 엔진으로부터 얻을 수 있는 정보의 제한은 여러분의 상상력과, 어떤 종류의 쿼리가 잘 작동하는지 알아내는 실험 과정에 달려 있다.

❖ 검색단어 확장

이전의 예에서, 사용자는 원래의 쿼리를 약간 다른 쿼리들의 세트로 변경하면서 더 많은 결과를 얻어낼 수 있다는 사실을 빠르게 알아낼 수 있었다. 검색단어의 확장은 사람에게는 극히 자연스러운 일이며, 검색 자동화는 휴먼 프로세스[human process]와 이것을 특정 형태의 알고리즘으로 변경하는 것에 기반한다. 기본 형태의 검색을 프로그램을 사용하여 다수의 다른 검색들로 변경해 사용자가 수동으로 반복하는 수고를 덜 수 있었으며, 가장 중요한 건 모든 확장 트릭을 기억할 수 있었다는 점이다. 몇 가지 확장 기법을 알아보자.

이메일 주소

대부분의 사이트는 데이터 마이닝 프로그램을 우회하기 위해 이해하기 어려운 형태의 이메일 주소를 사용한다. 이것은 좋은 사유로 행해진다. 많은 데이터 마이닝 프로그램은 사이트들을 찾아내어 스패머[spammer](스팸 메일을 보내는 사람)용 이메일 주소를 수집한다. 많은 수의 스팸을 받기 위해서는, 이메일 주소를 알아보기 쉽게 하는 메일링 리스트를 첨부하면 된다. 이메일 주소를 자동으로 알아보기 힘들게 만드는 건 현명한 처사이며, 웹 검색가들의 삶을 힘들게 할 것이다. 운이 좋게도, 이러한 것들을 파헤치는 방법이 있다. 그러나 이러한 기법은 스패머들에게는 알려져 있지 않다.

이메일 주소를 검색할 때는 다음과 같은 방법으로 검색단어를 확장할 수 있다. 이메일 주소인 andrew@syngress.com은 아래와 같은 방식으로 확장할 수 있다.

- andrew at syngress.com
- andrew at syngress dot com
- andrew@syngress dot com
- andrew_at_syngress.com
- andrew_at_syngress dot com
- andrew_at_syngress_dot_com

- andrew@syngress.remove.com
- andrew@_removethis_syngress.com

@ 기호가 많은 방법으로 쓰일 수 있다(예: -(at), _at_ , -at-) 점(.) 또한 같은 방법으로 사용된다. 많은 사람들이 remove 혹은 removethis를 이메일 주소에 넣는 것을 확인할 수 있다. 이것은 80/20의 법칙을 따른다. 즉 사용자는 이러한 상위 20%의 확장 형식을 통해 80%의 메일 주소를 찾아낼 수 있다.

이 단계에서 독자는 모든 주소의 존재를 찾아내진 못할 것이라고 생각할 것이다(사용자의 생각이 맞을지도 모른다). 하지만 고생 끝에 낙이 오는 법이다. 구글은 특정 문자를 검색에서 제외시킨다. andrew@syngress.com과 "andrew syngress com"에 대한 검색은 같은 결과를 반환할 것이다. @ 기호와 점(.)은 단순히 무시될 것이다. 따라서 검색단어를 확장할 때는 이 둘을 포함시켜서는 안 된다. 검색 시간을 낭비하는 셈이기 때문이다.

이메일 주소 검증
다음은 이메일 주소가 존재하는지 검증하는 빠른 요령이다. 이 방법이 메일 서버에서 잘 동작하지 않을 수도 있지만, 지메일을 비롯한 대부분의 경우 잘 동작할 것이다. 다음을 살펴보자.

- 1단계: 메일 서버를 찾아본다. $ host -t mx gmail.com
    - gmail.com mail is handled by 5 gmail-smtp-in.l.google.com.
    - gmail.com mail is handled by 10 alt1.gmail-smtp-in.l.google.com.
    - gmail.com mail is handled by 10 alt2.gmail-smtp-in.l.google.com.
    - gmail.com mail is handled by 50 gsmtp163.google.com.
    - gmail.com mail is handled by 50 gsmtp183.google.com.
- 2단계: 하나를 선택해 포트 25에 대해 텔넷 접속을 시도해본다. $ telnet gmail-smtp-in.l.google.com 25

- ☐ Trying 64.244.183.27
- ☐ Connected to gmail-smtp-in.l.google.com.
- ☐ Escape character is "^]".
- ☐ 220 mx.google.com ESMTP d26si15626330nfh

- 3단계: SMTP$^{\text{Simple Mail Transfer Protocol}}$를 흉내 내본다. HELO test

  - ☐ 250 mx.google.com at your service
  - ☐ MAIL FROM: ⟨test@test.com⟩
  - ☐ 250 2.1.0 OK

- 4a단계: 양성^{positive} 테스트. RCPT TO: ⟨roelof.temmingh@gmail.com⟩

  - ☐ 250 2.1.0 OK

- 4b단계: 음성^{negative} 테스트. RCPT TO: ⟨kosie.kramer@gmail.com⟩

  - ☐ 550 5.1.1 No such user d26si15626330nfh

- 5단계: 종료. quit

  - ☐ 221 2.0.0 mx.google.com closing connection d26si15626330nfh

메일 서버의 응답을 검사함으로써, roelof.temmingh@gmail.com이 존재하고 kosie.kramer@gmail.com이 존재하지 않는다는 사실을 알 수 있다. 동일한 방법으로 그 밖의 이메일 주소들이 존재하는지 검증할 수 있다.

윈도우 플랫폼의 경우 nslookup 명령어를 통해 도메인으로부터 이메일 서버들을 찾을 수 있다. nslookup -qtype=mx gmail.com과 같이 명령을 수행할 수 있다.

전화번호

이메일 주소는 세트 형식을 띠고 있지만, 전화번호는 방식이 약간 다르다. 전화번호를 기술하는 데는 정해진 방식이 없는 것으로 보인다. 남아프리카에서 012 555 1234라는 번호를 사용한다고 가정해보자. 이 번호는 인터넷에서 매우 다양한 형식으로 보일 것이다.

- 012 555 1234(국내 전화)

- 012 5551234(국내 전화)

- 012555124(국내 전화)

- +27 12 555 1234(국가 코드와 함께)

- +27 12 5551234(국가 코드와 함께)

- +27 (0)12 555 1234(국가 코드와 함께)

- 0027 (0)12 555 1234(국가 코드와 함께)

모든 결과를 잡아내려면 번호의 가장 중요한 부분을 살펴봐야 하는데, 이 부분은 '555 1234'와 '5551234'이다. 그러나 문제는 완전히 다른 국가에 동일한 번호가 존재한다는 점이며, 이로 인해 오검출이 발생한다.

흥미로운 방법 중 하나로, 구글의 numrange 연산자를 이용해 특정 범위 내의 전화번호를 포함한 결과를 검색할 수 있다. 손쉬운 방법은, 시작하는 숫자를 정하고 '..'이 마지막 숫자에 입력되는 것이다. 실제의 경우 어떻게 동작하는지 살펴보자. 지역 코드 +1 252 793이 포함된 결과를 확인하고자 한다. 쿼리를 작성하기 위해 numrange 연산자가 그림 5.4와 같이 사용된다.

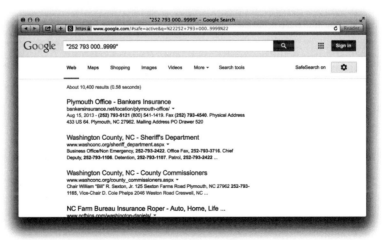

그림 5.4

노스캐롤라이나^{North Carolina}의 특정 범위 내에 위치한 모든 번호를 포함한 결과를 확인할 수 있다. 이 장의 뒷부분에서 특정 범위에 대한 결과를 제한할 수 있는 기술이 어떻게 사용되는지 알아볼 것이다.

사람

어떤 사람에 대한 정보를 찾는 가장 최적의 방법은 그 사람을 구글링하는 것이다. 자기 자신을 구글링해본 적이 없다면, 일반인의 범주에서 벗어난 것이라고도 할 수 있다. 한 사람에 대해 검색하는 방법은 다양하며, 대부분 매우 간단하다. 만일 사용자가 바로 결과를 받아보지 못했다고 해도, 수많은 옵션이 존재하니 걱정하지 않아도 된다. Andrew Williams라는 사람을 검색하고자 한다고 가정해보자.

- "Andrew Williams"
- "Williams Andrew"
- "A Williams"
- "Andrew W"
- Andrew Williams
- Williams Andrew

마지막 2개의 검색어는 검색어 앞뒤에 따옴표가 없는데, "Andrew는 Willams 가족의 일원이다"를 검색하기 위해서다.

Andrew Willams 같은 이름의 경우 인터넷상에 Andrew Willams라는 이름을 가진 사람이 많기 때문에 수많은 오검출을 초래할 수 있다는 점을 명심해둬야 한다. 이와 같이, 사용자의 검색어에 추가적인 검색단어를 가능한 한 많이 입력할 필요가 있다. 예를 들면, "Andrew Williams" Syngress publishing security라는 검색을 시도해볼 수 있다. 오검출을 줄이기 위한 한 가지 추가 팁은 특정 국가의 위치를 제한해야 한다는 점이다. Andrew가 영국에 살고 있다면, site:uk 연산자가 결과 값을 제한하는 데 유용할 것이다. 다만 사용자의 검색이 영국에 있는 사이트에 국한된다는 점을 상기하라. Andrew가 영국에 살고 있지만 사이트가 톱레벨 도메인$^{TLD,\ top\ level\ domain}$으로 끝난다면, 이 검색은 이러한 사이트에서는 아무런 결과도 나타내지 않을 것이다.

많은 결과를 수집하기

보통의 경우 사용자는 특정 결과만이 아닌 수많은 결과를 수집하려고 할 것이다. 예를 들어, 특정 TLD(톱 레벨 도메인)에 포함된 모든 웹사이트 혹은 이메일 주소를 찾으려 한다고 해보자. 사용자는 검색과 키워드를 조합해, 다음과 같은 두 가지 작업을 할 수 있다. 최근 1000개의 결과로 제한하고, 검색당 산출량을 늘린다. 예를 들어, 그림 5.5와 같이 ****.gov 도메인을 검색하는 경우를 살펴보자.

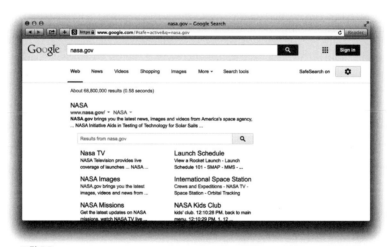

그림 5.5

최대 1000개의 사이트를 쿼리로부터 얻어낼 수 있으며, 이는 각 사이트당 하나 이상의 결과를 얻어낸 것과 같다. 다시 말하자면, 500개의 페이지가 하나의 서버에 위치하고 나머지 500개 페이지가 다른 서버에 존재한다면, 2개의 사이트 결과를 얻어낼 수 있을 것이다.

또한 사용자는 ****.gov가 포함되지 않은 사이트들에 대한 결과 또한 얻어낼 수 있을 것이다. 어떻게 ****.gov 도메인에 대한 검색으로 제한한 후 더 많은 결과를 얻어낼 수 있을까? 쿼리와 함께 다른 키워드와 연산자 조합을 통해 이를 얻어낼 수 있다. site:****.gov - www.****.gov라는 쿼리에 대해 알아보자. 이 쿼리는 사이트가 ****.gov 도메인에 포함됐지만 메인 웹사이트에 위치해 있지 않은 것을 찾겠다는 뜻이다. 이 쿼리는 훌륭하게 동작하지만, 여전히 최대 1000개의 결과를 반환할 것이다. 추가적인 키워드를 각 쿼리에 추가할 수 있다. 이것은 특정 단어를 이용해 처음에 나오는 1000개 이하의 결과를 처음 1000개의 사이트 결과로 올려주는 방법이다. 이 방법이 다른 사이트를 찾아낼 것이라는 보장은 없으나, about, official, page, site 등의 단어를 추가할 수 있다. 구글이 the, a, or 같은 단어를 검색 과정에서 무시하지만, 이 단어들을 site: 연산자와 조합해 사용할 경우에는 다른 결과를 확인할 수 있을 것이다. 그림 5.6의 이러한 결과들은 구글이 '무시하는' 단어들을 이 쿼리에서 사용할 수 있음을 보여준다.

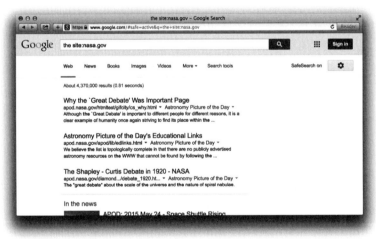

그림 5.6

추가적인 조합

많은 결과를 찾아내기 위해, 사용자의 검색과 단어를 조합해 더 나은 결과를 이끌어내려고 할 것이다. 예를 들어 이메일 주소를 찾고자 한다면 contact, mail, email, send 등의 키워드를 추가할 수 있다. 전화번호를 찾고자 한다면 phone, telephone, contact, number, mobile 등의 추가 단어를 사용할 수 있을 것이다.

❖ '특수' 연산자 사용

구글을 통해 무엇을 검색하길 원하느냐에 따라, 사용자는 추가적인 연산자를 사용해야만 한다. 웹사이트 내에 존재하는 마이크로소프트 오피스 문서를 찾고자 한다고 가정해보자. 특정 파일 종류에 대한 검색을 위해 filetype: 연산자를 이용할 수 있다는 사실은 알고 있을 것이다. 그러나 1개의 쿼리당 1개의 파일 종류를 지정할 수 있다. 결론적으로 한 번에 각각의 오피스 파일 종류를 쿼리하는 프로세스를 자동화할 수 있다. 다음과 같은 구글 쿼리를 살펴보자.

- filetype:ppt site:www.****.gov
- filetype:doc site:www.****.gov
- filetype:xls site:www.****.gov
- filetype:pdf site:www.****.gov

특정 상황에서 불 연산자를 이용한 조합으로 확장 검색이 가능한 점을 숙지하자. 사무실 내 문서 검색의 경우, "filetype:ppt or filetype:doc site www.****.gov"라는 검색이 유효할 것이다. site: 연산자를 site:****.gov로 변경함으로써, .gov 도메인에 해당하는 모든 도메인을 검색할 수 있다. site: 연산자를 다른 방법으로도 사용할 수 있다. 프로그램이 각기 다른 국가에 위치한 사이트 내에서 iPhone이라는 단어가 얼마나 많이 존재하는지 세어보게 할 수 있다. 네덜란드, 프랑스, 독일, 벨기에, 스위스에서 쿼리를 실행해본 결과는 다음과 같다.

- iphone site:nl
- iphone site:fr
- iphone site:de

- iphone site:be
- iphone site:ch

이 단계에서는 구글에서 반환된 페이지를 파싱해 결과의 양을 측정하고, 서유럽 전반에서 아이폰 판매가 얼마나 이루어지고 있는지 감시할 수 있다. 이 부분을 바로 실행해본 결과로는 의미 있는 결과를 받아오지 못했을 것이다(이 책을 쓰는 시점에 이미 광고가 대대적으로 진행됐기 때문에). 그러나 실제 아이폰이 발표됐을 때 시점부터 이 부분을 감시해왔다면, 이 결과는 유용했을 것이다(각 국가의 코드 리스트를 확인하려면 http://ftp.ics.uci.edu/pub/websoft/wwwstat/country-codes.txt 를 참조하라. 혹은 구글에서 'Internet country codes'를 검색하면 된다).

소스로부터 데이터 얻어내기

가장 낮은 단계에서 설명하자면, 사용자는 데이터 소스(구글 웹사이트)에 대한 TCP^{Transmission Control Protocol}(전송 제어 프로토콜) 연결을 수립해야 하며, 쿼리를 통해 요청한 결과를 도출해낼 수 있다. 구글은 웹 애플리케이션이기 때문에, 포트 80으로 접속하게 될 것이다. 일반적으로 웹 브라우저를 이용하지만, 프로세스를 자동화하기 위해 구글과 프로그래밍을 통한 대화를 할 수 있어야만 한다.

스스로 스크랩하기: 요청과 응답 수신

이 방법은 결과를 얻기 위한 가장 유연한 방법이다. 프로세스를 완벽히 제어하고, 결과 값의 수를 지정하는 등의 작업을 할 수 있다(API^{Application Programming Interface}로는 절대 할 수 없는 일이다). 그러나 이 작업은 많은 노동이 들어가는 일이다. 하지만 일단 시작하고 나면 이러한 걱정을 극복하고 파라미터를 수정하기 시작할 것이다.

스크랩은 대부분의 웹 애플리케이션에서는 금지되어 있다.

시작하기에 앞서 웹사이트로 요청되는 질의 및 쿼리가 어떻게 수행되는지 알아봐야 한다. 정상적으로 무언가를 구글링한다면(이 경우에는 test라는 단어를 사용한다), 반환되는 URL^{Uniform Resource Locator}은 다음과 같이 보일 것이다.

http://www.google.co.za/search?hl=en&q=test&btnG=Search&meta=

여기서 주목할 부분은 첫 번째 슬래시(/) 다음에 나오는 search?hl=en&q=test&btnG=Search&meta=이다. 이것은 GET 요청과 & 기호로 나누어진 파라미터에 상응하는 값들이다. 이 요청에서는 다음과 같은 4개의 파라미터를 전달했다.

- hl
- q
- btnG
- meta

이 파라미터들에 대한 값은 각 파라미터와 함께 등호(=)로 분리된다. hl 파라미터는 '홈 언어^{home language}'로, 영어로 설정되어 있다. q 파라미터는 '질의^{question}' 혹은 '쿼리^{query}'를 의미하며, 사용자의 쿼리인 test로 설정되어 있다. 나머지 2개의 파라미터는 크게 중요하지는 않다(최소한 현재까지는). 사용자가 제출한 검색에 대해 10개의 결과를 반환할 것이다. 100개의 결과를 받을 수 있도록 개인 설정을 변경할 경우 다음과 같은 GET 요청을 보내야 한다.

http://www.google.co.za/search?num=100&hl=en&q=test&btnG=Search&meta=

num이 100으로 설정된 추가적인 파라미터가 전달됐음을 볼 수 있다. 다음 페이지의 결과를 요청하기 위해서는(예: 101~200번의 결과), 다음과 같은 요청을 확인할 수 있다.

http://www.google.co.za/search?q=test&num=100&hl=en&start=100&sa=N

몇 가지 주목해야 할 점이 있다. 파라미터가 전달된 순서는 무시될 것이며, start 파라미터가 추가됐음을 볼 수 있다. start 파라미터는 몇 번째 결과로부터 시작하겠다고 구글에게 요청한다. 그리고 num 파라미터는 얼마나 많은 결과를 원하는지 구글에게 요청하고 있다. 따라서 이 논리에 따르면, 사용자의 요청에 따른 301~400번째의 결과를 얻기 원할 경우 사용자의 요청은 다음과 같을 것이다.

http://www.google.co.za/search?q=test&num=100&hl=en&start=300&sa=N

이 요청을 실행해보고 결과 값을 확인해보자.

사용자의 요청은 유효한 것으로 보인다. 좀 더 복잡한 조건에 대한 검색을 실행했을 때는 어떤 결과가 나오는지 확인해보자. "testing testing 123" site:uk는 다음과 같은 쿼리를 보여준다.

http://www.google.co.za/search?num=100&hl=en&q=%22testing+testing+123%22+site%3Auk&btnG=Search&meta=

어떤 일이 발생했는지 잠깐 분석해보자. num 파라미터는 100으로 설정되어 있다. btnG와 meta 파라미터는 무시해도 상관없다. site: 연산자는 추가적인 파라미터를 발생시키지 않지만, 질의 혹은 쿼리 내에 포함되어 있는 것으로 확인할 수 있다. 이 질의는 %22testing + testing + 123%22 + site%3Auk를 요청한다. 실제로 이 질의는 약간 겁을 주는 것일지도 모르지만, 별다른 특이한 점은 없다. %22는 단순히 큰따옴표(")를 16진수로 인코딩한 것일 뿐이다. %3A는 콜론(:)의 인코딩된 형태다. 인코딩된 문자를 디코딩된 형태로 바꿀 경우, 사용자가 제출한 원래의 쿼리를 확인할 수 있을 것이다.

"testing testing 123" site:uk

사용자가 어떻게 인코딩된 문자를 디코딩된 형태로 사용할 것인지 결정할 수 있을까? 이것은 구글 자체의 논점이긴 하지만, 경험에 기반한 방법으로 사용자는

A-Z, a-z, 0-9 범위 내에 있지 않은 나머지를 인코딩하는 데 문제를 일으킬 수 없다. 인코딩은 프로그램을 통해 수행할 수 있지만, 이것이 궁금하다면 모든 부분을 확인하기 위해 유닉스 터미널에 man ascii를 입력하거나, ascii hex encoding을 구글링하거나, 혹은 http://en.wikipedia.org/wiki/ASCII 페이지를 방문하면 된다.

이 방법으로 사용자의 요청을 어떻게 계산할 것인지 알게 될 것이며, 구글에 어떻게 요청을 보내고 응답을 받을지 준비됐을 것이다. 서버는 HTML^{HyperText Markup Language}에 기반하고 있다. 이것은 매우 단순한 현태로, 구글의 웹 서버에 텔넷 접속을 통해 수동으로 요청을 할 수 있다. 그림 5.7은 이것이 어떻게 수행되는지 보여준다.

```
Mips:~ roeloftemmingh$ telnet www.google.com 80
Trying 64.233.183.103...
Connected to www.l.google.com.
Escape character is '^]'.
GET /search?hl=en&q=test&btnG=Search&meta= HTTP/1.0
Host: www.google.com

HTTP/1.0 200 OK
Date: Mon, 02 Jul 2007 11:55:47 GMT
Content-Type: text/html; charset=ISO-8859-1
Cache-Control: private
Set-Cookie: PREF=ID=65d2ba4ed6bd9544:TM=1183377347:LM=1183377347:S=T2xjyi3xSSKmD
cdR; expires=Sun, 17-Jan-2038 19:14:07 GMT; path=/; domain=.google.com
Server: GWS/2.1
Via: 1.1 netcachejhb-2 (NetCache NetApp/5.5R6)

<html><head><meta http-equiv="content-type" content="text/html; charset=ISO-8859
-1"><title>test - Google Search</title><style><!--
div,td{color:#000}
.f{color:#666}
.flc,.fl:link,.ft a:link,.ft a:hover,.ft a:active{color:#77c}
a:link,.w,a.w:link,.w a:link,.q:visited,.q:link,.q:active,.q{color:#00c}
a:visited,.fl:visited{color:#551a8b}
a:active,.fl:active{color:red}
```

그림 5.7

결과로 보이는 HTML은 편의를 위해 요약되어 있다. 그림 5.7에서 사용자가 입력한 명령어는 하이라이트되어 있다. 몇 가지 주목할 점이 있다. 첫 번째로, HTTP 요청을 보내기 전 사용자는 (텔넷을 이용해) 포트 80을 이용해 웹사이트로의 연결 요청을 기다리고 있다. 두 번째로, 사용자의 요청은 HTTP/1.0으로 끝나는데 이는 HTTP 1.0 버전을 사용하겠다는 뜻이다(또는 1.1 버전을 사용하도록 요청

할 수 있다). 마지막으로 호스트 헤더에 추가한 부분을 확인할 수 있으며, 이것은
우리의 요청과 함께 2개의 캐리지리턴 라인피드(Enter를 두 번 누르면 된다)로 끝난
다. 서버는 HTTP 헤더에 대해 응답했으며(2개의 캐리지리턴 라인피드 윗부분) 바디
body 부분이 실제 HTML(〈html〉로 시작하는 곳) 내용을 포함하고 있음을 알 수 있다.

　이러한 과정이 많은 작업을 필요로 하는 것으로 보이지만, 이제는 어떻게 요청
이 구성됐는지 알 수 있으며, 이를 기반으로 자동화를 구성하기 시작할 수 있다.
Netcat을 이용해 이를 시도해보자.

　Netcat은 TCP/IP^Internet Protocol의 스위스 나이프 같은 존재로 서술되는데, 좋은
의도와 나쁜 의도 양쪽의 목적으로 사용되고 있다. 나쁜 쪽으로는 익스플로잇으
로부터 리버스 셸을 찾아내는 데 사용되며, 좋은 쪽으로는 네트워크 관리자가 프
로토콜을 분석하는 데 도움이 된다. 여기서는 구글의 웹 서버로 요청을 보내고,
응답되는 HTML을 화면에 보여주기 위해 사용할 것이다. 'netcat download'를
구글링함으로써 마이크로소프트 윈도우용뿐만 아니라 유닉스용 Netcat도 찾아
낼 수 있다.

　Netcat의 수많은 기능과 사용법에 대한 서술은 이 장의 범위를 벗어나 있다.
따라서 여기서는 단지 구글로 요청을 보내고 응답을 캡처하기 위해 Netcat을 사
용할 것이다. Netcat을 자세히 설명하기 전에, 다음 Netcat의 결과물을 살펴보자.

```
$ echo "GET / HTTP/1.0";echo "Host: www.google.com"; echo
GET / HTTP/1.0
Host: www.google.com
```

　마지막 echo 명령어(비어 있는 부분)는 CRLF^carriage return line feed를 HTTP 요청의
마지막 부분에 추가했음을 주목하라. Netcat이 이것을 가로채고 구글 사이트로
의 연결을 만들기 위해 다음과 같은 절차를 수행하자.

```
$ (echo "GET / HTTP/1.0";echo "Host: www.google.com"; echo) | nc www.google.com
80
```

이 명령어의 결과는 다음과 같다.

```
HTTP/1.0 302 Found
Date: Mon, 02 Jul 2007 12:56:55 GMT
Content-Length: 221
Content-Type: text/html
```

나머지 출력 값들은 편의를 위해 생략됐다. echo 명령어의 주변 괄호 부분과 파이프 문자(|)는 이 부분을 Netcat으로 가로채 보내게 한다는 점을 주목하라. Netcat은 www.google.com의 포트 80으로 연결을 생성하고, 명령어의 결과물 중 파이프 문자의 왼쪽 부분을 서버로 전송한다. 이것은 Netcat의 후킹[hooking]을 위한 특정 방법이며, echo의 경우 유닉스에서도 유효하게 동작하지만, 이것을 윈 도우에서 동작하게 하려면 약간의 조정이 필요하다.

동일한 결과를 얻기 위해 사용할 수 있는 (더 쉬운) 또 다른 방법이 있는데, 바 로 wget 명령어다(윈도우 버전의 wget은 http://xoomer.alice.it/hherold/에서 다운로 드 가능하다). wget 자체만으로도 훌륭한 도구가 될 수 있으며, 이를 단순히 웹 서 버로 요청을 보내는 용도로 사용한다는 건 로켓공학자에게 전자레인지를 고치라 는 말과 유사하다. wget의 기타 기능들을 살펴보려면, wget -h 명령을 실행하면 된다. wget을 이용해 쿼리의 결과를 얻기 위해 다음과 같은 명령어를 수행한다.

```
wget http://www.google.co.za/search?hl=en&q=test-O output
```

실행 결과는 다음과 같다.

```
--15:41:43-- http://www.google.com/search?hl=en&q=test
    => `output'
Resolving www.google.com... 64.233.183.103, 64.233.183.104, 64.233.183.147, ...
Connecting to www.google.com|64.233.183.103|:80... connected.
HTTP request sent, awaiting response... 403 Forbidden
15:41:44 ERROR 403: Forbidden.
```

이 명령어의 결과는 구글이 자동화된 프로세스에 대해 그리 관심이 많지 않음을 의미한다. 무엇이 잘못됐는가? HTTP 요청은 User-Agent라는 필드를 헤더에 포함하고 있다. 이 필드는 웹 페이지를 요청한 애플리케이션에 의해 생성된다(일반적으로 브라우저를 의미하나, wget 같은 '그래버grabber' 또한 포함된다). 또한 이것은 브라우저 혹은 프로그램을 인식하는 데 사용된다. wget 명령이 생성하는 HTTP 헤더는 다음과 같다.

```
GET /search?hl=en&q=test HTTP/1.0
User-Agent: Wget/1.10.1
Accept: */*
Host: www.google.com
Connection: Keep-Alive
```

User-Agent가 Wget/1.10.1로 생성됐음을 확인할 수 있으며, 이로 인해 문제가 발생한 것이다. 구글은 헤더 내의 이 필드를 검사해, 사용자가 자동화 도구를 사용하는지 여부를 판단한다. 구글은 자동화된 검색 쿼리를 허용하지 않기 때문에 'Forbidden'을 의미하는 HTTP 에러 코드 403을 반환한다. 다행히도 이것이 전부가 아니다. wget은 유연한 프로그램이기 때문에, 자신의 User-Agent를 어떻게 설정할 것인지 설정할 수 있다. 따라서 wget으로 하여금 User-Agent를 wget이 아닌 다른 것으로 변경하게 할 수 있다. wget 자신을 "my_diesel_driven_browser"로 선언했을 때 헤더가 어떻게 변하는지 알아보자. 사용자는 다음과 같은 명령어를 실행해야 한다.

```
$ wget -U my_diesel_drive_browser "http://www.google.com/search?hl=en&q=test" -O output
```

응답되는 HTTP 요청의 헤더는 다음과 같이 보인다.

```
GET /search?hl=en&q=test HTTP/1.0
User-Agent: my_diesel_drive_browser
```

```
Accept: */*
Host: www.google.com
Connection: Keep-Alive
```

User-Agent의 변화를 주목하라. 이 명령어의 결과물은 다음과 같다.

```
--15:48:55-- http://www.google.com/search?hl=en&q=test
   => 'output'
Resolving www.google.com... 64.233.183.147, 64.233.183.99, 64.233.183.103, ...
Connecting to www.google.com|64.233.183.147|:80... connected.
HTTP request sent, awaiting response... 200 OK
Length: unspecified [text/html]
   [ <=>                     ] 17,913       37.65K/s'
15:48:56 (37.63 KB/s) - 'output' saved [17913]
```

쿼리에 대한 HTML은 output이라는 이름의 파일로 저장된다. 이 예시는 User-Agent의 변화라는 매우 중요한 개념을 보여준다. 구글은 허용하지 않는 User-Agent에 대한 방대한 목록을 저장하고 있다.

웹 요청을 위해 사용되는 또 다른 유명한 프로그램 중 하나인 curl은 윈도우에서 다음 링크를 통해 사용할 수 있다.

http://fileforum.betanews.com/detail/cURL_for_Windows/966899018/1

SSL^{Secure Sockets Layer}을 사용하려면 libssl32.dll이라는 파일을 다른 위치에서 다운로드해야 한다. libssl32.dll download를 구글링해보자. EXE 파일과 DLL 파일이 같은 디렉토리에 위치하게 한다. curl은 wget과 동일하게 User-Agent를 설정해 사용할 수 있다. curl의 기본 동작은 쿼리에 대한 HTML 형태의 응답을 표준 출력으로 받아오는 것이다. 다음은 curl을 이용해 User-Agent 값을 변경한 후 간단한 쿼리로 HTML 폼을 응답받은 예시다. 명령어는 다음과 같다.

```
$ curl -A zoemzoemspecial "http://www.google.com/search?hl=en&q=test"
```

이 명령어의 결과 값은 가공되지 않은 HTML 응답이다. User-Agent가 변경된 부분을 유의하라.

또한 구글은 Lynx 텍스트 기반 브라우저의 유저 에이전트^{user agent}를 사용한다. 이것은 HTML을 재구성하며, HTML을 해석하는 데 문제가 없게 할 것이다. 해킹 과정에서 빠르게 일정량의 결과를 쿼리로부터 얻어내는 데 유용하다. 다음 명령어를 살펴보자.

```
$ lynx -dump "http://www.google.com/search?q=google" | grep Results | awk -F "of about" '{print $2}' | awk '{print $1}'
1,020,000,000
```

sed, grep, awk 같은 유닉스 명령어를 이용해 Lynx로 하여금 오류가 나는 부분에서 논리적인 선택을 하는 파라미터를 덤프하게 할 수 있다.

세상에는 웹 서버로 요청을 보내는 데 사용할 수 있는 많은 명령어 기반 도구가 존재한다. 다른 모든 도구를 다루는 것은 이 장의 범위를 벗어난다. 대부분의 경우 사용자는 User-Agent를 변경해 구글로의 통신이 가능하도록 설정해야 한다. 선호하는 프로그래밍 언어를 사용해 구글로 소켓을 이용한 연결이 가능하게 할 수도 있다.

❖ 스스로 스크랩하기: 푸줏간[1]

앞 절에서는 어떻게 구글로 질의를 하고 서버로부터 HTML을 응답받을 수 있는지 알아봤다. 꽤 흥미로운 내용이긴 하나, 사용자가 그저 HTML 파일 더미에 만족한다면 그리 유용하진 않았을 것이다. HTML을 이해하려면 사용자가 각각의 결과를 수신할 수 있어야 한다. 스크래핑 과정은 우리의 목표에 도달하기 위한 여정 중 가장 험난한 부분이 될 것이다. 결과를 파싱하기 위한 첫 번째 단계로, 결과물이 돌아오는 것에 대한 구조를 파악해야 한다. 만일 구조가 존재한다면, 개별

---

1 내용 흐름상 필요한 부위를 잘라내어 사용한다는 뜻으로 쓰임 – 옮긴이

적인 결과에 대한 구조로부터 데이터를 풀어낼 수 있을 것이다.

파이어폭스^{Firefox}의 파이어버그^{FireBug} 확장 기능(https://addons.mozilla.org/firefox/downloads/latest/1843/addon-1843-latest.xpi?src=ss에서 다운로드 가능)은 HTML 코드를 가시적인 구조로 쉽게 보여주는 데 사용될 수 있다. 그림 5.8과 같이 파이어폭스의 파이어버그는 구글 결과 페이지 일부를 조사할 수 있다.

그림 5.8

파이어버그를 이용해, 모든 결과의 단편적인 정보가 HTML 코드 ⟨div class="g"⟩로 시작한다는 사실을 알 수 있다. 이것을 참조하여, HTML 코드의 처음 영역을 추출하는 간단한 펄 스크립트를 작성할 수 있다. 다음 코드를 살펴보자.

```
1 #!/bin/perl
2 use strict;
3 my $result=`curl -A moo "http://www.google.co.za/search?q=test&hl=en"`;
```

```
4 my $start=index($result,"<div class=g>");
5 my $end=index($result,"<div class=g>",$start+1);
6 my $snippet=substr($result,$start,$end-$start);
7 print "\n\n".$snippet."\n\n";
```

이 스크립트의 3번째 줄은 curl을 호출해 단순한 요청에 대한 응답을 $result 변
수로 저장하고 있다(질의 및 쿼리는 test이며, 처음 10개의 결과만을 얻는다). 이 스크
립트의 4번째 줄에서는 "<div class=g>"가 처음 발생하는 상대 위치를 나타내는 변
수($start)를 생성했다. 5번째 줄에서는 이 토큰의 다음 발생 위치와 마지막 위치
(이것은 두 번째 영역의 시작과 같다)를 확인할 것이며, 이 위치를 $end 변수에서 확
인할 수 있다. 6번째 줄에서는 전체 HTML 블록에서 첫 번째 영역을 제거한다. 그
리고 7번째 줄에서 이것을 보여줄 것이다. 이 스크립트가 잘 동작하는지 확인해
보자.

```
$ perl easy.pl
 % Total   % Received % Xferd Average Speed  Time  Time  Time Current
                         Dload  Upload  Total Spent  Left Speed
100 14367  0 14367  0  0 13141   0 --:--:-- 0:00:01 --:--:-- 54754
<div class=g><a href="http://www.test.com/" class=l><b>Test</b>.com Web Based
Testing Software</a><table border=0 cellpadding=0 cellspacing=0><tr><td
class="j"><font size=-1>Provides extranet privacy to clients making a range of
<b>tests</b> and surveys available to their human resources departments. Companies
can <b>test</b> prospective and <b>...</b><br><span
class=a>www.<b>test</b>.com/ -
28k - </span><nobr><a class=fl
href="http://64.233.183.104/search?q=cache:S9XHtkEncW8J:www.test.com/+test&hl=e
n&ct
=clnk&cd=1&gl=za&ie=UTF-8">Cached</a> - <a class=fl
href="/search?hl=en&ie=UTF-
8&q=related:www.test.com/">Similar
```

pages〈/a〉〈/nobr〉〈/font〉〈/td〉〈/tr〉〈/table〉〈/div〉

    브라우저의 응답과 비교해봤을 때, 이 스크립트는 올바른 것으로 보인다. 이제 스크립트가 HTML과 기타 추가 영역을 어떻게 처리할 것인지 확인이 필요하다. 다음의 펄 스크립트를 확인해보자.

```perl
1 #!/bin/perl
2 use strict;
3 my $result=`curl -A moo "http://www.google.com/search?q=test&hl=en"`;
4
5 my $start;
6 my $end;
7 my $token="〈div class=g〉";
8
9 while (1){
10 $start=index($result,$token,$start);
11 $end=index($result,$token,$start+1);
12 if ($start == -1 || $end == -1 || $start == $end){
13   last;
14 }
15
16 my $snippet=substr($result,$start,$end-$start);
17 print "\n-----\n".$snippet."\n----\n";
18 $start=$end;
19 }
```

    이 스크립트는 이전의 것보다 좀 더 복잡해 보이긴 하지만, 사실 단순하다. 이 스크립트에서 "〈div class=g〉"라는 문자열을 여러 번 사용하기 위해 토큰으로 사용했다. 이 부분은 구글이 해당 토큰을 다른 것으로 선언할 수도 있기 때문에 바꾸기에도 용이하다. 스크립트의 9번 줄과 19번 줄에서 반복 구문이 설계됐으며, 이로 인해 반복적으로 해당 토큰의 존재를 확인해 더 이상 나타나지 않을 때까지 동작하도록 되어 있다. 스크립트의 12번 줄에서 토큰을 찾을 수 없는지 반복적으로 체크할 것이다. 18번 줄에서는 스크립트에서 처리가 끝난 다음 위치에서부터 검색을 다시 시작하게 될 것이다.

스크립트를 실행한 결과는 표준 결과물로 전달되는 HTML 일부분과는 차이가 있지만, 이것이 매우 유용할 것이다. 이 스크립트의 목표는 URL과 제목, 그리고 HTML 부분의 요약을 추출하는 것이다. 이 함수를 실행하기 위해 네 가지 파라미터를 사용할 텐데, 시작 토큰을 포함한 문자열, 마지막 토큰을 포함하는 문자열, 검색 형식의 위치를 저장하는 상대위치 변수, 검색하고자 하는 부분을 포함하는 문자열을 가진 HTML이다. 더 나아가 이전의 스크립트를 통해 추출된 결과와 검색된 문자열을 포함하는 부분의 새 위치를 반환하는 기능을 하는 함수는 다음과 같다.

```
1 sub cutter{
2    my ($starttok,$endtok,$where,$str)=@_;
3    my $startcut=index($str,$starttok,$where)+length($starttok);
4    my $endcut=index($str,$endtok,$startcut+1);
5    my $returner=substr($str,$startcut,$endcut-$startcut);
6    my @res;
7    push @res,$endcut;
8  push @res,$returner;
9  return @res;
10 }
```

이 함수를 이용해 각 영역에서 HTML을 검색하고, URL과 요약, 제목 등을 검색할 수 있다. 이 부분을 사용하려면 다음과 같이 메인 루프^main loop에 이 함수를 위치시켜야 한다.

```
1 my ($pos,$url) = cutter("<a href=\"","\"",0,$snippet);
2 my ($pos,$heading) = cutter(">","</a>",$pos,$snippet);
3 my ($pos,$summary) = cutter("<font size=-1>","<br>",$pos,$snippet);
```

각 영역에서 어떻게 처음 URL이 검색되는 것인지 알아보자. URL은 하이퍼링크hyperlink 자체이며, "⟨a href=로 시작하고 따옴표로 끝날 것이다. 다음은 하이퍼링크에 포함된 앞부분으로, "⟩" 등으로 시작하고 "⟨/a⟩"로 끝나는 부분이다. 최종적으로 요약 부분은 "⟨font size=-1⟩"로 시작하며, "⟨br⟩"로 끝난다. 이것을 모두 얻기 위한 펄 스크립트는 다음과 같다.

```
#!/bin/perl
use strict;
my $result=`curl -A moo "http://www.google.com/search?q=test&hl=en"`;
my $start;
my $end;
my $token="⟨div class=g⟩";
while (1){
 $start=index($result,$token,$start);
 $end=index($result,$token,$start+1);
 if ($start == -1 || $end == -1 || $start == $end){
last; }
 my $snippet=substr($result,$start,$end-$start);
 my ($pos,$url) = cutter("⟨a href=\"","\"",0,$snippet);
 my ($pos,$heading) = cutter("⟩","⟨/a⟩",$pos,$snippet);
 my ($pos,$summary) = cutter("⟨font size=-1⟩","⟨br⟩",$pos,$snippet);
 # remove ⟨b⟩ and ⟨/b⟩
 $heading=cleanB($heading);
 $url=cleanB($url);
 $summary=cleanB($summary);
 print "---⟩\nURL: $url\nHeading: $heading\nSummary:$summary\n⟨---\n\n";
 $start=$end;
}
```

이 함수를 이용해 각 영역에서 HTML을 검색하고, URL과 요약, 제목 등을 검색할 수 있다. 이 부분을 사용하려면 다음과 같이 메인 루프에 이 함수를 위치시켜야 한다.

```
1 my ($pos,$url) = cutter("<a href=\"","\"",0,$snippet);
2 my ($pos,$heading) = cutter(">","</a>",$pos,$snippet);
3 my ($pos,$summary) = cutter("<font size=-1>","<br>",$pos,$snippet);
```

각 정보 영역에서 어떻게 처음 URL이 검색되는 것인지 알아보자. URL은 하이퍼링크 자체이며, "<a href=로 시작하고 따옴표로 끝날 것이다. 다음은 하이퍼링크에 포함된 앞부분으로, ">" 등으로 시작하고 "</a>"로 끝나는 부분이다. 최종적으로 요약 부분은 "<font size=-1>"로 시작하며, "<br>"로 끝난다. 이것을 모두 얻기 위한 펄 스크립트는 다음과 같다.

```
#!/bin/perl
use strict;
my $result=`curl -A moo "http://www.google.com/search?q=test&hl=en"`;
my $start;
my $end;
my $token="<div class=g>";
while (1){
 $start=index($result,$token,$start);
 $end=index($result,$token,$start+1);
 if ($start == -1 || $end == -1 || $start == $end){
last; }
 my $snippet=substr($result,$start,$end-$start);
 my ($pos,$url) = cutter("<a href=\"","\"",0,$snippet);
 my ($pos,$heading) = cutter(">","</a>",$pos,$snippet);
 my ($pos,$summary) = cutter("<font size=-1>","<br>",$pos,$snippet);
```

```
# remove <b> and </b>
$heading=cleanB($heading);
$url=cleanB($url);
$summary=cleanB($summary);
print "---\nURL: $url\nHeading: $heading\nSummary:$summary\n<---\n\n";
$start=$end;
}
sub cutter{
my ($starttok,$endtok,$where,$str)=@_;
my $startcut=index($str,$starttok,$where)+length($starttok);
my $endcut=index($str,$endtok,$startcut+1);
my $returner=substr($str,$startcut,$endcut-$startcut);
my @res;
push @res,$endcut;
push @res,$returner;
return @res;
}
sub cleanB{
my ($str)=@_;
$str=~s/<b>//g;
$str=~s/<\/b>//g;
return $str;
}
```

　　구글은 결과에서 검색단어를 하이라이트한다는 점을 참고하자. 이와 같은 이유로 cleanB 서브루틴에서 and 태그를 결과에서 찾아내는 기능을 한다. 이 스크립트가 어떻게 동작하는지 살펴보자(그림 5.9 참조).

```
--->
URL: http://www.test.com/
Heading: Test.com Web Based Testing Software
Summary:Provides extranet privacy to clients making a range of tests and surveys
available to their human resources departments. Companies can test prospective an
d ...
<===

--->
URL: http://www.bandwidthplace.com/speedtest/
Heading: Bandwidth Speed Test
Summary:Personal Test. Test the speed of your Internet connection Free up to 3 ti
mes a month Purchase a subscription for. Up to 1000 tests per month; Personal tes
t ...
<===

--->
URL: http://www.nerdtests.com/ft_nq.php
Heading: NerdTests.com Fun Tests - Nerd Quiz
Summary:Determine your Nerd Quotient (NQ)! Quiz Brought to you by NerdTests.com.
<===

--->
URL: http://www.humanmetrics.com/cgi-win/JTypes2.asp
Heading: Online test based on Jung - Myers-Briggs typology
Summary:Online test based on Jung-Myers-Briggs personality approach provides your
 type formula, type description, and career choices.
<===

--->
URL: http://www.humanmetrics.com/cgi-win/JTypes1.htm
Heading: Personality test based on Jung - Myers-Briggs typology
Summary:Online test based on Jung-Myers-Briggs typology provides your personality
 formula, the description of your type, list of occupations, and option to assess
 ...
```

그림 5.9

이 스크립트는 잘 동작하는 것으로 보이며, 이 부분을 좀 더 발전시키기 위해 스크립트에 대한 조정과 최적화가 필요하다. 처음 시도로서는 나쁘지 않다.

❖ 그 밖의 검색 엔진 사용

믿거나 말거나, 구글 외의 검색 엔진들이 존재한다! 빙^{Bing} 검색 엔진은 API를 지원하며, 한 번 검토해보면 좋을 것이다. 그러나 이 책은 모의 침투 테스터를 위한 빙 해킹이 아니므로, 빙을 활용하는 부분에 대해서는 다음을 기약하자.

❖ 데이터 파싱

(구글을 이용해) 데이터 소스에 대해 접근할 수 있는 모든 준비가 끝난 단계라고 가정해보자. 올바른 질의가 수행되고 있으며, 매우 깔끔한 일반 텍스트로 응답을 받아올 수 있다. 현재로서는 실제 어떤 일이 일어나고 있는지에 대해서는 생각할

필요가 없다. 이 기능은 프록시 API, 혹은 자체 스크래핑 혹은 기타 제공 프로그램에 의해 얻어질 수도 있다. 이 절에서는 반환된 데이터를 이용해 어떤 일을 할 수 있는지만 다룰 것이다.

실제 반환된 결과를 가지고 무엇을 할 수 있을까? 이메일 주소나 웹사이트, 도메인, 전화번호, 장소, 인명, 혹은 성을 검색할 수도 있을 것이다. 또는 사람을 특정 컨텍스트로 지정해 결과에 추가할 수도 있을 것이다. 이렇게 프로그램 내에 사람의 논리를 추가할 수 있다. 다시 말하자면, 컴퓨터는 별다른 각성 없이 지루하고 피곤한 반복적인 일을 수행하는 데 매우 능하다. 사용자가 생각하는 논리가 정리되어 나온다면, 얼마만큼의 결과가 나왔는지 수를 세거나, 이 질문에 대한 결과가 어느 정도 신뢰도가 있는지, 그리고 반환된 결과가 원래의 질문에 얼마나 일치하는지 확인하는 등의 뭔가 흥미로운 것들을 추가할 수 있다. 이 부분에 대한 자세한 내용은 추후에 다루겠다. 지금은 기본적으로 맞는 부분을 얻어낼 수 있는지에 집중하도록 한다.

이메일 주소 파싱

일반 텍스트로부터 이메일 주소를 파싱하는 방법은 여러 가지가 있으며, 대부분의 경우 정규표현식^regular expression에 기반한다. 정규표현식은 말조차 하고 싶지 않은 변덕스러운 삼촌에 비유할 수 있지만, 그에 대해 많을 것을 알게 될수록 멋진 결과를 얻어낼 수도 있다. 정규표현식에 거부감이 있는 사람이 당신 혼자는 아니다. 하지만 정규표현식에 대해 조금만이라도 알게 된다면, 인생을 좀 더 편하게 살 수 있다. 정규표현식 전문가라면, 일반 텍스트로부터 이메일 주소를 얻어낼 수 있는 한 줄짜리 정규표현식을 설계할 수도 있을 것이다. 이러한 원리를 공개하는 것은 곤란하기 때문에 기본 예제를 통해 이것을 쉽게 알아볼 것이다. 정규표현식을 펄 프로그램에서 사용하는 방법을 알아보자.

```
use strict;
my $to_parse="This is a test for roelof\@home.paterva.com - yeah right blah";
my @words;
#convert to lower case
$to_parse =~ tr/A-Z/a-z/;
#cut at word boundaries
push @words,split(/ /,$to_parse);
foreach my $word (@words){
 if ($word =~ /[a-z0-9._%+-]+@[a-z0-9.-]+\.[a-z]{2,4}/) {
  print $word."\n";
 }
}
```

이 프로그램은 잘 실행될 것 같지만, 실제로는 몇 가지 문제점이 있다. 이 스크립트는 단어 사이의 공백을 기반으로 텍스트를 잘라내고 있다. 만일 텍스트가 "Is your address roelof@paterva.com?"일 경우에는 어떻게 될까? 아마 스크립트는 문자열을 검출해내지 못할 것이다. @과 언더바(_) 그리고 대시(-) 기호를 문자 토큰으로 전환하고, 모든 기호를 삭제하고 원래의 값으로 문자 토큰을 전환한다면, 정상적으로 문자열을 검출할 수 있을 것이다. 다음을 살펴보자.

```
use strict;
my $to_parse="Hey !! Is this a test for roelof-temmingh\@home.paterva.com? Right !";
my @words;
print "Before: $to_parse\n";
#convert to lower case
$to_parse =~ tr/A-Z/a-z/;
#convert 'special' chars to tokens
$to_parse=convert_xtoX($to_parse);
#blot all symbols
$to_parse=~s/\W/ /g;
```

```
#convert back
$to_parse=convert_Xtox($to_parse);
print "After: $to_parse\n";

#cut at word boundaries
push @words,split(/ /,$to_parse);
print "\nParsed email addresses follows:\n";
foreach my $word (@words){
 if ($word =~ /[a-z0-9._%+-]+@[a-z0-9.-]+\.[a-z]{2,4}/) {
  print $word."\n";
}}
sub convert_xtoX {
 my ($work)=@_;
 $work =~ s/\@/AT/g;
 $work =~ s/_/UNSC/g; $work =~ s/-/DASH/g;
 return $work;
}
sub convert_Xtox{
 my ($work)=@_;
 $work =~ s/AT/\@/g; $work =~ s/DOT/\./g;
 $work =~ s/UNSC/_/g; $work =~ s/DASH/-/g;
 return $work;
}
```

이 스크립트가 어떻게 동작하는지 살펴보자.

```
$ perl parse-email-2.pl
Before: Hey !! Is this a test for roelof-temmingh@home.paterva.com? Right !
After: hey is this a test for roelof-temmingh@home.paterva.com right
Parsed email addresses follows:
roelof-temmingh@home.paterva.com
```

이 스크립트는 잘 동작하는 것으로 보이지만, 여전히 일부 실패하는 상황이 존재한다. 만일 다음과 같이 행이 반환된다면 어떨까? "My email address is roelof@paterva.com." 이메일 주소 뒤에 점(.)이 추가되어 있음을 유의하라. 파싱된 주소는 이 점을 함께 추출할 것이다. 규칙을 조금 바꾸어 이 부분을 해결할 수 있는데, 점 부분을 2개의 공백으로 변환할 수 있다. 펄 언어에서는 다음과 같다.

```
$to_parse =~ s/\. / /g;
```

이 구문을 이용해, 효과적으로 99%의 유효한 이메일 주소를 파싱할 수 있을 것이다(약 5%의 잘못된 이메일 주소가 포함될 수 있다). 이 스크립트가 가장 명쾌하고, 최적화되고, 만족스럽지는 않을지도 모르지만, 이것은 훌륭하게 동작할 것이다!

이전 절에서 이메일 주소를 어떻게 확장했는지 기억하는가? 이번에는 정확히 반대의 작업을 수행할 것이다. 다시 말해, "andrew at syngress.com"을 검색하는 경우 어떤 것이 정확한 이메일 주소인지 확인해볼 필요가 있다. 이것은 오검출을 만들어내는 한 부분이다. "you can contact us at paterva.com"이라는 텍스트를 고려해보자. at을 @ 기호로 치환한다면, us@paterva.com이라는 이메일 주소를 파싱하게 될 것이다. 전문가들은 장점에 좀 더 무게를 두고 있고, 일반적인 규칙은 잘못된 이메일 주소보다 더 많은 실제 이메일 주소를 검출해야 한다는 것이다(이것은 도메인에도 해당한다. amazon.com처럼 회사명 뒤에 '.com'을 붙이는 형태의 도메인을 사용하는 경우이다. 오검출이 발생할 확률이 의미 있는 결과를 얻을 확률보다 높다는 것이다). 더 나아가 사용자들은 _reomve_ 혹은 removethis 토큰을 가진 이메일 주소를 검출하길 원할 것이다.

이를 위해 펄 언어를 이용할 수 있다. 이것들에 대한 전환을 파싱 루틴의 앞부분에 추가하기만 하면 된다. 어떻게 이 부분을 수행할 수 있는지 알아보자.

```perl
sub expand_ats{
 my ($work)=@_;
 $work=~s/remove//g;
 $work=~s/removethis//g;
 $work=~s/_remove_//g;
 $work=~s/\(remove\)//g;
 $work=~s/_removethis_//g;
 $work=~s/\s*(\@)\s*/\@/g;
 $work=~s/\s+at\s+/\@/g;
 $work=~s/\s*\(at\)\s*/\@/g;
 $work=~s/\s*\[at\]\s*/\@/g;
 $work=~s/\s*\.at\.\s*/\@/g;
 $work=~s/\s*_at_\s*/\@/g;
 $work=~s/\s*\@\s*/\@/g;
 $work=~s/\s*dot\s*/\./g;
 $work=~s/\s*\[dot\]\s*/\./g;
 $work=~s/\s*\(dot\)\s*/\./g;
 $work=~s/\s*_dot_\s*/\./g;
 $work=~s/\s*\.\s*/\./g;
 return $work;
}
```

이러한 치환은 많은 이메일 주소를 검색해내는 데 초점이 맞춰져 있으며, 오검출을 발생시킬 가능성이 있다. 테스트 데이터를 이용해 이 스크립트를 실행한 결과를 살펴보자.

```
$ perl parse-email-3.pl
Before: Testing test1 at paterva.com
This is normal text. For a dot matrix printer.
This is normal text...no really it is!
At work we all need to work hard
```

test2@paterva dot com

test3 _at_ paterva dot com

test4(remove) (at) paterva [dot] com

roelof @ paterva . com

I want to stay at home. Really I do.

After: testing test1@paterva.com

This is normal text.for a.matrix printer.

This is normal text...no really it is

@work we all need to work hard test2@paterva.com

test3@paterva.com

test4@paterva.com

roelof@paterva.com

I want to stay@home.really i do.

Parsed email addresses follows:

test1@paterva.com

test2@paterva.com

test3@paterva.com

roelof@paterva.com

stay@home.really

테스트를 실행해, 5개 중 4개의 테스트 이메일 주소가 검출됐으며 1개의 오검출이 발생했다. 애플리케이션에 따라, 이 오검출의 비율은 육안검사를 통해 빠르게 인식될 수 있는 수용 가능한 정도일 수도 있다. 다시 말하면, 80/20 원칙이 여기서 적용된다. 20%의 노력으로 80%의 이메일 주소를 얻어낼 수 있는 셈이다. 사용자가 사후 처리를 추가한다면, 사용자가 원하는 메일 주소가 알려진 TLD(다음 절을 참조하라)로 끝나는지 확인해볼 수 있을 것이다. 그러나 기본 규칙에 따라 모든 이메일 주소를 검색하고 싶다면, 수백 개의 오검출을 해결하는 데 노력을 기울여야 할 것이다.

❖ 도메인과 서브도메인

다행히도 도메인과 서브도메인은 약간의 추측을 통해 쉽게 파싱할 수 있다. 호스트명과 도메인명의 차이는 무엇일까? 이 둘을 어떻게 구분할 수 있을까? 매우 우매한 질문이다. 명확하게 말하자면 www.paterva.com은 호스트명이며, paterva.com은 도메인명이다. www.paterva.com은 IP 주소를 포함하고 있지만, paterva.com은 포함하고 있지 않기 때문이다. 그러나 google.com(및 다수)은 IP 주소를 반환할 것이다. 다시 말하자면, 결론적으로 우리는 google.com을 도메인으로 알고 있다. 만약 구글이 fpd.gsfc.****.gov라는 명령에서 검색된다면 어떨까? 이것은 호스트명인가, 도메인인가? 이것에 대한 다른 CNAME이 존재하는가? 본능적으로 사용자는 www.을 도메인명에 추가할 것이며, 이것이 IP 주소를 반환하는지 확인할 것이다. 만일 이것이 그런 원리로 동작한다면, 이것은 도메인일 것이다. 그러나 www라는 목록이 존^{zone}에 없다면 어떻게 될까? 어떠한 응답을 받게 될 것인가?

도메인은 존 안에 네임 서버 목록^{name server entry}을 필요로 한다. 호스트명은 네임 서버 목록이 필요하지 않다(사실 매우 드물게 필요한 경우가 있다). 이러한 부분을 상정한다면, 도메인과 호스트를 구분할 수 있을 것이다. 나머지 부분은 매우 쉬울 것이다. 구글 URL을 조각 내어 다시 조합해보자. fpd.gsfc.****.gov 사이트를 예시로 살펴보자. 처음 할 일은 네임 서버를 확인해 이것이 도메인인지 사이트인지 알아내는 것이다. 만일 네임 서버가 존재하지 않는다면, fpd 부분을 안전하게 제거한 후 gsfc.****.gov로 귀결될 것이다. 이것으로부터 다음과 같은 도메인들이 확인된다.

- gsfc.****.gov****.gov
- gov

여기서 더 이상 진행할 게 없어 보인다. 일반적으로 TLD 및 서브 TLD는 알아볼 것이 없다. 이것을 간단히 필터링할 수 있다. 도메인을 찾아보는 과정에서 수행할 수 있는 추가적인 흥미로운 작업들이 존재한다. 찾아낸 모든 정보에 대해 반복적으로 스크립트를 실행할 수 있다. 도메인 헌팅 스크립트에 대한 입력은 일반적으로 도메인이 될 것이다. ****.gov를 스크립트에 입력한다면, 1000개까지의 결과가 제한적으로 반환될 것이다. 스크립트가 gsfc.****.gov 도메인을 추가로 검색한다면, 동일한 스크립트로 응답을 줄 수 있을 것이며, 서브도메인에 대한 1000개의 추가적인 결과를 얻어낼 수 있을 것이다. 최종적으로, 더 이상 새로운 서브도메인이 나타나지 않을 경우 스크립트를 종료할 수 있다.

호스트/도메인 체크를 수행하지 않고 도메인을 얻어낼 수 있는 방법은 프로세스 기반의 이메일 주소를 첨부하는 방법이다. 대부분의 이메일 주소는 (호스트가 아닌) 도메인에 속해 있다. 이메일 주소는 동일한 형태로 작성된 @ 기호 뒷부분을 잘라내는 방법으로 도메인을 얻을 수 있을 것이다.

❖ 전화번호

전화번호는 수용 가능한 오검출을 감안하더라도 파싱하는 데 큰 어려움이 있다 (만일 특정 국가로 제한하더라도). 전화번호를 작성하는 방법에는 별다른 표준이 없기 때문이다. 어떤 사람들은 국가 코드를 추가하지만, 지방의 경우(혹은 메일링 리스트)에는 좀처럼 이런 일이 드물다. 국가 코드가 추가됐다 하더라도, 더하기 기호(예: +44)를 추가하는 방법 혹은 로컬 국가 다이얼링 방식(예: 0044)을 추가하는 방법 또한 존재한다. 하지만 상황은 좀 더 악화된다. 대부분의 경우에 도시 코드가 0으로 시작한다면, 국가 다이얼링 코드가 추가된 것은 무시될 것이다(예: +27 12 555 1234 vs. 012 555 1234). 상황이 좀 더 악화된다면, 대부분의 유럽 국가들은 마지막 4개의 숫자를 2개 단위로 나누어 표기한다(예: 012 12 555 12 34). 당연하게도, 특정 패턴을 가진 번호를 기억하는 사람들은 이러한 형식들을 벗어나서 국가 코드(전부일 경우), 도시 코드, 도시의 지역 코드(예: +271 25 551 234) 등을 판별하기 불가능하도록 번호를 사용할 것이다.

이 경우 상황은 더 악화되어, 날짜 형식 또한 전화번호와 매우 유사하게 보일 수 있다. 다음의 텍스트를 검토해보자. "From 1823-1825 1520 people couldn't parse telephone numbers." "Andrew Williams: 1971-04-01 - 2007-07-07" 같은 시간 단위의 경우 훨씬 상황이 나을 수 있다. 거기다가 이메일 주소를 검색할 때 사람이 오검출을 가려내는 것은 어렵지 않으나, 브룬디 ^Burundi^의 배관공 전화번호를 『Stealing the network』라는 책의 ISBN 번호에서 찾아냈다면, 이것은 말이 되지 않는다. 이것이 잘못된 부분의 전부는 아닐 것이다. 여기에 어렵지만 저렴한 해결 방법과, 쉽지만 비용이 드는 해결 방법이 존재한다. 어렵지만 저렴한 해결 방법으로는, 전화번호에 대해 생각할 수 있는 모든 논리와 오검출을 줄여낼 수 있는 방법 모두를 적용하는 방법이 있다. 쉽지만 비용이 드는 해결책으로는(실제로는 그리 쉽지 않은 방법이다), 국가 및 도시, 지역 코드 목록을 제공자로부터 구입하는 방법이 있다. 어려운 해결책부터 살펴보자.

자동화의 가장 강력한 원칙 중 하나는, 인간으로서 할 수 있는 무언가를 어떻게 하는지 방법을 알 수 있다면 이것을 프로그램으로 옮길 수 있다는 것이다. 자동화가 실패했다면, 사용자가 하고자 하는 것을 코드로 옮기는 데 실패했다는 뜻이다. 전화번호에 대해 알고 있는 모든 것을 알고리즘으로 프로그래밍할 수 있다면, 여러분은 올바른 검색을 수행할 수 있을 것이다. 다음은 내가 진짜 전화번호를 가려낼 때 사용했던 중요한 규칙들이다.

- 00을 +로 치환한다. 반드시 00이 전화번호의 시작이어야만 한다.
- (0)의 존재를 제거한다.
- 전화번호의 길이는 9~13개의 숫자여야 한다.
- 적어도 하나의 공백을 포함해야 한다(낮은 허용치를 위한 선택적 항목이다).
- 2개 이상의 단일 숫자를 포함해서는 안 된다(예: 2383 5 3 231의 경우 무시될 것이다).
- 다양한 형태의 날짜로 보이는 것들은 무시될 것이다.

- 전화번호의 시작 부분이 아니라면, 더하기 기호를 포함해서는 안 된다.

- 처음 공백 전에서 4개 이하의 숫자가 포함될 수 없다(이것이 + 혹은 0으로 시작하지 않을 경우).

- 주변에 ISBN이라는 단어를 문자열에 포함해서는 안 된다.

- 마지막 번호에서부터 처음 번호까지를 재조합해 +XX-XXX-XXX-XXXX 형태로 조합한다.

위의 규칙을 따르는 번호들을 찾는 일은 쉽지 않을 것이다. 내 경우에는 정규 표현식을 사용하지 않고, 숫자와 허용된 기호(더하기, 대시, 공백 등)의 개수를 세는 반복된 구문을 이용했다. 허용되지 않는 기호 뒤에 허용 가능한 문자 수가 일정량을 초과했을 때, 이 결과는 검출기로 전달될 것이다(이 검출기는 위에 나열된 규칙을 이용한다). 규칙이 검증된다면, 이 번호들은 알맞은 형식을 취하도록 재조합될 것이다. 물론 이러한 방법이 항상 유효하지는 않을 것이다. 사실, 정확히 5개의 숫자를 가진 것은 오검출된 것이다. 이 기법은 실제 전화번호를 구분해내는 데는 거의 실패하지 않을 것이며, 더욱 중요한 사실은 아무런 비용이 들지 않는다는 점이다. 실제 전화번호를 구분하는 좀 더 나은 방법이 있을 것이다. 만약 사용자에게 모든 국가 코드와 도시 코드 목록이 있다면, 특정 숫자의 순서가 전화번호인지 형태를 구분해낼 수 있을 것이다. 이러한 목록은 존재하지만, 공용 도메인에는 존재하지 않는다.

내가 완벽한 데이터베이스를 갖고 있지 않기 때문에 이러한 코드가 없지만, 사용자는 처음 2개의 번호를 목록에 존재하는 파싱된 번호로 넘겨주는 거리를 측정하는 프로그램을 작성해야 한다. 사용자는 반드시 하나 이상의 가능성이 존재하는 경우를 생각하게 될 것이다. 이것은 동일한 번호가 다수의 국가에 존재하고 웹 페이지 내에 국가 코드 없이 적혀 있는 경우로, 해당 전화번호가 어떤 국가에 속해 있는지 알 방법이 없다.

데이터베이스는 www.numberingplans.com에서 구입할 수 있지만, 이들은 누군가에게 데이터베이스를 판매하기 위해 엄격한 규칙을 적용한다. 또한 이 웹 사이트는 훌륭한 검색 인터페이스를 제공하며(하루에 두 번만 검색이 가능하도록 제한되어 있다), 단지 전화번호만을 검색하기 위한 인터페이스는 아니다. 이에 대한 검색은 다음 기회에 알아보자.

✦ 사후 처리

데이터 소스로부터 활용 가능한 데이터를 얻었다 하더라도, 이 데이터는 특정 형태의 사후 처리가 필요하다. 결과 값에서 얼마나 많은 데이터를 얻었는지 주기적으로 정렬해 세기를 원한다면, 다음 절에서 다룰 내용을 살펴보자.

연관성을 이용한 정렬

이전 절에서 실행한 확장의 일부로 절망을 느낀 "Andrew Williams"라는 검색에 대해 이메일 주소를 파싱했다면, 그 이메일 주소는 "A Williams"에 대한 검색으로 발견된 이메일 주소보다 더욱 흥미로움을 제공할 것이다. 따라서 우리에게 필요한 건 검색에 대한 '신뢰도'를 구현하는 방법일 것이다. 이것은 그리 어렵지는 않다. 결과에 대한 모든 파싱 값을 색인해 이 신뢰도를 확인할 수 있다.

가장 연관성이 높은 결과를 얻어내는 방법은 결과 목록의 상위 부분을 참조하는 것이다. 또 다른 방법으로는 단순히 결과의 빈도를 구해볼 수 있다. 이메일 주소인 andrew@syngress.com을 여타 이메일 주소보다 10배 이상 파싱했다면, 이 이메일 주소는 두어 번 나타난 다른 이메일 주소보다 연관성이 높다고 할 수 있다.

또 다른 방법은 원래의 검색단어와 함께 검색 결과를 연관 지어보는 것이다. andrew@syngress.com이 Andrew Williams의 이메일 주소일 확률은 매우 커 보인다. 이러한 형태의 연관 분석을 알고리즘으로 작성하는 것은 어렵지 않다. 연관 분석 루틴에 대한 예시는 다음과 같다.

```
sub correlate{
my ($org,$test)=@_;
print " [$org] to [$test] : ";
my $tester; my $beingtest;
my $multi=1;
#determine which is the longer string
if (length($org) > length($test)){
  $tester=$org; $beingtest=$test;
} else {
  $tester=$test; $beingtest=$org;
}
#loop for every 3 letters
for (my $index=0; $index<=length($tester)-3; $index++){
  my $threeletters=substr($tester,$index,3);
  if ($beingtest =~ /$threeletters/i){
    $multi=$multi*2;
  }
}
print "$multi\n";
return $multi;
}
```

이 루틴은 2개 이상의 문자열을 3개 이상의 문자들로 구분된 부분으로 나누며, 이 부분을 다른 문자열들과(더 짧은) 비교한다. 반환된 결과 값에 일치하는 각 부분은 증가할 것이다. 이것은 의미 없는 '표준' 연관 분석 함수이나, 기본적으로 이메일 주소 부분은 이름first name이나 성last name과 흡사해 보이기 때문에 의미 있는 값을 만들어낼 수 있다. 이 부분을 반복적으로 수행해본 결과를 살펴보자. 이 예시에서는 원래의 검색 "Roelof Temmingh"에 대한 다음 이메일 주소의 '가중치'를 계산할 것이다.

[Roelof Temmingh] to [roelof.temmingh@abc.co.za] : 8192

[Roelof Temmingh] to [rtemmingh@abc.co.za] : 64

[Roelof Temmingh] to [roeloft@abc.co.za] : 16

[Roelof Temmingh] to [TemmiRoe882@abc.co.za] : 16

[Roelof Temmingh] to [kosie@temmingh.org] : 64

[Roelof Temmingh] to [kosie.kramer@yahoo.com] : 1

[Roelof Temmingh] to [Tempest@yahoo.com] : 2

이것은 잘 동작하는 것으로 보인다. 주소가 잘 맞는 처음의 주소가 가장 많은 점수를 얻었고, 성$^{last\ name}$이 모두 들어가 있는 2개의 주소가 두 번째로 점수를 얻고 있다. 한 가지 주목할 만한 부분은, 이 알고리즘은 어떤 것이 사용자명이며 어떤 것이 도메인인지 알지 못한다는 점이다. 여러분은 이메일 주소를 @ 기호에서 잘라낼 수 있으며, 앞부분만을 비교할 수 있다. 다른 한편으로는, 이것이 이름이나 성과 유사한 도메인을 찾아낼 수도 있다.

결과에 대해 가중치를 계산하는 두 가지 방법이 더 존재한다. 첫 번째 방법은 원래의 검색단어와 결과 페이지에서 파싱된 결과의 차이를 확인하는 것이다. 다시 말해, 사용자가 검색한 단어 바로 다음에 위치하는 이메일 주소가 존재한다면 이것은 20문단 바깥의 검색단어보다 더 많은 상관관계가 존재한다는 것이다. 두 번째 방법은 검색 결과에 대한 사이트의 중요도(빈도수)를 확인하는 방법이다. 이것은 특정 사이트로부터 검색되는 결과가 많을수록 5개의 구글 결과 페이지에 보이는 여타 사이트보다 더 많은 연관성이 있음을 뜻한다. 구글의 결과 페이지를 살펴본다면, 이러한 요구사항을 쉽게 구현할 수 있을 것이다. 구글의 결과 부분에서는 검색하는 단어 주위의 텍스트만을 포함하고 있음을 알 수 있다. 따라서 이 검색 결과에 대해 근접함을 보장받을 수 있다(만일 파싱된 결과가 "..."으로 분리되어 있지 않다면 가능한 일이다). 사이트의 빈도수 혹은 중요도는 사이트의 페이지랭크^{Pagerank}에서 찾을 수 있다. 결과 내 위치에서 사이트 기반의 값을 확인하는 경우(사이트가 결과 페이지의 처음 혹은 더 나중에 발견되는지 여부를 확인할 때) 사이트의 중요도에 대한 확실한 정확도를 확인할 수 있을 것이다.

여기서 주의할 점이 하나 있다. 여기서 사용되는 각기 다른 요소들은 조심스럽게 균형을 이루어야 한다. 매우 빠른 속도로 일이 잘못될 수가 있다. Andrew의 이메일 주소가 whipmaster@midgets.com일 경우를 생각해보자. 또한 그는 항상 WhipMaster라는 단어를 이메일 주소로 사용한다. 그 시작으로 원래의 단어에 대한 연관 분석은 빈 결과를 반환하지는 않을 것이다. 만약 이메일 주소가 각기 다른 위치에서 나타나지 않는다면, 이 연관 분석에서 알고리즘이 탈락할 것이다. 이와 같이 매번 일치하는 3개의 문자로 된 단어에 대해 10% 이상의 추가 색인을 진행해야 하며, 코드의 경우 100% 증가할 것이다. 그러나 이것은 자동화의 본질로서, 이런 종류의 도구들이 궁극적인 도움이 되긴 하지만 인간을 대체하기는 힘들다는 뜻이다.

단편적 정보 이상의 것들

자동화와 관련해 수행할 수 있는 또 다른 형태의 사후 처리 방법이 존재한다. 그러나 이것은 많은 대역폭과 프로세스 성능을 소모한다. 실제 구글 검색을 통해 반환된 페이지에 대한 마이닝 활동을 확장한다면, 많은 결과를 바탕으로 무언가 다른 흥미로운 것들을 찾아낼 수 있을 것이다. 여기서 다룰 내용은 구글 결과 페이지에 대한 URL과, 전체 페이지를 다운로드하는 방법, (가능한 한 최적의 방법으로) 다운로드한 페이지를 일반 텍스트로 전환하는 방법, 변환된 텍스트에 대한 정보 수집 알고리즘을 수행하는 방법이다. 특정 경우에는 이러한 추가 작업을 시도해볼 만하다(이메일 주소를 검색할 때, 전체 직원의 명단과 이메일 주소를 찾아낼 수 있다면 매우 큰 수확을 얻을 수 있을 것이다). 확장 작업은 단편적 정보에서 가치가 떨어지는 것으로 보이는 특정 단어와 문장을 파싱할 수도 있다.

전체 결과 페이지에서 단어와 문장을 파싱하고 정렬하는 작업은 전문가(구글의 PhD를 생각해보라)에게는 매우 쉬운 일이지만, 이 작업을 처음 하는 초보자에게는 쉽다고 할 수 없다. 처음에는 모든 페이지 전반에 걸친 단어들의 빈도를 살펴본다. 결국 이것들은 최상단의 일반적인 단어(예: the, and, firends 등)에서 보일 것이다. 이러한 단어들의 목록을 이용해 특정 국가의 언어로 된 상위 10개의 단어를 추려낼 수 있을 것이다. 결과 텍스트를 토대로 어떠한 단어들이 페이지 전반에 걸쳐 주로 사용되는지 알 수 있게 해줄 것이다. 다시 말하자면, '이것이 어떤 것인지'에 대해 알 수 있을 것이다. 이러한 단어를 단순하게 조합해 문장으로 확장할 수 있다. 다음 과정으로 단일 페이지에서 자주 사용되지 않는 문장이나 단어들을 살펴보게 될 것이다. 다시 말하자면, 문서(혹은 웹 페이지) 내에서 한 번 혹은 두 번 정도만 사용됐지만, 각기 다른 모든 페이지에서 사용된 단어들을 찾아볼 것이다. 이것은 이 주제에 대한 특정 정보를 제공하는 단어 혹은 문장들을 찾아보는 일이 될 것이다.

결과 나타내기

대부분의 검색은 확장 작업을 거치게 될 것이며, 이로 인해 많은 구글 페이지를 스크랩한 다수의 검색 결과를 얻게 될 것이다. 모든 부가 결과는 하나의 결과로 통합되어야만 한다. 일반적으로 이것은 결과의 목록이 될 것이며, 연관성에 따라 결과를 정렬할 필요가 있다.

❖ 검색단어 수집

구글의 검색단어 수집 능력은 매우 뛰어나다. 믿지 못하겠다면, 구글의 ZeitGeist 페이지를 방문해보라. 구글은 인터넷에 접속한 모두의 마음에 어떤 것이 있는지 알아낼 수 있는 능력이 있다. 문장 그대로 구글은 인간의 머릿속(온라인 상태의)을 읽어낼 수 있다.

사용자가 무엇을 찾고자 하는지 알고 있다면, 그들에게 그 정보를 제공할 수 있다(즉 돈을 주고 팔 수도 있다). 여기서 대강의 경제적 모델을 수립할 수 있다. 검색 문장들의 수는 '수요'로, 이 문장을 포함한 페이지의 결과는 '공급'으로 나타낼 수 있다. 일부 정보의 가격은 공급에 대한 수요의 비율과 관련이 있다. 구글이 특정 지불 형태를 수립하지는 않았지만, 이것을 특정 형태의 색인으로 결과 페이지에 나타낸다면 매우 흥미로울 것이다.

이러한 능력을 이용해 무엇을 할 수 있는지 살펴보자. 이번 절에서는 사용자의 검색단어를 얻어내는 방법을 알아볼 것이다.

사용자의 검색 내역 훔쳐보기

사용자가 무언가를 검색하면, 쿼리가 구글 컴퓨터로 전송된다. 사용자가 매번 구글에서 검색을 수행할 때마다, 구글은 쿠키cookie와 함께 이 쿼리를 전송하는지 확인할 것이다. 만약 쿠키가 함께 전송되지 않는다면, 구글은 브라우저로 하여금 쿠키를 생성하도록 지시할 것이다. 브라우저는 구글 시스템(예: *.google.com)으로 전송되는 다음 요청마다 쿠키를 넘기도록 지시할 것이며, 2038개까지 이것을 유지할 것이다. 따라서 각기 다른 국가에서 동일한 랩톱으로 2년을 주기로 행한 두 번의 검색은 동일한 쿠키 값을 전송할 것이다(쿠키 저장소가 정리되지 않았을 때를 가정한다). 그리고 구글은 이것이 같은 사용자로부터 발생함을 인식할 수 있다. 사용자가 전송한 쿼리는 네트워크를 통해 돌아다녀야 하며, 만일 이것들을 수집할 수 있다면 내용을 읽어낼 수도 있다. 이 기법은 '스니핑sniffing'이라고 불린다. 이전 절에서는 어떻게 구글로 요청을 작성할 수 있는지 알아봤다. 쿠키가 없는 요청이 어떻게 이루어지는지 살펴보고, 어떻게 구글이 쿠키를 작성하는지 살펴보자.

```
$ telnet www.google.co.za 80
Trying 64.233.183.99...
Connected to www.google.com.
Escape character is '^]'.
GET / HTTP/1.0
Host: www.google.co.za
HTTP/1.0 200 OK
Date: Thu, 12 Jul 2007 08:20:24 GMT
```

```
Content-Type: text/html; charset=ISO-8859-1
Cache-Control: private
Set-Cookie:
PREF=ID=329773239358a7d2:TM=1184228424:LM=1184228424:S=MQ6vKrgT4f9u
p_gj;
expires=Sun, 17-Jan-2038 19:14:07 GMT; path=/; domain=.google.co.za
Server: GWS/2.1
Via: 1.1 netcachejhb-2 (NetCache NetApp/5.5R6)
<html><head>....snip...
```

Set-Cookie 부분을 주목하라. ID 부분은 매우 흥미롭다. 그 밖의 쿠키들(TM, LM 등)은 쿠키의 발생 일자와 환경설정이 언제 변경됐는지 날짜를 기록하고 있다. ID 쿠키는 사용자가 브라우저의 쿠키 저장소를 정리하기 전까지 유지된다. 이는 매번 추가적인 요청이 브라우저로부터 전송되는 경우 브라우저는 쿠키를 유지한다는 뜻이다.

구글로 전송되는 트래픽을 읽어낼 수 있는 방법이 있다면, 이 쿠키를 통해 같은 브라우저로 추가적인 요청이 발생했음을 인식할 수 있다. 구글로 전송되는 요청을 볼 수 있는 두 가지 방법이 존재한다. 첫 번째는, 트래픽이 지나가는 어딘가에 스니퍼sniffer를 설치해 구글로 전송되는 요청들을 감시하는 것이다. 두 번째는 좀 더 쉬운 방법으로, 대부분의 인프라 구조에 포함된 프록시를 이용하는 방법이다. 트래픽을 프록시하는 방법은 두 가지가 있다. 사용자는 자신의 브라우저에 프록시를 설정할 수 있으며, 특정 업스트림upstream으로 전송되는 트래픽을 투명하게 감시할 수 있다. 트랜스페어런트 프록시transparent proxy를 이용하면 대부분의 사용자는 어떤 트래픽이 프록시로 전송되는지 주의하지 않으며, 사용자의 동의나 자각 없이 수행될 수 있다. 또한 사용자는 프록시를 활성화하고 비활성화할 방법이 없다. 기본적으로 포트 80으로 전송되는 모든 트래픽은 프록시로 복사되어 전송될 것이다. 다른 포트에 대한 통신 또한 전송될 것이며, 기본 프록시 포트들은 3128, 1080, 8080이다. 브라우저에 프록시를 설정할 경우 이 트래픽은 설정된 프록시에 도달하기 전에 트랜스페어런트 프록시로 먼저 전송될 것이다. 트랜스페어런트 프록시는 네트워크 경계에 사용되며, 사용자의 회사 인터넷 접속 혹은 인터넷 공급업체^{ISP}의 인터넷 게이트웨이에 존재할 것이다.

한편으로 구글은 사용자의 검색단어를 유지하고 추적하기 위한 훌륭한 메커니즘을 갖고 있고, 다른 한편으로는 사용자의 모든 트래픽을 수집하고 기록하는 완벽한 트랜스페어런트 장비를 갖고 있다. 이것은 데이터 마이닝을 위한 완벽한 조합으로 보인다.

어떻게 이것들을 조합해 사용할 수 있는지 알아보자. 시작으로 트랜스페어런트 네트워크로 전송^{redirect}되는 모든 요청 헤더와 GET 파라미터를 기록하는 프록시를 설정해본다. 이 작업을 위해 잘 알려진 스퀴드^{Squid} 프록시를 이용해 기본 설정 파일로 저장되는 약 세 가지 정도의 수정을 해보겠다. 필요한 세 줄의 설정은 다음과 같다.

처음의 명령행은 스퀴드가 포트 3128에서 발생한 트랜스페어런트 전송에 대한 접속을 허용하게 한다.

```
http_port 3128 transparent
```

두 번째 명령행은 스퀴드가 모든 HTTP 요청 헤더를 기록하게 한다.

```
log_mime_hdrs on
```

마지막 명령행은 스퀴드가 host와 path만이 아닌 모든 GET 파라미터를 기록하게 한다.

```
strip_query_terms off
```

이 설정들을 통해 스퀴드 프록시를 동작시키고 나면, 프록시로 트래픽을 전송하기만 하면 된다. 이것을 수행하기 위한 많은 방법이 존재하지만, 주로 방화벽에서 이 작업을 수행한다. FressBSD에서 스퀴드 프록시에 대한 설정을 마치고(스퀴드 프록시가 같은 장비 내에 있고) 이를 사용한다고 가정해보자. 다음의 행은 모든 트래픽을 스퀴드 장비에 포트 80으로 전달할 것이다.

```
ipfw add 10 fwd 127.0.0.1,3128 tcp from any to any 80
```

유사한 설정을 그 밖의 운영체제나 방화벽에 적용할 수 있다. 'transparent proxy network configuration'을 구글링해 적당한 것을 찾아본다. 이 설정을 통해 방화벽 내에서 발생하는 모든 웹 트래픽을 가로챌 준비가 되었다. 이러한 형식의 스퀴드 로그를 통해 수많은 흥미로운 정보가 캡처될 수 있으나, 여러분은 구글 관련 요청에 대해서만 집중하자.

트랜스페어런트 프록시가 준비됐다면, 어떠한 요청이 오는지 살펴봐야만 한다. 다음은 "test phrase"라는 검색을 수행한 후 발생하는 한 줄의 프록시 로그다.

```
1184253638.293 752 196.xx.xx.xx TCP_MISS/200 4949 GET
http://www.google.co.za/search?hl=en&q=test+phrase&btnG=Google+Search&meta=
-
DIRECT/72.14.253.147 text/html [Host: www.google.co.za\r\nUser-Agent: Mozilla/5.0
(Macintosh; U; Intel Mac OS X; en-US; rv:1.8.1.4) Gecko/20070515
Firefox/2.0.0.4\r\nAccept:
text/xml,application/xml,application/xhtml+xml,text/html;q=0.9,text/plain;q=0.8,ima
ge/png,*/*;q=0.5\r\nAccept-Language: en-us,en;q=0.5\r\nAccept-Encoding:
gzip,deflate\r\nAccept-Charset: ISO-8859-1,utf-8;q=0.7,*;q=0.7\r\nKeep-Alive:
300\r\nProxy-Connection: keep-alive\r\nReferer: http://www.google.co.za\r\nCookie:
PREF=ID=35d1cc1c7089ceba:TM=1184106010:LM=1184106010:S=gBAPGByiXrA7Z
PQN\r\n]
[HTTP/1.0 200 OK\r\nCache-Control: private\r\nContent-Type: text/html;
charset=UTF-
8\r\nServer: GWS/2.1\r\nContent-Encoding: gzip\r\nDate: Thu, 12 Jul 2007 09:22:01
GMT\r\nConnection: Close\r\n\r]
```

검색어가 q 파라미터의 값으로 test+phrase라는 형태로 보이는 것을 주목하라. 또한 ID 쿠키가 35d1cc1c7089ceba인 점도 참조하길 바란다. 이 쿠키의 값은 추가로 발생하는 검색어에 대해서도 동일한 값을 유지할 것이다. 위의 텍스트에서, 이 요청을 작성한 IP 주소 또한 나열됨을 확인할 수 있다(그러나 대부분의 경우 이미 삭제됐을 것이다). 여기서 검색단어와 IP 주소, 쿠키 값 등을 추출해 차후 분석을 위해 데이터베이스에 적재하는 시스템을 구현할 수 있는 시스템이 필요할 것으로 보인다. 이러한 시스템은 아무도 모르게 날짜별로 검색단어를 수집할 것이다.

트랜스페어런트 프록시를 찾아내는 방법

경우에 따라서는 사용자가 트랜스페어런트 프록시 내에 위치하고 있다는 사실을 자각하는 편이 도움이 될 때가 있다. 다음은 이것을 빠르게 찾아내는 방법이다. 네트워크 외부에 위치한 임의의 IP들에게 포트 80에 대한 텔넷 접속을 시도한다. 모든 시도에 연결이 성공했다면, 사용자는 현재 트랜스페어런트 프록시 내에 위치하고 있는 것이다(참고: 테스트를 수행할 때 사설 IP 주소 범위를 가진 IP 주소를 사용하지 말기 바란다).

프록시를 찾아내는 또 다른 방법은 웹사이트의 주소를 찾아보는 방법이다. IP 주소로 텔넷 접근을 한 후 GET/HTTP/1.0(Host: 헤더를 제외하고)을 요청하고 응답 부분을 확인해보라. 어떤 프록시는 Host: 헤더를 이용해 어디로 접속하고자 하는지 판별할 것이며, 헤더가 존재하지 않는다면 오류를 반환할 것이다.

```
$ host www.paterva.com
www.paterva.com has address 64.71.152.104
$ telnet 64.71.152.104 80
Trying 64.71.152.104...
Connected to linode.
Escape character is '^]'.
GET / HTTP/1.0
HTTP/1.0 400 Bad Request
Server: squid/2.6.STABLE12
```

사용자가 트랜스페어런트 프록시 내에 존재하는지 확인하는 것 외에도, 어떠한 종류 혹은 서버의 프록시가 사용되는지를 알 수 있다. 두 번째 방법의 경우 모든 프록시에서 유효하진 않으며, 특히 다수의 ISP를 거치는 프록시의 경우 잘 동작하지 않을 것이다.

참고사항

어떤 사용자가 검색을 하고 있는지 알아보는 또 다른 방법 중 하나는 웹사이트로 전송되는 요청 내용 중 Referer: 헤더를 확인하는 방법이다. 물론 이 방법에는 제한이 있다. 만약 누군가 구글을 통해 검색을 수행한다면, 구글 웹사이트는 결과의 목록을 나열할 것이며, 사용자는 웹사이트로의 링크를 클릭하게 될 것이다. 이 방법을 이용할 경우 사용자가 많은 유명한 사이트를 찾아낼 수 있으나, 트래픽이 없거나 저조한 사이트들은 찾아내기가 힘들 것이다. 실제로 이것이 어떻게 작동하는지 알아보자. 사용자가 접근하는 모든 사이트는 사용자가 접근했던 이전 사이트에 대해 알 수 있다. 이것은 referer라는 HTTP 헤더로 보내진다. 누군가 구글을 방문했다면 이 검색단어는 URL의 일부로 나타난다(GET 요청의 일부로). 또한 이것은 사용자가 구글에 한 번 접속했을 경우 웹사이트로도 전송된다. 이를 이용해 누군가가 웹사이트를 방문하기 전 검색했던 URL들을 확인할 수 있다. 이는 특히 마케팅 업자들에게 매우 유용할 것이다.

일반적으로 구글 검색을 통해 접근한 아파치^{Apache} 로그의 일부는 다음과 같다.

```
68.144.162.191 - - [10/Jul/2007:11:45:25 -0400] "GET /evolution-gui.html HTTP/1.1"
304 - "http://www.google.com/search?hl=en&q=evolution+beta+gui&btnG=Search"
"Mozilla/5.0 (Windows; U; Windows NT 5.1; en-GB; rv:1.8.1.4) Gecko/20070515
Firefox/2.0.0.4"
```

이 목록을 통해 어떤 사용자가 웹사이트의 페이지로 접근하기 전 구글을 통해 "evolution beta gui"를 검색했다는 사실을 알 수 있으며, 최종적으로 /evolution-gui.html에 도달했음을 알 수 있다. 대부분의 애플리케이션은 웹 로그를 분석하는 기능이 있으며, 사용자의 로그에서 검색단어들을 자동으로 추출해, 해당 단어들의 빈도와 목록을 훌륭하게 제공해줄 것이다.

검색단어를 수집하는 이러한 방법들이 사용자의 의도에 의해 이루어지는가? 대부분 그렇지 않다. 가장 좋은 방법은(그리 실용적이지는 않다) 단순히 검색단어를 수집할 목적으로 방문자들의 이목을 끄는 다양한 종류의 내용을 포함하는 유명한 사이트를 개설하는 것이다. 다시 말하지만, 방문자들의 검색단어를 방문자들보다 더 활용할 수 있다.

❖ 정리

5장에서는 구글을 사용해 유용한 정보를 찾아내는 다양한 방법을 알아봤다. 특정 프로세스를 자동화하는 능력이 있다면, 검색의 힘이 삶에 밀접하게 도움이 될 것이다. 이 장에서는 예제 스크립트들을 이용해 어떻게 자동화가 이루어질 수 있는지 보여줬다. 또한 가장 흥미로운 부분은 단편적인 정보들을 조합해 완벽한 그림을 만들어내기 시작했을 때 시작된다(예: 단순한 검색뿐만이 아니라 수집된 정보를 바탕으로 추가적인 기능을 수행하는 것). 5장에서 알아본 도구와 편법은 데이터 수집(데이터 마이닝)에 있어 빙산의 일각일 뿐이다. 이것이 여러분의 마음을 열어 어떤 것들을 얻어낼 수 있길 바란다. 여기서 제시된 아이디어들이 모든 사람을 지치게 하는 게 아닌, 창조적인 생각을 할 수 있는 자극제가 되는 방향을 제시했으면 한다. 이 장에 배운 내용을 바탕으로 하여 스크립트로 무언가 놀라운 일을 해낼 수 있고, 이것이 각자의 목표에 도움이 되었으면 한다(또한 여러분으로부터 좋은 소식을 듣길 원한다).

익스플로잇 그리고
공격 대상 찾기

❖ 개요

익스플로잇exploit은 해커들의 도구다. 대부분의 해커는 다양한 익스플로잇을 보유하고 있다. 제로데이zero day, 0day 같은 일부 익스플로잇은 일정 기간 공개되지 않고 있다가 뉴스그룹이나 웹사이트 등을 통해 외부에 공개되기도 한다. 공격 코드를 공유하는 웹사이트는 매우 많기 때문에 구글을 이용해 이런 도구들을 찾는 일은 그다지 어렵지 않다. 다만 대부분의 웹 애플리케이션 보안 권고문에 잠재적 대상을 찾기 위한 구글 링크가 포함되어 있더라도 공격 대상을 찾는 일은 여전히 까다롭다.

6장에서는 익스플로잇 코드와 잠재적으로 취약한 목표물을 찾는 방법에 대해 알아볼 것이다. 6장의 내용이 해커들에게만 유용하다고 생각하지 않는다. 취약점 여부 점검을 위해 보안 전문가들도 익스플로잇 코드를 자주 이용하기 때문이다. 물론 보안 관리자들은 관리자의 동의를 구하고 익스플로잇 도구를 사용한다는 점에서 해커와는 다르지만 말이다.

❖ 익스플로잇 코드 찾기

알려지지 않은 수백, 수천 개의 웹사이트에서 익스플로잇 코드를 외부에 공개하고 있다. 일반적으로 해커들은 동료 해커들을 돕기 위해 공격 코드를 해킹 커뮤니티에 제공한다. 화이트 해커들은 보안 평가에 사용되는 자동화 도구의 오탐을 줄이기 위해 익스플로잇 정보를 공유한다. 보통 보안 커뮤니티에서 공통적으로 사용하는 용어인 remote exploit이나 vulnerable exploit 같은 단어를 구글로 검색하면 익스플로잇 정보 사이트를 쉽게 찾을 수 있다. inurl:0day 구문으로 검색해 사이트를 찾는 방법도 있는데, 이 방법보다는 inurl:sploits 구문으로 검색하는 편이 오래된 방법이긴 하지만 여전히 잘 동작한다. 물론 대부분의 보안 전문가는 익스플로잇을 인터넷으로 검색하기보다는 자주 가는 사이트를 '즐겨찾기'로 등록해 이용한다. 이런 방법을 제외하고서 익스플로잇을 찾는 데 첫 번째로 활용되는 것은 역시 구글이다.

공개 익스플로잇 사이트 찾기

익스플로잇 코드를 찾는 한 가지 방법은 소스 코드의 파일 확장자를 기준으로 검색한 다음 코드 내의 특정 콘텐츠를 찾는 것이다. 소스 코드는 사람이 읽기 어려운 기계 언어를 텍스트 기반으로 표현한 것이므로 구글로 검색하는 방법이 이 작업에 가장 적합하다. 예를 들어, 익스플로잇의 대부분은 C로 작성되어 있는데 이 소스 코드의 확장자는 .c이다. 확장자를 사용해 filetype:c c로 구글 검색을 하면 대략 500,000건의 결과가 나오기 때문에 검색 영역 축소가 필요하다. filetype:c exploit으로 다시 검색을 하면 대략 5,000개의 결과가 나오는데, 사이트의 다수는 본래 찾으려 했던 결과 값과 일치한다. 이 사이트들은 exploit이라는 단어를 포함하는 C 소스 코드를 제공하기 때문에 '즐겨찾기' 목록에 추가하는 것도 좋은 방법이다. 페이지 스크래핑page-scraping 기술을 이용해 구글 결과 페이지에 다음과 같은 유닉스 명령어를 실행하여 사이트 목록만을 추출할 수도 있다.

grep Cached exploit_file | awk −F" −" '{print $1}' | sort −u

여기에 lynx −dump 같은 복사/붙여넣기 명령어를 이용하면 위의 방식처럼 페이지를 캡처하는 데 응용할 수 있다. 이 방법으로 구글에서 추출한 주요 익스플로잇 코드 사이트 20여 개는 다음과 같다.

download2.rapid7.com/r7-0025 securityvulns.com/files

www.outpost9.com/exploits/unsorted

downloads.securityfocus.com/vulnerabilities/exploits

packetstorm.linuxsecurity.com/0101-exploits

packetstorm.linuxsecurity.com/0501-exploits packetstormsecurity.nl/0304-

exploits www.packetstormsecurity.nl/0009-exploits www.0xdeadbeef.info

archives.neohapsis.com/archives/ packetstormsecurity.org/0311-exploits

packetstormsecurity.org/0010-exploits www.critical.lt

synnergy.net/downloads/exploits www.digitalmunition.com

www.safemode.org/files/zillion/exploits vdb.dragonsoft.com.tw

unsecure.altervista.org www.darkircop.org/security

www.w00w00.org/files/exploits/

❖ 공통 코드 문자열을 사용해 익스플로잇 찾기

웹 페이지는 소스 코드를 다양한 방법으로 출력하기 때문에 실제 소스 코드 파일은 임의의 확장자를 가질 수 있다. 예를 들면 PHP 페이지에 C 소스 코드가 텍스트 형식으로 들어 있을 수 있는데, 구글은 이 코드를 .C가 아닌 .PHP로 인식한다.

익스플로잇 코드를 찾는 또 다른 방법으로 소스 코드 파일 내의 공통 문자열을 찾는 방법이 있다. 이런 방법 중 하나로 소스 코드의 포함 또는 헤더 파일을 참조하는 데 사용하는 코드의 공통 문자열을 이용하는 것이다. 예를 들어, 많은 C 프로그램은 표준 입출력 라이브러리 함수를 참조하기 위해 #include ⟨stdio.h⟩라는 문장을 소스 코드에 포함한다. 따라서 "#include ⟨stdio.h⟩" exploit으로 구글에 검색하면 파일 확장자와 관계없이 exploit이란 단어를 포함한 C 소스 코드를 찾을 수 있을 것이다. 물론 검색 결과에 HTML 문서로 출력되는 코드가 포함될 수 있다. 검색 영역을 확장하기 위해 프로그램의 사용법을 설명하는 usage라는 단어를 검색어에 포함시켜 "#include ⟨stdio.h⟩" usage exploit으로 검색해보면 그림 6.1과 같은 결과를 얻을 수 있다.

그림 6.1

◆ 공격에 취약한 대상 찾기

구글로 웹 기반 공격에 취약한 목표물을 찾아서 특정 익스플로잇을 사용하려는 공격자가 나날이 증가하고 있다. 사실 외부에 공개되는 취약점 권고문에 잠재적 취약 대상을 찾기 위한 구글 링크가 포함되어 있는 경우를 심심치 않게 찾아볼 수 있다.

공개된 취약점 정보를 이용해 공격 대상 찾기

소프트웨어 벤더와 보안 연구기관은 정기적으로 소프트웨어 취약점에 대한 보안 권고문을 제공하는데, 취약점에 영향을 받는 소프트웨어의 경우 벤더의 웹사이트 링크가 함께 표시된다. 모든 권고문이 링크를 포함하고 있진 않지만 벤더 웹사이트는 구글 검색을 통해 빠르게 찾을 수 있다. 우리의 목표는 웹상에 존재하는 공격에 취약한 목표물을 찾는 것이므로, 벤더의 웹사이트는 제품의 웹사이트가 어떤 모습을 띠는지 파악할 수 있는 좋은 소스다. 이 중 특히 유용한 정보는 "Powered by..."라는 구문이다.

❖ 소스 코드로 공격 대상 찾기

공격 대상을 찾기에 적합한 구글 요청문을 쉽게 발견하기 어려운 경우가 더러 있다. 그렇지만 효과적인 구글 쿼리를 찾는 방법은 거의 동일하다. 소스 코드에서 구글 요청문을 만드는 방법은 시간이 다소 오래 걸리기는 하지만 개인에 따라 창의적인 아이디어를 발휘해 시간을 단축할 수도 있으며, 공격 대상을 정확히 찾기 위한 과정을 보여준다는 점에서 그 의미는 매우 중요하다. 지금부터는 해커가 구글로 취약한 특정 소프트웨어를 찾기 위해 프로그램 소스 코드를 어떻게 이용하는지 알아보겠다. "Powered by" 구문은 프로그램이 어떤 소프트웨어의 엔진으로 동작하는지 판별할 수 있는 유용한 문자열이다.

이 구문을 이용해 공격 대상을 찾는 많은 검색 기술이 있지만 책의 나머지 부분에서 차차 알아보기로 한다. 소스 코드를 통해 공격 대상을 찾는 검색 구문의 예는 구글 해킹 데이터베이스에서도 찾아볼 수 있다.

❖ 정리

익스플로잇 코드를 찾는 방법은 너무 많기 때문에 일일이 분류하기란 거의 불가능하다. 그중 한 가지 방법으로 공개된 익스플로잇에 취약한 웹사이트를 구글로 찾는 방법이 있는데, 이를 통해 가끔 우연찮게 '개인' 사이트도 찾을 수 있고 웹에 공개되지 않은 익스플로잇도 찾을 수 있다. 새로운 익스플로잇 또는 제로데이 0day 정보는 해커 커뮤니티에서만 은밀히 공개되며, 공개 웹 페이지에서는 해커들이 해당 익스플로잇을 이용해 그들의 도구를 만든 다음에 공개된다. 가령 최근의 익스플로잇 툴킷이 온라인에 공유됐다고 해도 대부분 암호화되어 있거나 최소한 비밀번호로 잠겨 있을 것이다. 왜냐하면 관련 정보가 커뮤니티에 공유되는 순간 잠재적 공격 대상에 대한 조치가 이루어져 공격이 힘들 수 있기 때문이다. 그렇지만 이 말이 곧 새로운 익스플로잇이 온라인으로 공유되지 않는다는 뜻은 아니다. 다만 솔직히 말하자면, 최신 익스플로잇 정보를 얻는 가장 쉬운 방법은 전문 해커의 도움을 받는 것이다. 물론 공개 익스플로잇 사이트를 즐겨찾기로 지정한 후 구글로 검색 요청을 하는 것도 좋은 방법이다. exploit이나 vulnerability, vulnerable 같은 검색어를 포함시켜 익스플로잇 코드를 찾을 수 있다. 또 다른 방법으로 소스 코드의 종류에서 공통으로 보이는 특정 문자열을 검색해 소스 코드를 이용하여 검색하는 방법도 있다.

익스플로잇에 잠재적으로 취약한 공격 대상을 구글로 찾는 방법은 매우 간단하다. 취약한 웹 애플리케이션에서 사용하는 특정 문자열을 구글로 검색만 하면 된다. 이 문자열은 벤더가 제공하는 애플리케이션 데모를 통해 추출할 수 있으며, 때때로 공격자는 제품의 소스 코드를 다운로드해 특정 문자열을 직접 찾기도 한다. 아무튼 어떤 방법을 사용하든 간에 웹 애플리케이션 익스플로잇 취약점이 공개될 경우 구글을 이용해 해당 익스플로잇에 취약한 공격 대상을 찾는 데는 시간이 얼마 걸리지 않는다.

간단하면서 유용한
검색문 10가지

❖ 개요

이전 장들에서 말 그대로 수백 가지의 구글 쿼리문을 함께 살펴봤지만, 때로는 좋은 결과를 찾아주는 검색문 몇 개가 훨씬 더 유용할 때가 있다. 7장에서는 보안 감사 기간 동안 보안 평가 업무 수행 시 유용하게 쓰일 수 있는 10가지 검색문을 살펴본다. 이런 검색문은 특히 site 연산자와 함께 결합해 사용할 때 빛을 발한다. 사용자가 구글 검색에 점점 익숙해짐에 따라 검색어를 추가 및 수정할 수 있고, 일부 불필요한 내용을 삭제할 수도 있겠지만, 7장에서 다룰 검색어들은 여러분의 검색어 목록 Top 10을 작성하는 데 유용한 가이드를 줄 것이다.

❖ site

site 연산자는 감사 정보 수집 기간 동안 아주 유용하게 쓰인다. 특히 호스트 이름이나 도메인 이름과 결합해 사용하면 매우 놀라운 결과를 수집할 수 있다. site 연산자는 기본 검색에 많이 사용되지만 단독으로 쓰이지는 않는다. 물론 연산자를 단독으로 사용한 쿼리를 수행해 결과의 모든 단일 페이지를 하나씩 훑어볼 수는 있지만, 대부분의 경우에 그다지 실용적이지 못하다.

그럼에도 site 연산자를 단독으로 사용했을 때 유용한 경우가 있다. 구글은 페이지랭크순으로 결과가 나열된다는 사실을 기억하는가? 다시 말해 유명한 페이지순으로 결과가 나열되는데, 이는 곧 site 연산자 검색을 이용해 사람들이 인터넷을 사용할 때 가장 많이 방문하는 사이트를 빠르게 알아낼 수 있음을 의미한다. 페이지의 방문 순위가 높다는 게 의미하는 바는 많지만 그중 분명한 사실은 랭크가 높은 페이지는 사람들이 그 사이트에 느끼는 이미지나 호감도를 반영한다는 점이다. 이 외에도 다른 사이트에서 사용자의 사이트에 연결하는 링크의 내용을 파악하는 것도 도움이 되는 경우가 있다. 가령 링크의 구문이 "OO 사이트 망해라!"인 경우, 누군가 사용자의 사이트에 불만을 품고 있을 가능성이 높다.

5장에서 살펴봤듯이 site 연산자 검색은 공격 대상 서버가 갖고 있는 서버와 호스트 등의 정보를 수집하는 데 사용할 수 있다. 검색 영역 축소 기술을 응용해 공격 대상 서버가 온라인에서 현재 어떻게 동작하는지 빠르게 알 수 있다. site:nytimes.com -site: www.nytimes.com이라는 간단한 예로 검색을 수행해보자. 결과는 그림 7.1과 같다.

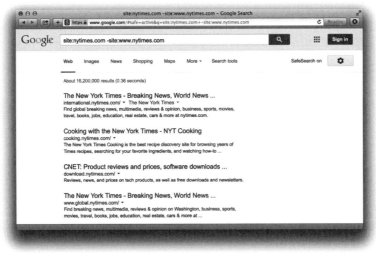

그림 7.1

이 쿼리는 nytimes.com 도메인에 속한 서버들 중에서 www.nytimes.com 이 아닌 서버의 페이지를 찾는다. 그림 7.1에서처럼 international.nytimes.com,

cooking.nytimes.com, download.nytimes.com, www.global.nytimes.com 등
4개의 호스트 또는 서브도메인을 찾을 수 있다. 좀 더 깊게 알고 싶다면 이 결과
값들이 호스트인지 서브도메인인지 명확한 정의가 선행돼야 한다. 구글 검색을
통해 찾은 수많은 결과 중 정말 필요한 결과만을 얻기 위해 검증은 반드시 필요
하다는 점을 기억하자.

❖ intitle:index.of

intitle:index.of는 디렉토리 목록을 찾는 데 유용하다. 3장에서 봤듯이 디렉토리
목록은 흥미로운 정보로 가득하다. intitle:index.of 구문 쿼리를 사용해 빠르고 쉽
게 공격 대상이 될 수 있는 디렉토리 목록을 찾을 수 있다.

❖ error | warning

에러 메시지는 공격 대상에 대한 중요한 정보를 노출할 수 있다. 종종 그 중요성
을 간과하기 쉽지만, 에러 메시지는 대상 서버의 OS 정보나 동작 중인 애플리케
이션을 비롯해 대상 네트워크 구조, 시스템의 사용자 정보처럼 매우 중요한 정보
를 제공한다. 이처럼 에러 메시지는 정보를 수집하는 데 매우 유용하게 쓰일 뿐
만 아니라 공격의 대상으로 지정되는 원인이 되기도 한다. error | warning 구문 쿼
리는 단독으로 쓸 때보다 다른 구문과 결합해 사용할 때 빛을 발하는데, 가령 ("for
more information" | "not found") (error | warning) 쿼리를 구글에 요청하면 아주 흥미
로운 정보를 찾을 수 있다. 그 결과는 그림 7.2와 같다.

그림 7.2

　안타깝게도 모든 에러 메시지가 error라는 단어를 포함하는 것은 아니다. SQL 에러 메시지를 찾기 위해 "access denied for user" "using password"로 쿼리를 다시 실행해보자. 결과는 그림 7.3과 같다.

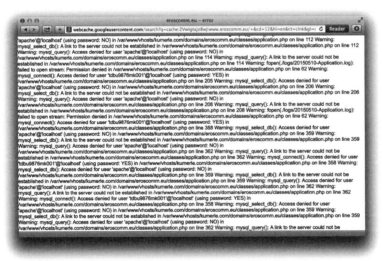

그림 7.3

그림 7.3의 에러 페이지는 사용자 이름, 파일 이름, 경로 정보, IP 주소, 행 숫자 등의 정보를 출력하고 있지만, error라는 단어는 어디에서도 찾아볼 수 없다. 에러 메시지만큼 경고 메시지도 광범위한 애플리케이션 프로그램에서 생성된다. 그러나 경우에 따라서 경고 메시지는 웹 사용자에게 어떤 중요한 정보를 알릴 때 사용되기도 한다. 이런 페이지들이 어떤 이유로 생성됐든지 간에 감사 기간 동안 error, warning 같은 단어가 포함된 페이지는 눈여겨봐야 하는 대상임에는 분명하다.

❖ login | logon

8장에서 다시 언급할 테지만, 로그인 포털은 웹사이트의 '정문'과 같다. 로그인 포털은 대상 서버에서 운영 중인 OS와 소프트웨어의 정보를 노출할 수 있으며, 대부분의 경우 포털의 메인 페이지에서 '도움말' 문서로 연결되는 링크를 제공한다. 도움말 문서는 로그인 과정에서 헤매는 사용자들을 돕기 위해 만들어졌다. 사용자가 비밀번호나 사용자 아이디를 잊어버렸을 때 도움말 문서는 도움을 줄 수 있는 단서를 제공하는데, 문제는 공격자나 보안 테스터들도 해당 문서를 통해 사이트에 접근하도록 도움을 받을 수 있다는 점이다.

대부분의 경우 로그인 포털에 연결된 도움말 문서에는 페이지 로그인에 문제를 겪는 사용자들에게 도움을 주기 위해 관리자의 이메일 주소, 전화번호, 개인 홈페이지 URL 등의 정보가 표기되어 있다. 이러한 관리자 정보는 사회공학 공격 기법의 대상이 되기 마련이다. 사내의 보안 테스트 팀이 아주 소규모라고 하더라도 사회공학 공격 분야의 전문가는 반드시 필요하다. 이런 전문가가 없는 보안 팀은 단팥 없는 찐빵과 같다. 왜냐하면 모든 보안 시스템이 공통적으로 지닌 약점인, 키보드 바로 뒤에 있는 진짜 공격자를 놓칠 수 있기 때문이다. login과 logon은 인터넷에서 가장 자주 사용되는 용어이며, 이들을 구글로 검색해보면 그림 7.4와 같이 수백만 개의 결과를 볼 수 있다.

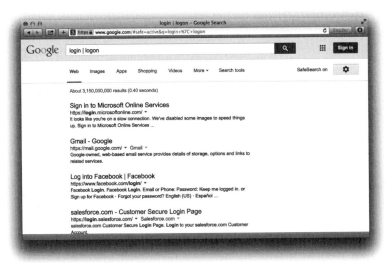

그림 7.4

페이지에서 자주 볼 수 있는 단어로 login trouble도 있다. 이 구문은 보통 사용자가 로그인 계정을 잊어버렸을 때 도움을 준다. 그러므로 공격자나 보안 테스터에게 있어 매우 중요한 정보라고 할 수 있다.

❖ username | userid | employee.id \ "your username is"

9장에서 다시 살펴보겠지만, 공격 대상 시스템에서 사용자 이름 정보를 얻는 방법은 매우 다양하다. 사용자 이름은 인증 과정에서 덜 중요한 요소지만, 최소한 외부에 제공돼서는 안 된다. 그림 7.5는 구글 검색을 통해 볼 수 있는 페이지 요약으로, 볼 수 있는 정보에 제한이 있지만 이 정보만 보더라도 구글 검색 요청을 통해 흥미로운 정보를 많이 얻을 수 있음을 짐작하게 한다. 그림 7.5는 노출된 일반 사이트의 정보 보호를 위해 그림의 일부를 편집했다.

그림 7.5

검색 결과에서 보이는 페이지에 username이라는 단어가 포함됐다고 해서 해당 사이트가 취약하다는 뜻은 아니다. 하지만 공격자에게 이런 정보는 공격 대상이 될 수 있는 빌미를 주기에 충분하다. 그렇다고 이를 방지하기 위해 사이트에서 username이라는 단어를 제거하는 것은 좋은 방법이 아니다.

❖ password | passcode | "your password is"

password는 인터넷에서 흔히 볼 수 있는 용어이며, password로 구글 검색을 수행하면 약 백만여 개의 결과가 출력된다. 불필요한 검색 결과를 제외시키기 위해 이 단어를 사용해서 검색 시에 site 연산자와 결합해 사용하면 도움이 된다.

보안 수준 평가에서 단어 password와 site 연산자를 결합한 쿼리를 만들어 검색 요청을 수행하면 비밀번호를 잊은 사용자들을 돕기 위해 만들어진 페이지까지 결과에 포함될 것이다. 일부 경우, 사이트의 비밀번호 생성 정책과 관련된 페이지도 결과에 포함될 수 있다. 이런 종류의 정보는 지능형 공격이나 브루트포스 brute-force 공격에 노출될 수 있다.

하지만 이런 유형의 쿼리 실행이 실제 비밀번호에 대한 정보를 가져다주지는 않는다. 웹에서 비밀번호 정보를 얻고 싶은 거라면 위 쿼리는 적합하지 않다(웹에서 쿼리를 실행해 비밀번호를 찾는 방법에 대해서는 9장에서 다시 다룬다). 로그인 포털과 사용자 이름을 찾는 데 사용했던 쿼리처럼 이런 종류의 쿼리 실행은 시스템에 침입하기 위한 발판을 제공한다. 대부분의 경우 단어 password를 이용한 검색 구문은 site 연산자와 함께 사용하지만, 해당 연산자를 제외하고 약간의 요령을 더해 텍스트 기반의 검색을 이용한다면 그림 7.6과 같은 결과를 얻을 수 있다. 그림 7.6에서 볼 수 있는 '잊어버린 비밀번호^{Forgotten password}' 같은 페이지는 실제 공격자들에게 매우 유용하게 쓰일 수 있다.

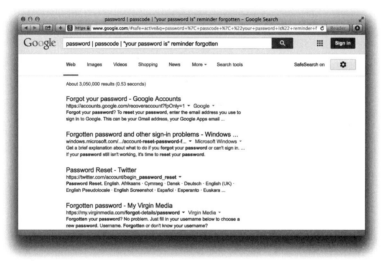

그림 7.6

❖ admin | administrator

관리자^{administrator}라는 단어는 말 그대로 네트워크나 시스템을 관리하는 사람을 의미한다. 이 단어를 포함하고 있는 웹 페이지가 많아 admin | administrator로 구글 검색 요청을 수행하면 대략 5억 개 정도의 결과가 출력된다. 이 사실을 보아 여러

분이 보안 감사를 진행할 사이트에도 해당 단어가 포함되어 있을 확률은 아주 높다. 그러나 단어 administrator를 군이 쿼리에 포함시키는 이유는 페이지의 수가 많아서가 아니라 해당 단어가 포함된 페이지의 용도 때문이다. 다른 연산자 사용 없이 위 단어에 "contact you" 구문을 포함시키는 것만으로 흥미로운 검색 결과를 많이 볼 수 있는데, 쿼리 실행 결과는 그림 7.7과 같다.

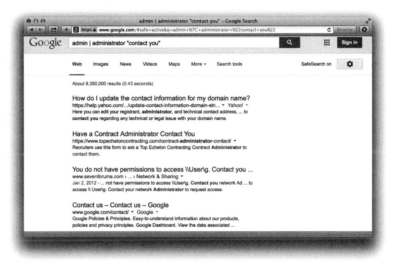

그림 7.7

"Contact your system administrator^{시스템 관리자에게 문의하시오}"라는 문구는 웹에서 아주 흔하게 볼 수 있다. 구글에서 "please contact your * administrator" 구문으로 검색하면 지역, 회사, 사이트, 부서, 서버, 시스템, 네트워크, 데이터베이스, 이메일, 심지어 관리자가 다니는 테니스 수업 정보도 찾을 수 있다. 만일 관리자의 연락처까지 검색된 경우라면 이는 보안 테스터가 지적해야 할 주의 대상으로 분류된다.

단어 administrator 검색으로 관리자 로그인 페이지나 로그인 포털도 찾을 수 있다(로그인 포털과 관련된 자세한 내용은 8장에서 다룬다). 특히 "administrative login" 검색 요청을 수행하면 수많은 관리자 로그인 페이지를 찾을 수 있는데, 보안 테스터는 이런 방식으로 로그인 포털의 중요하지 않아 보이는 정보를 통해 웹 서 버를 식별할 수 있다. 대부분의 로그인 포털은 서버가 사용하는 소프트웨어 같은 정보를 공격자에게 노출할 수 있으며, 해당 서버가 취약한 특정 소프트웨어를 사 용하는 것으로 확인되는 경우 익스플로잇 대상이 되기도 한다. 그림 7.8과 같이 admin과 administrative 단어를 함께 사용해 검색하면 관리자 로그인과 관련된 많은 결과 값을 얻을 수 있다.

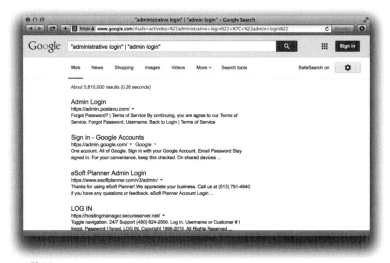

그림 7.8

단어 administrator를 검색어로 활용하는 또 다른 방법은 inurl 연산자와 함께 결합해 사용하는 것이다. admin이라는 단어가 URL의 호스트 이름, 디렉토리 이 름, 파일 이름 등에 쓰였다면 해당 URL은 관리자 기능을 제공하는 페이지일 가능 성이 높고, 이 점은 보안 관점에서 매우 흥미로운 정보다.

❖ –ext:html –ext:htm –ext:shtml –ext:asp –ext:php

–ext:html –ext:htm –ext:shtml –ext:asp –ext:php 쿼리는 filetype 연산자의 동의어 인 ext 연산자를 이용하며, 부정^{negative} 형식이다. 이 요청문은 단독으로 쓰일 경우 아무 결과도 얻지 못하므로 site 연산자와 적절하게 결합해 사용 가능하며, 인터 넷에서 많이 쓰이는 파일 유형을 제외한 나머지 파일 중에서 좀 더 흥미로운 무 언가를 찾고 싶을 때 주로 사용한다.

앞으로 이 책을 통해 알게 되겠지만 대부분의 HTML, PHP, ASP 페이지는 흥 미로운 정보를 많이 담고 있다. 그렇지만 7장에서는 이런 종류의 내용은 제외하 고 ext 연산자 쿼리를 통해 얻고자 하는 정보가 무엇인지에 대해 알아보겠다. 이 쿼리를 실행해 찾은 검색 결과는 종종 문서 분석 기술에 유용하게 쓰이는데, 이 부분은 10장에서 자세히 다룰 예정이다. 검색에 사용할 파일 확장자는 매우 신 중하게 선택해야 한다. 먼저 www.filext.com(파일 확장자 정보를 제공하는 대표적 인 사이트)의 정보를 참고해, 알려진 모든 파일 확장자 목록을 수집한다. 그런 다 음 해당 사이트에서 얻은 8,000여 개의 확장자를 각각 filetype 연산자를 사용해 구글 쿼리로 변환한다. 예를 들어, PDF 확장자 검색의 경우를 가정해보자. 먼저 filetype:PDF와 같이 검색을 실행해 인터넷에 존재하는 PDF 파일의 수를 찾는다. 이런 종류의 쿼리 실행은 구글의 사용 규약으로 인해 시간이 꽤 걸린다. 결과가 모두 수집되면 검색 결과의 수를 내림차순으로 정렬한다.

이 중 상위 10개의 공통된 파일 확장자에 site 연산자와 부정형을 결합한 검색 요청을 수행하면 좀 더 흥미로운 문서 파일을 찾을 수 있다. 때에 따라서는 이런 검색 요청을 다시 수정해야 하는 경우가 종종 있다. 특히 대상 사이트의 파일 확 장자가 서버에서 생성하는 확장자처럼 흔히 쓰이는 게 아닌 경우에 반드시 수 정해야 한다. 그림 7.9는 site 연산자와 결합해 검색한 결과다(그림에 실 사이트에 대한 정보가 포함되어 있으므로 해당 사이트의 정보 보호를 위해 그림 중 일부를 편집 했다).

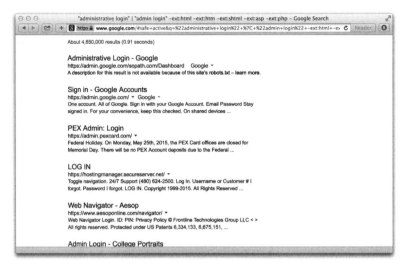

그림 7.9

　검색 결과를 보면, 해당 사이트의 일부 웹 콘텐츠는 ASPX 확장자를 사용하고 있음을 알 수 있다. 기존 검색문에 -ext:aspx를 추가한 후 다시 검색을 수행하면, 검색 결과에서 aspx 확장자를 가진 파일은 제거된다. 이렇게 수정한 검색 결과를 살펴보면 그림 7.10과 같이 흥미로운 정보를 찾을 수 있다.

그림 7.10

검색어에 자주 사용하는 파일 확장자를 추가하면 대상 사이트에서 흥미로운 정보로 가득 찬 페이지를 찾을 수 있다. 검색 결과 중 첫 행을 보면 대상 사이트는 민감한 정보를 보호하기 위해 HTTP의 암호화 프로토콜인 HTTPS를 사용하고 있음을 알 수 있다. HTTPS를 사용한다는 건, 해당 서버에 보호를 필요로 하는 어떤 중요한 정보가 존재한다는 뜻이다. 그리고 첫 행을 자세히 보면 /research/files/summaries와 같이 몇 개의 하위 디렉토리 정보를 볼 수 있는데, 이는 탐색 기법을 통해 다른 정보를 찾을 수 있는 가능성을 시사한다. 또한 첫 행의 마지막을 보면 해당 PDF 문서가 2003년 1분기에 작성됐음을 알 수 있다.

바로 아래의 두 번째 검색 결과를 보자. 두 번째 행을 보면 DEV라는 이름을 가진 개발 서버처럼 보이는 무언가를 찾을 수 있는데 이 서버도 /events/archives/strategiesNAM2003과 같이 하위 디렉토리의 정보를 포함하고 있다. 하위 디렉토리 중 strategiesNAM2003의 문자열 2003은 2003년을 나타낼 가능성이 높다. 3장에서 소개한 증분 치환 기법을 적용해 디렉토리에 포함된 문자열 중 연도를 수정하여 다른 경로도 찾을 수 있을 것이다. 두 번째 검색 결과의 맨 끝 파일을 보면 사용자 이름, 이메일 주소 등의 정보가 포함된 참석자 명단 같은 파일일 가능성이 높다.

세 번째 결과는 JOBS라는 이름의 머신 정보를 찾을 수 있는데, 이는 파라미터를 수용하는 ColdFusion 애플리케이션을 포함한다. 위 애플리케이션의 특성과 보안 수준에 따라 사용자 입력을 이용한 공격이 가능할 수 있다. 네 번째 결과를 보면 /help/emp라는 새로운 하위 디렉토리 정보를 볼 수 있는데, 이 또한 탐색 기법이나 다른 서드파티 애플리케이션을 이용해 좀 더 많은 정보를 찾을 수 있다.

계속되는 결과에서 볼 수 있듯이, 여기서 공통적으로 중요한 점은 흔히 볼 수 있는 파일을 검색 대상에서 제외하면 좀 더 흥미로운 정보를 찾을 수 있다는 점이다. 이런 검색 영역 축소는 공격자나 보안 전문가가 목표 대상의 정보를 파악하는 시간을 단축해준다.

❖ inurl:temp | inurl:tmp | inurl:backup | inurl:bak

inurl:temp | inurl:tmp | inurl:backup | inurl:bak 쿼리는 site 연산자와 결합해 대상 서버의 임시/백업 파일이나 디렉터리를 찾는다. 임시 파일이나 백업 파일은 다양한 이름을 가질 수 있지만, 가장 일반적으로 쓰이는 이름에 초점을 맞추어 쿼리를 실행한다. 그리고 이 쿼리는 inurl 연산자를 사용하므로 index.html.bak처럼 이들 단어가 확장자로 쓰인 파일도 찾을 수 있다. 파일 확장자를 기준으로 검색 구문을 수정하는 것도 가능하지만, URL을 기준으로 찾는 방식이 좀 더 흥미로운 검색 결과를 많이 찾을 수 있다.

❖ intranet | help.desk

인트라넷^intranet은 소규모 조직의 네트워크를 의미한다. 대부분 인트라넷은 폐쇄망 또는 사설 네트워크를 의미하며 외부에서의 접근이 불가능하다. 그러나 일부 사이트는 인터넷으로 인트라넷 포털에 접근이 가능하도록 설정되어 있는 경우가 더러 있는데, 이는 공격자가 비공개된 네트워크로 접근할 수 있는 빌미를 제공한다.

드문 경우지만, 네트워크 장비의 잘못된 설정으로 인해 인터넷에서 사설 인트라넷이 발견되는 경우가 종종 있다. 이런 경우 네트워크 관리자는 누군가가 인터넷을 통해 내부 네트워크로 접근할 수 있다는 사실을 전혀 인지하지 못하고 있을 가능성이 높다. 대부분 인터넷과 연결된 인트라넷은 외부에서 제한적인 사용자에 한해 접근 가능하다. 이런 경우 접근이 허용된 사용자는 특정 주소(주로 기관이나 대학 캠퍼스 내부)로 접근해 특정 페이지에만 접근이 가능하다. 그런데 이런 종류의 설정 방법은 두 가지 문제가 발생한다. 첫째, 일부 특정 페이지로 접근 권한을 관리하는 것은 끔찍한 악몽과도 같다. 둘째, 이 설정은 진정한 접근 제어라 할 수 없다. 만약 공격자가 내부 프록시 서버를 이용해 접근 권한을 얻은 후 로컬 웹 서버로 요청 작업을 수행하거나 신뢰된 인트라넷 사용자로 가장해 내부망에 접근이 가능하다면 위와 같은 제한 방식은 아무 의미가 없어지기 때문이다. 안타깝게도 위 예시 상황의 실제 공격 방법은 이 책에서 설명할 수 없다. 위 예제는 공격자들이 간단한 구글 요청 몇 개만을 수행해 해당 공격을 완벽히 재구성할 수 있을 정도로 매우 쉬우면서도 파괴력이 크기 때문이다.

헬프데스크는 정보를 탈취하는 데 있어 아주 악명이 높다. 헬프데스크가 만들어진 이래로 공격자들이 다른 사람으로 가장해 개인 정보 같은 민감한 정보를 가로채는 이슈가 증가했다. 이로 인해 최근 헬프데스크는 이러한 정보 유출의 위험성을 인식하고, 발신자를 도와주기 전 개인 신원부터 확인하는 경우가 많은데, 발신자 이름, 주민번호, 사업자 번호, PIN 번호 등의 일치 여부를 확인한다. 오늘날 헬프데스크 상담원은 고객을 사칭하는 공격자의 잠재적 위협까지 판단할 수 있는 수준까지 이르렀다.

4장에서는 구글을 이용해 헬프데스크 상담원이 요청하는 개인 식별 정보를 수집하는 방법에 대해 알아봤다. intranet | help.desk 검색 쿼리는 헬프데스크 신원 조회를 통과하는 수단이 아니라 헬프데스크를 설명한 페이지를 찾는 데 사용하는 요청문이다. 이런 종류의 쿼리를 site 연산자와 함께 사용하면 헬프데스크의 위치(웹 페이지, 전화번호 등), 헬프데스크 상담원이 발신자 신원확인을 위해 물어보는 질문(공격자는 상담원에게 전화하기 전에 미리 정보를 수집할 수 있음), 문제 발생 시 해결 방법을 설명한 링크 정보를 찾을 수 있다. 이런 도움말 문서는 자세히 설명되어 있기 때문에, 능숙한 공격자는 이런 정보를 이용해 목표 대상의 서버나 네트워크의 정보를 수집할 수 있다. 여기서 설명하는 모든 법칙에는 당연히 예외가 있을 수 있지만, 분명한 사실은 이런 검색 요청을 site 연산자와 함께 사용할 경우 추후 공격 예정인 목표 대상에 대한 정보를 얻을 수 있다는 점이다.

❖ 정리

앞서 설명한 10개의 검색문이 비록 완벽하진 않을 수 있지만, 여러분만의 검색 리스트를 완성하는 데 도움이 될 것이다. 한 가지 기억해둬야 할 중요한 점은 특정 대상에서 잘 동작하는 검색 구문이 다른 대상에서는 잘 동작하지 않을 수도 있다는 것이다. 각자에게 맞는 검색 리스트를 작성해 공통된 환경에서 무엇이 잘 동작하고 잘 동작하지 않는지 테스트해보라. 11장과 12장에서 다룰 자동화 도구를 이용하면 구글 해킹 데이터페이스에서 찾을 수 있는 좀 더 긴 구글 쿼리를 사용할 수 있다. 그러나 때로는 단순한 편이 더 좋은 경우가 있다. 각자에게 맞는 검색문을 찾는 데 어려움을 겪을 땐 망설이지 말고 해당 쿼리들을 뒷장에서 살펴볼 자동화 도구에서 사용할 수 있는 목록으로 다시 만들어보는 편이 좋다.

웹 서버, 로그인 포털, 네트워크 하드웨어 검색

◆ 개요

모의 침투 테스터는 흔히 전문적인 해커로 여겨지기도 한다. 모의 침투 테스터는 시스템 혹은 네트워크의 보안 취약점을 찾아 보완하고, 문서화하기 위해 고객의 네트워크에 침투하기 때문이다. 그러나 모의 침투 테스터와 해커는 여러 가지 방면에서 꽤 다르다.

예를 들어, 대부분의 모의 침투 테스터는 어떤 네트워크와 시스템을 테스트해야 하는지 구체적인 정보를 미리 제공받는다. 모의 침투 테스터의 공격 대상은 명확하게 정의되거나 어떤 형태든지 구체화되어 있다. 이와 반대로 해커는 더 넓은 공격 범위에서 대상을 선택할 수 있다. 공격자는 자신의 공격 목적이나 기술 레벨에 따라, 자신이 갖고 있는 익스플로잇을 적용할 수 있는 대상을 찾는 경향이 있다. 이것은 모의 침투 테스터의 방식과는 반대의 모습이며, 각 방식에 따라 구글 해킹을 하는 방법이 각기 다르다. 8장과 이후의 장에서는 흔히 '나쁜 사람'이라고 불리는 해커들이 주로 사용하는 기술을 살펴볼 예정이다.

모의 침투 테스터는 8장에서 살펴보는 기술을 사용할 수 있다. 그러나 많은 경우에 이런 기술은 시간이 중요한 취약점 평가 과정에서 사용하기에는 시간이 너무 오래 소요된다. 보안 전문가들은 취약점 평가를 빠르게 할 수 있는 특수한 도구를 사용하는 경우가 많은데, 오탐이 많으며 구글을 통해 간단하게 알아낼 수 있는 정보 유출을 간과한다는 문제점(그리고 대상 시스템의 '레이더'에 걸리지 않는 정보 유출)이 있다. 8장에서는 해커가 인터넷이 연결된 네트워크와 시스템을 탐색하고 검색하는 데 사용하는 기술을 살펴볼 것이며, 시스템에서 정보 유출을 얼마나 하고 있는지 이해하고 정보 유출을 막기 위해 완화할 수 있는 방법이 무엇인지 알아보자.

8장에서 살펴보는 기술로 인터넷이 연결된 네트워크의 앞쪽에 위치한 시스템을 찾아서 분석할 수 있다. 공격자가 구글 쿼리로 얻어낸 사소한 단서를 사용해 웹 서버를 분석하는 방법을 알아볼 것이다. 그 다음에 로그인 포털을 검색하는 방법을 알아본다. 뒤에서 살펴보겠지만, 일부 로그인 포털은 여러 시스템 관리 작업을 할 수 있게 하기 위한 출입문을 제공한다. 대부분의 로그인 페이지는 서버가 어떤 소프트웨어를 사용하는지에 대한 단서를 제공함으로써, 소프트웨어에 대한 공격 코드를 가진 공격자를 유인하는 자석 역할을 한다. 8장의 마지막 부분에서는 네트워크 장비(방화벽, 라우터, 네트워크 프린터, 심지어 웹 카메라까지)를 찾는 기술을 살펴본다.

❖ 웹 서버 검색과 프로파일링

공격자가 아직 공격 대상을 찾지 못했다면, 구글에서 자신이 갖고 있는 익스플로잇이 적용되는 대상을 찾으려고 할 것이다. 특히 운영체제, 웹 서버 종류 및 버전, 기본 설정, 취약한 스크립트, 혹은 이 중 몇 가지의 조합에 초점을 맞추어 검색할지도 모른다.

웹 서버를 찾기 위해 사용할 수 있는 방법은 많다. 가장 많이 사용하는 방법은 포트스캔이다. Nmap 같은 도구를 사용해 C 클래스 네트워크 대역에 80번 포트를 스캔하면 동작 중인 웹 서버를 찾을 수 있다. Nessus, OpenVAS, Qualys, Retina 같은 통합 취약점 점검 도구는 먼저 포트스캔을 한 뒤에 여러 가지 보안 테스트를 수행한다. 이런 테스트는 구글 쿼리를 통해서도 할 수 있지만, 테스트 결과가 취약점 스캐너나 웹 평가 도구만큼 훌륭하지 못하다. 그러나 구글 쿼리를 이용한 방법은 공격자가 대상에 실제로 접근하지 않고도 테스트를 수행할 수 있다는 점을 기억하자. 또한 해커가 구글 해킹 기술을 이용해 공격 대상 시스템을 찾을 수 있다는 사실도 기억해두자. 구글 해킹이 정확히 무슨 역할을 할 수 있는지, 그리고 전체 공격 과정에서 어떤 역할을 담당하는지 이해하는 일이 무엇보다 중요하다.

디렉토리 목록

3장에서 디렉토리 목록에 대한 내용을 살펴봤는데, 디렉토리 목록은 웹 서버 프로파일링에 있어 매우 중요하다. 디렉토리 목록 페이지의 아래 부분에 있는 server 태그는 운영 중인 웹 서버의 종류에 대해 매우 정확한 정보를 제공한다. 공격자가 유닉스 서버에서 운영 중인 아파치 2.4.12 버전의 익스플로잇을 갖고 있다면, server.at "Apache/2.4.12" 같은 검색 쿼리를 통해 아파치 2.4.12 server 태그를 갖고 있는 디렉토리 목록을 보여주는 서버를 찾을 수 있다.

　　모든 웹 서버가 디렉토리 목록에 이 태그를 삽입하는 것은 아니지만, 아파치는 기본적으로 이 기능이 활성화되어 있다. 마이크로소프트의 IIS^{Internet Information Server} 서버 같은 플랫폼에서도 "Microsoft-IIS/7.0 server at"과 같이 태그를 보여준다.

　　디렉토리 태그를 찾을 때는 검색 문법이 매우 중요하다. 예를 들어 "Microsoft-IIS/7.0""server at"이라는 쿼리를 사용했을 때는 관련 없는 결과가 많이 검색되지만, "Microsoft-IIS/7.0 server at"이라는 쿼리를 사용하면 관련 있는 결과를 검색한다. 이미 앞에서 디렉토리 목록에 대해 충분히 설명했기 때문에, 여기서는 이에 대해 자세히 설명하지 않겠다. 디렉토리 목록에 관한 더 자세한 정보는 3장을 참고하라.

웹 서버 에러 메시지

에러 메시지에는 여러 가지 유용한 정보가 담겨 있다. 그러나 특정 서버를 찾는 용도에서는 에러 메시지 중 서버 버전을 나타내는 부분을 사용한다. 그러면 먼저 웹 서버 자체에서 생성하는 에러 메시지부터 살펴보자.

마이크로소프트 IIS

에러 메시지를 찾는 데 가장 좋은 방법은 서버가 어떤 에러 메시지를 생성할 수 있는지 알아내는 것이다. 서버 소스 코드나 설정 파일을 조사하거나 서버에서 직접 에러를 발생시킴으로써 에러 메시지 정보를 수집할 수 있다. IIS 에러 메시지 정보를 얻는 가장 좋은 방법은 에러 페이지 자체의 소스 코드를 조사하는 것이다.

IIS 5와 6 버전은 서버에 어떤 문제가 발생했을 때 HTTP^{Hypertext Transfer Protocol} 1.1 에러 메시지를 발생시킨다. 이 에러 메시지는 기본적으로 %SYSTEMROOT%\help\iisHelp\common 디렉토리에 저장되어 있다. 이 디렉토리에는 에러 메시지 번호의 이름을 갖고 있는 파일(예를 들어 400.htm, 401-1.htm, 501.htm 등)이 존재한다. 이런 파일을 분석하면, 효과적인 구글 검색을 위해 필요한 페이지의 속성을 알아낼 수 있다. 예를 들어, 400 에러 메시지를 저장하고 있는 400.htm 파일의 12행에는 다음과 같은 내용이 있다.

〈title〉The page cannot be found〈/title〉

위 내용은 "intitle:"" The page cannot be found"와 같은 효율적인 쿼리를 위한 명확한 단서가 될 것이다. 그렇지만 검색 결과(여러분도 추측했겠지만)가 너무 많이 나온다. 400.htm 파일의 다른 부분을 찾아서 좀 더 구체적인 정보를 얻을 필요가 있다. 400.htm 파일의 65~88행에는 다음과 같은 내용이 있다.

65. 〈p〉Please try the following:〈/p〉
66. 〈ul〉
67. 〈li〉If you typed the page address in the Address bar, make sure that it is spelled correctly.〈/li〉
68.

69. ⟨li⟩Open the

70.

71. ⟨script language="JavaScript"⟩

72. ⟨!--

73. if (!((window.navigator.userAgent.indexOf("MSIE") > 0) &&
(window.navigator.appVersion.charAt(0) == "2")))

74. {

75. Homepage();

76. }

77. --⟩

78. ⟨/script⟩

79.

80. home page, and then look for links to the information you want.⟨/li⟩

81.

82. ⟨li⟩Click the

83. ⟨a href="javascript:history.back(1)"⟩

84. Back⟨/a⟩ button to try another link.⟨/li⟩

85. ⟨/ul⟩

86.

87. ⟨h2 style="COLOR:000000; FONT: 8pt/11pt verdana"⟩HTTP
400 - Bad Request⟨br⟩

88. Internet Information Services⟨/h2⟩

65행에 있는 "Please try the following"이라는 구문은 모든 에러 메시지 파일에 포함되어 있기 때문에 구글 검색 쿼리문으로 적절하다. 효율적인 검색을 위해 "please * * following"으로 바꿀 수 있다. 88행에도 모든 에러 메시지 파일에 포함되어 있는 "Internet Information Services" 메시지가 있다. 이런 메시지는 구글이 긁어온 IIS HTTP/1.1 에러 페이지를 찾는 데 사용하는 '황금 단어'다. intitle:"The page cannot be found" "please * * following" "Internet * Services"는 400 에러 페이지를 출력하는 IIS 서버를 찾는 데 사용할 수 있는 쿼리문이다.

저장되어 있는 페이지를 자세히 보면, 실제 에러 코드가 페이지 중간 부분에 출력되어 있음을 알 수 있다. 이런 에러 메시지 행은 그 밖의 IIS 에러 페이지에도 포함되어 있기 때문에 구글 쿼리문으로 사용하기에 좋다. "HTTP Error 404"로 시작하는 행을 출력하는 페이지는 결과가 이상할지도 모른다. 그림 8.1과 그림 8.2에 나타난 것처럼 우리는 404 에러가 아닌 400 에러 코드를 찾기 위한 쿼리문을 사용했다는 점을 기억하자. 이런 결과가 나온 이유는 IIS 에러 페이지 중에는 비슷한 페이지가 있기 때문이다. 에러 페이지의 공통적인 특성은 구글 검색에 유용하게 쓰일 수도 있지만, 구체적으로 특정 에러 페이지를 검색할 때는 비효율적인 결과를 가져올지도 모른다. 따라서 에러 페이지 파일에 어떤 정보가 포함되어 있는지 정확히 정리할 필요가 있다.

그림 8.1

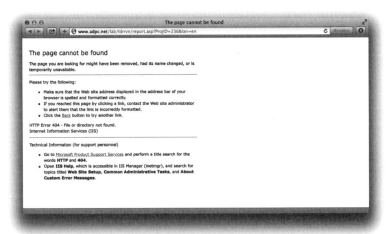

그림 8.2

페이지 제목을 찾기 위해서는 intitle 인자를 사용하며, 여타 IIS 에러 메시지 검색 쿼리문과 결합해 에러 메시지를 발생시키는 모든 IIS 서버를 검색할 수 있는 효과적인 쿼리문을 만들 수 있다. 뭔가 심오한 뜻을 담고 있는 듯한 404.1 에러 페이지를 찾고 싶다면, intitle:"The Web site cannot be found" "please * * following" 쿼리문을 사용한다. 좀 더 범용적인 에러 페이지는 intitle:"The page cannot be displayed" "Internet Information Services" "please * * following"으로 찾을 수 있는데, 다양한 에러 코드를 포함하는 에러 페이지이기 때문에 매우 효과적이다.

IIS는 미리 지정된 HTTP/1.1 에러 페이지뿐만 아니라 관리 콘솔을 사용해 임의로 구성한 에러 메시지를 출력하도록 구성할 수 있다. 임의로 구성한 에러 페이지는 해당 페이지의 임의성 여부를 판별할 확실한 방법이 없기 때문에, 구글 해킹을 좀 더 어렵게 만든다. 그러나 400, 403.9, 411, 414, 500, 500.11, 500.14, 500.15, 501, 503, 505 페이지를 포함한 일부 에러 페이지는 임의로 바꿀 수 없다. 구글 해킹 관점에서 이것은 IIS 6.0 서버가 이런 에러에 대해 미리 입력된 HTTP/1.1 에러 메시지를 출력하지 않을 수 없다는 뜻이다. 따라서 임의로 에러 페이지를 구성했다 하더라도 구글은 이런 특성을 이용해 원하는 서버를 검색할 수 있다.

IIS 에러 페이지에 포함된 정확한 구문을 찾는 방법 외에, 좀 더 범용적인 쿼리를 사용해 검색할 수 있다. 예를 들어, intitle:"the page cannot be found" inetmgr"은 IIS 관리 콘솔을 표현하는 단어인 inetmgr을 사용한다. 이와 동일한 검색을 하기 위해, intitle:"the page cannot be found" "internet information services" 또는 intitle:"Under construction" "Internet Information Services"를 사용할 수도 있다.

좀 더 구체적으로 intext:" "404 Object Not Found" Microsoft-IIS/5.0과 같은 쿼리문을 사용하면 특정 버전의 IIS 서버를 찾을 수도 있다.

아파치 웹 서버

아파치 웹 서버도 에러 메시지를 사용해 찾을 수 있다. "Apache/2.4.12 Server
at""-intitle:index.of intitle:inf" 혹은 "Apache/2.4.12 Server at" -intitle:index.of
intitle:error 같은 쿼리문을 사용하면 서버 정보 혹은 에러 메시지를 통해 버전을
노출하는 아파치 서버를 찾을 수 있다.

"Apache/2.4.12" intitle:"Object not found!"는 특정 에러 메시지를 출력하는 아파
치 2.4.12 웹 서버를 찾는 쿼리문이다. 웹 서버에 요청을 보냈을 때 반환되는 응
답 메시지들의 공통점을 찾아서 기본 쿼리문으로 사용하는 방법이 잘못된 것은
아니지만, IIS 서버의 예에서 살펴본 것처럼 웹 서버 자체를 조사하는 것이 더 효
율적인 구글 쿼리문을 만드는 방법이다. 대부분의 아파치 서버는 httpd.conf 설
정 파일을 사용한다. 아파치 2.0.40 버전의 httpd.conf 파일 내용을 검색하면 에
러 메시지를 포함하는 HTML 템플릿 파일 위치를 알아낼 수 있다. 파일은 웹 서
버의 루트 디렉터리 하위(예: /error/http_BAD_REQUEST.html.var)에 존재하는데,
파일 시스템에서는 /var/www/error 디렉터리를 의미한다.

ErrorDocument 400 /error/HTTP_BAD_REQUEST.html.var

ErrorDocument 401 /error/HTTP_UNAUTHORIZED.html.var

ErrorDocument 403 /error/HTTP_FORBIDDEN.html.var

ErrorDocument 404 /error/HTTP_NOT_FOUND.html.var

ErrorDocument 405 /error/HTTP_METHOD_NOT_ALLOWED.html.var

ErrorDocument 408 /error/HTTP_REQUEST_TIME_OUT.html.var

ErrorDocument 410 /error/HTTP_GONE.html.var

ErrorDocument 411 /error/HTTP_LENGTH_REQUIRED.html.var

ErrorDocument 412 /error/HTTP_PRECONDITION_FAILED.html.var

ErrorDocument 413 /error/HTTP_REQUEST_ENTITY_TOO_LARGE.html.var

ErrorDocument 414 /error/HTTP_REQUEST_URI_TOO_LARGE.html.var

ErrorDocument 415 /error/HTTP_SERVICE_UNAVAILABLE.html.var

ErrorDocument 500 /error/HTTP_INTERNAL_SERVER_ERROR.html.var

ErrorDocument 501 /error/HTTP_NOT_IMPLEMENTED.html.var

ErrorDocument 502 /error/HTTP_BAD_GATEWAY.html.var

ErrorDocument 503 /error/HTTP_SERVICE_UNAVAILABLE.html.var

ErrorDocument 506 /error/HTTP_VARIANT_ALSO_VARIES.html.var

위 템플릿 파일 중 하나를 살펴보면, 에러 페이지별로 HTML 코드와 다양한 변수들이 나열되어 있음을 알 수 있다. 파일은 웹 서버에서 사용하는 언어별로 분리되어 있다. HTTP_NOT_FOUND.html.var 파일에서 영문 에러 페이지에 해당하는 부분은 다음과 같다.

Content-language: en Content-type: text/html Body:----------en-- 〈 !--#set var = "TITLE" value = "Object not found!" --〉 〈!--#include virtual = "include/top.html" --〉
The requested URL was not found on this server.

〈!--#if expr="$HTTP_REFERER" --〉
The link on the 〈a href="〈!--#echo encoding="url" var="HTTP_REFERER"--〉")referring
 page〈/a〉 seems to be wrong or outdated. Please inform the author of
 〈a href="〈!--#echo encoding="url" var="HTTP_REFERER"--〉")that page〈/a〉
 about the error.
〈!--#else --〉
 If you entered the URL manually please check your
 spelling and try again.
〈!--#endif --〉
〈!--#include virtual="include/bottom.html" --〉

위 에러 페이지는 명확하게 구분되어 있기 때문에 구글 쿼리문으로 변환하기 편리하다. 페이지 윗부분에 있는 TITLE 변수는 "Object not found!"라는 텍스트가 웹 브라우저 제목 표시줄에 출력됨을 의미한다. 파일이 웹 서버에서 처리되면 브라우저에 표시가 된다. 그러나 구글 해킹이 언제나 쉽지만은 않다. intitle:"Object not found!" 쿼리문은 너무 일반적이다.

이 쿼리문의 결과는 우리가 찾고자 하는 것이 아니다. 검색 결과를 줄이려면, 좀 더 좋은 쿼리문이 필요하다. 기본 쿼리문을 만들기 위해 아파치 2.0 소스 코드에 포함된 에러 메시지 템플릿을 사용하면 서버가 생성하는 모든 잠재적인 에러 메시지를 알 수 있을 뿐만 아니라 다양한 언어로 된 쿼리문을 만드는 데도 큰 도움이 된다.

HTTP_NOT_FOUND.html.var 파일은 2개의 virtual include 행을 참조한다. 하나는 페이지 상단 부분(include/top.html)이고, 다른 하나는 페이지의 하단(include/bottom.html)에서 참조한다. 이 2개의 행은 아파치가 두 파일(이 예제에서는 /var/www/error/include 디렉토리)을 읽어서 현재 파일에 삽입한다. 다음 코드는 bottom.html 내용인데, 기본 쿼리문을 만드는 데 많은 도움이 되는 몇 가지 요소가 있다.

```
</dd></dl><dl><dd><!--#include virtual="../contact.html.var" --
></dd></dl><h2>Error <!--#echo encoding="none" var="REDIRECT_STATUS" --
></h2> <dl><dd><address><a href="/"><!--#echo encoding="url"
var="SERVER_NAME" --></a> <br /><!--#conig timefmt="%c" --><small><!--
#echo encoding="none" var="DATE_LOCAL" --></small><br /><small><!--#echo
encoding="none" var="SERVER_SOFTWARE" --></small>
</address></dd></dl></body></html>
```

첫째, 위 코드에서 2행은 Error라는 단어를 페이지에 출력하게 하는 부분이다. Error는 매우 일반적인 단어처럼 보이지만, 잘못된 결과를 줄이는 데 중요한 단어다. 1행은 또 다른 파일(/var/www/error/contact.html.var)을 읽어서 이 파일에 포함시킨다는 것을 보여준다. /var/www/error/contact.html.var 파일은 기본 쿼리문에 포함시킬 수 있는 좀 더 자세한 정보를 갖고 있다.

1. Content-language: en
2. Content-type: text/html
3. Body:----------en--

4. **If you think this is a server error, please contact the** 〈a

href = "mailto: 〈!--#echo encoding = "none" var = "SERVER_ADMIN"

-- 〉" 〉 **webmaster** 〈/a 〉

5. ----------en--

이 파일의 내용을 보면 각 국가 언어별로 구분되어 있다. 파일 내용 중에는 구글 쿼리문에 사용할 수 있는 고유한 문자열이 있는데, 그 문자열은 바로 "think this is a server error"이다. 이것은 잘못된 결과를 검색하는 것을 줄이기 위해 error라는 단어 대신 사용할 수 있다. 앞서 /error/http_BAD_REQUEST.html.var 파일에서 발견했던 intitle:"Object not found!" 기본 쿼리문과 이 문자열을 조합하면, intitle:"Object Not Found!""think this is a server error"라는 기본 쿼리문을 만들 수 있으며, 매우 정확한 결과를 검색한다.

하나의 에러 페이지를 검색하기 위한 좋은 방법을 이해했기 때문에, 과정을 자동화해서 httpd.conf 파일에서 언급한 다른 에러 페이지와 아파치(2.0) 기본 에러 페이지를 찾는 기본 쿼리문을 만들 수 있다. contact.html.var 파일은 bottom.html을 통해 아파치 2.0 에러 페이지에 포함되어 있다. 이것은 "think this is a server error" 쿼리문이 아파치 2.0에서 생성하는 모든 에러 페이지를 검색할 수 있음을 의미한다. 쿼리문에 있는 intitle 연산자는 매우 중요한데, 에러 메시지 파일에 대해 grep 명령으로 검색해서 알아낼 수 있다.

그리고 구체적인 검색을 해야 할 경우를 대비해서 각 에러 페이지의 본문 내용 일부도 추출해야 한다. 다음과 같은 셸 명령을 이용하면 에러 페이지의 제목과 본문에 포함되어 있는 문자열을 추출할 수 있다.

```
grep -h -r "Content-language: en" * -A 10 | grep -A5 "TITLE" | grep -v virtual
```

영어가 아닌 아파치가 지원하는 다른 언어의 아파치 서버 에러 메시지를 찾으려면, grep으로 찾는 Content-language 문자열에 포함된 부분을 en에서 독일어(de), 스페인어(es), 불어(fr), 스웨덴어(sv)로 변경한다.

표 8.1

에러 페이지 제목	에러 페이지 본문 일부
Bad gateway!	The proxy server received an invalid response from an upstream server.
Bad request!	Your browser (or proxy) sent a request that this server could not understand.
Access forbidden!	You don't have permission to access the requested directory. Either there is no index document or the directory is read-protected.
Resource is no longer available!	The requested URL is no longer available on this server and there is no forwarding address.
Server error!	The server encountered an internal error and was unable to complete your request.
Method not allowed!	A request with the method is not allowed for the requested URL.
No acceptable object found!	An appropriate representation of the requested resource could not be found on this server.
Object not found!	The requested URL was not found on this server.
Cannot process request!	The server does not support the action requested by the browser.
Precondition failed!	The precondition on the request for the URL failed positive evaluation.
Request entity too large!	The method does not allow the data transmitted, or the data volume exceeds the capacity limit.
Request time-out!	The server closed the network connection because the browser didin't finish the request within the specified time.
Submitted URI too large!	The length of the requested URL exceeds the capacity limit for this server. The request cannot be processed.
Service unavailable!	The server is temporarily unable to service your request due to maintenance downtime or capacity problems. Please try again later.
Authentication required!	This server could not verify that you are authorized to access the URL. You either supplied the wrong credentials (such as a bad password) or your browser doesn't understand how to supply the credentials required.
Unsupported media type!	The server does not support the media type transmitted in the request.

(이어짐)

에러 페이지 제목	에러 페이지 본문 일부
Variant also varies!	A variant for the requested entity is itself a negotiable resource. Access not possible.

표 8.1을 사용하는 방법은 간단한데, '에러 페이지 제목' 열에 있는 문자열을 intitle 연산자의 인자로 입력하고 그 뒤에 '에러 페이지 본문 일부' 문자열을 추가하면 된다. 문자열 중 일부는 너무 길기 때문에, 문자열의 유일한 부분만 추출하거나 일부 단어를 별표(*)로 바꾸면 구글 쿼리에서 10단어 검색 제한 요건을 만족시킬 수 있다. 예를 들어, 표의 첫 번째 행을 이용해 만든 적절한 구글 쿼리는 "response from * upstream server." intitle:"Bad Gateway!"가 된다. 아니면, "think this is a server error"와 intitle 연산자를 결합해 "think this is a server error" intitle:"Bad Gateway!" 같은 구글 쿼리문을 만들 수도 있다. 아파치 버전에 따라 에러 메시지는 조금씩 다르다. 그러나 계속해서 변화하는 소프트웨어 환경에 맞춰가려면 소프트웨어 소스 코드에서 적절한 구글 쿼리문을 만드는 절차에 익숙해져야 한다.

contact.html.var 파일에서 영어가 아닌 다른 언어에 해당하는 메시지를 추출해, 다른 언어 버전의 아파치 서버에도 적용할 수 있다. 이러한 문장은 아파치 2.0 에러 메시지에 모두 포함되어 있기 때문에 아파치 서버가 생성하는 모든 에러 페이지 안에 나타나며 기본 쿼리문으로 사용하기에 적합하다. 에러 발생 시 출력되는 페이지 내용을 수정해서 좀 더 깔끔한 페이지를 만들 수도 있지만(꽤 쉽다) 해커는 다른 의도를 갖고 있다. 일부 해커는 서버를 해킹하기보다는 특정 버전의 웹 서버를 찾는 데 관심이 있다. 이런 기준으로 볼 때, 해커가 기본 에러 문장을 사용하는 웹 페이지와 보안이 약한 기본 구성의 서버의 웹 페이지를 인터넷에서 찾는 일은 어렵지 않다.

게다가, 아파치와 IIS 외에도 다른 서버(그리고 이러한 서버들의 다양한 버전)가 갖고 있는 에러 메시지를 검색할 수 있다. 그러나 이 책을 전화번호부처럼 두껍게 만들고 싶지 않기 때문에 웹 서버 검색 기법은 아파치와 IIS까지만 설명한다.

애플리케이션 소프트웨어 에러 메시지

지금까지 살펴본 에러 메시지는 웹 서버 자체에서 발생시킨 것이다. 그런데 많은 웹 서버에서 동작 중인 애플리케이션에서도 서버 정보를 노출하는 에러 메시지가 발생할 수 있다. 인터넷에는 수없이 많은 웹 애플리케이션이 존재하며, 많은 에러 메시지를 발생시킨다. SPI Dynamic WebInspect 같은 웹 보안 전용 도구를 사용하면 상세하게 웹 애플리케이션 진단을 할 수 있다. 그래서 구글에서 애플리케이션 에러 메시지를 검색한다는 게 의미 없는 일일지도 모른다. 그러나 이 책에서 에러 메시지 출력을 검색하는 이유는 에러 메시지에 포함된 정보가 간과해서는 안 될 중요한 정보이기 때문이다.

이전 장들에서 다양한 에러 메시지를 살펴봤고 이후에도 다양한 에러 메시지를 살펴보겠지만, 에러 메시지가 어떻게 웹 서버와 웹 애플리케이션의 특성을 찾아내는지 알아보고 넘어가자. 솔직히 말해서 수박 겉핥기 수준밖에 안 될지도 모르지만, 구글이 때때로 매우 중요한 정보를 제공하는 에러 메시지를 찾을 수 있다는 건 충분히 이해할 수 있을 것이다.

ASP^{Active Server Page} 에러 메시지를 찾으려면, "Fatal error: Call to undefined function" -reply -the -next와 같은 쿼리문을 사용한다. 이러한 메시지는 서버에서 사용 중인 데이터베이스 소프트웨어 정보와 에러를 발생시킨 애플리케이션 정보를 노출한다.

이 ASP 메시지는 비교적 적은 정보를 노출하지만, 일부 ASP 에러 메시지는 이것보다 훨씬 더 많은 정보를 노출한다. 예를 들어, "ASP.NET_SessionId" "data source = "라는 쿼리문은 ASP.NET 애플리케이션 상태 덤프 메시지에 있는 고유의 문자열을 검색한다. 이것은 운영 중인 애플리케이션 및 웹 서버와 관련된 모든 정보를 보여준다. 뛰어난 공격자는 이 안에 포함되어 있는 암호화된 비밀번호 데이터와 변수 정보를 이용해 웹 애플리케이션, 심지어는 웹 서버를 공격할지도 모른다.

PHP^{Hypertext Preprocessor} 애플리케이션 에러를 쉽게 볼 수 있다. 이런 에러는 공격

자가 서버의 특성을 파악하는 데 필요한 모든 정보를 노출한다. PHP 에러 메시지를 검색하기 위한 간단한 검색어 예는 intext: "Warning: Failed opening" include_path이다.

　　CGI 프로그램도 환경 변수 덤프의 형태를 통해 웹 서버와 애플리케이션 정보를 노출한다.

　　이 화면은 환경 변수 데이터가 생성되는 시점의 웹 서버와 클라이언트에 대한 정보를 보여준다. 구글 봇이 웹 페이지를 긁어오기 때문에, CGI 환경 변수 페이지를 찾기 위한 한 가지 방법은 "HTTP_FROM = googlebot"과 같이 봇이 남기는 흔적을 이용하는 것이다. "HTTP_FROM = googlebot" googlebot.com "Server_Software" 같은 쿼리문을 이용해 CGI 환경 변수 페이지를 검색할 수 있다. 이런 페이지는 동적으로 생성되기 때문에 페이지가 생성되는 시점의 문서를 보려면 구글 캐시를 이용해야 한다.

　　특정 애플리케이션을 검색하기 위한 적절한 기본 쿼리문을 찾으려면, 애플리케이션의 소스 코드를 살펴보는 것이 좋은 방법이다. 지금까지 살펴본 기법을 이용하면 적절한 기본 쿼리문을 쉽게 만들 수 있을 것이다.

기본 페이지

특정 종류의 웹 소프트웨어를 찾는 또 다른 방법은 기본 웹 페이지를 검색하는 것이다. 웹 서버 소프트웨어를 포함한 대부분의 웹 소프트웨어는 하나 이상의 기본 혹은 테스트 페이지를 갖고 있다. 기본 혹은 테스트 페이지는 사이트 관리자가 웹 서버 또는 애플리케이션이 설치됐는지 확인하는 데 사용되며, 브라우저를 이용해 페이지에 접근하여 웹 소프트웨어가 정상적으로 설치됐는지도 확인할 수 있다. 일부 운영체제는 웹 서버 소프트웨어를 기본적으로 포함하고 있기도 하다. 이런 경우 운영자는 시스템에서 웹 서버가 실행 중임을 인지하지 못할지도 모른다. 공격자는 운영자가 웹 서버 소프트웨어를 운영하지 않는다는 사실을 알기 때문에, 보안이 허술하다고 판단한다. 더 나아가 웹 서버 소프트웨어의 기반이 되는 운영체제도 보안이 허술하다고 간주한다.

경우에 따라서는 웹 서버의 설치 초기 단계가 진행되는 동안 구글이 웹 서버의 페이지를 읽어올 때가 있다. 일반적으로 구글이 사이트를 읽어오는 시점과 웹 서버가 제공하려고 하는 페이지가 저장되는 시점 사이의 간격이 짧다. 이는 실제 운영 중인 페이지와 구글 캐시에 저장된 페이지가 다를 수 있음을 의미한다. 구글 해커의 관점에서 이런 점은 아무런 문제가 되지 않는다. 기본 페이지가 예전의 시점에 존재했었다는 사실을 알았다는 것 자체가 웹 서버를 프로파일링하기에 충분한 정보가 되기 때문이다. 구글에서 검색하는 것은 캐시에 저장된 페이지라는 사실을 기억하자. 서버에 기본 페이지가 설치된 이유와는 상관없이 기본 페이지가 설치된 시스템을 구글로 찾는 공격자는 어디엔가 분명 존재한다.

관리자의 이메일도 기본 값으로 그대로 쓰이고 있음을 알 수 있는데, 이것은 관리자가 웹 서버를 꼼꼼히 설정하지 않았다는 뜻이다. 이들 기본 페이지는 서버의 버전을 포함하고 있지 않은데, 버전 정보는 성공적인 공격을 위해서는 반드시 필요한 정보다. 그러나 공격자는 기본 페이지의 미묘한 변화를 검색해서 특정 서버 버전의 범위를 알아낼 수 있다.

이런 미묘한 차이점을 이용하면 특정 기본 페이지를 포함하고 있는 서버를 찾기 위한 구글 쿼리문을 사용할 수 있고, 아파치 서버의 특정 버전을 추측할 수 있다.

IIS 버전마다 각기 다른 기본 웹 페이지를 출력하지만, 때때로 서비스 팩이나 핫픽스^{hotfix}에 의해 기본 페이지 내용이 바뀔 수 있다. 이 경우에는 운영체제와 웹 서버 버전뿐만 아니라 서비스 팩 수준과 보안 패치 수준까지도 고려한 검색 쿼리문을 만들어야 한다. 이런 정보는 웹 서버를 해킹하려는 공격자뿐만 아니라 웹 서버와 운영체제 자체까지 해킹하려는 공격자에게 매우 중요한 정보다. 대부분의 경우, 운영체제를 제어할 수 있는 공격자는 웹 서버만을 제어할 수 있는 공격자보다 훨씬 더 많은 피해를 줄 수 있다.

기본 문서

웹 서버 소프트웨어는 웹 디렉토리를 통해 매뉴얼과 문서를 제공하는 경우가 있다. 공격자는 이러한 문서를 이용해 웹 서버 소프트웨어를 검색하거나 프로파일링을 할 수 있다.

대부분의 경우, 기본 문서는 에러 메시지나 기본 페이지만큼 웹 서버 버전을 정확히 보여주진 않는다. 그러나 기본 문서는 공격 대상을 찾고 서버의 잠재적 보안 수준을 파악하는 데 좋은 정보다. 서버 관리자가 실수로 기본 문서를 지우지 않았다면 공격자는 서버의 기타 보안 설정도 허술하게 되어 있을 것이라고 짐작할 수 있다.

대부분의 경우, 기본 페이지와 프로그램을 찾는 용도로는 CGI 스캐너나 웹 애플리케이션 진단 도구 같은 전용 프로그램이 더 적합하지만, 구글이 페이지(예를 들어, 기본 페이지에 포함된 링크를 통해)를 긁어왔다면 구글 쿼리를 통해 기본 페이지를 찾을 수 있다.

❖ 로그인 포털 검색

로그인 포털^{login portal}은 웹사이트의 창문 역할을 하는 페이지다. 로그인 포털은 사용자가 로그인 이후 특정 작업을 할 수 있게 설계됐다. 구글 해커는 서버에서 사용 중인 소프트웨어를 알아내고 공격에 도움이 될 수 있는 링크와 문서를 찾기 위해 로그인 포털을 검색한다. 게다가 공격자가 로그인 포털을 제공하는 특정 소프트웨어 공격 코드를 얻었다면, 구글을 통해 잠재적 공격 대상을 찾을 수 있다.

그림 8.3에서 볼 수 있듯이, 일부 로그인 포털은 소프트웨어 제조사가 제공하는 "microsoft outlook" "web access" version 같은 정보를 보여주는 기본 페이지로 구성되어 있다. 웹 서버의 기본 페이지가 공격자에게 서버의 보안 수준을 추측할 수 있게 하는 것처럼, 기본 로그인 포털도 서버 관리자의 기술 수준이 얼마나 높은지를 추정할 수 있게 해주는 기준이 된다. 설상가상으로 그림 8.4에서

볼 수 있듯이, 기본 로그인 포털은 프로그램 소프트웨어 개정 버전을 보여준다. 공격자는 이런 정보를 이용해 해당 소프트웨어 버전의 취약점을 검색할 수 있다.

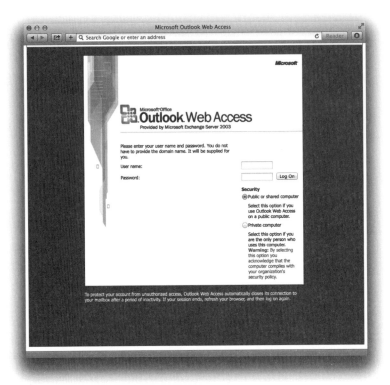

그림 8.3

로그인 포털에 있는 링크를 따라감으로써 공격자는 그 밖의 서버 정보에도 접근할 수 있다. 아웃룩 웹 액세스Outlook Web Access 포털은 이런 종류의 정보 유출을 하는 것으로 잘 알려져 있는데, 이는 매일 시스템에 로그인 없이 익명 사용자도 볼 수 있는 공개된 접근 영역이 있기 때문이다. 그림 8.2에서 볼 수 있듯이, 공개된 접근 영역은 사용자 이름이나 기타 정보를 수집하는 데 사용되는 공개 디렉토리나 이메일 공지에 접근할 수 있게 해준다.

일부 로그인 포털은 그 밖의 포털보다 많은 정보를 제공하기도 한다. 그림 8.4

에서 볼 수 있듯이, 서버 소프트웨어 버전과 개정 버전, 소프트웨어 갱신 날짜, 서버 운영 시간 같은 매우 많은 정보를 제공한다. 이는 서버를 공격하려고 하는 해커에게 매우 유용한 정보다.

그림 8.4

　로그인 포털은 취약점 평가에 도움을 주는 많은 정보를 제공한다. 더 자세한 내용은 4장에서 다룬다.

◆ 다양한 웹 유틸리티 검색과 활용

구글은 놀랍고 매우 유연하지만 모든 것이 가능하지는 않다. 구글을 사용하지 않을 때가 더 편할 때도 있다. WHOIS나 ping, traceroute, 포트스캔 같은 작업은 구글을 사용하지 않는 것이 더 편하다. 이런 기능을 수행할 수 있는 유용한 도구가 많지만 머리를 조금만 써서 구글을 활용해도 사용자 임의성을 유지하면서 해당 기능으로 구현할 수 있다. 그림 8.5와 같은 네트워크 쿼리 툴$^{NQT, Network Query Tool}$을 살펴보자.

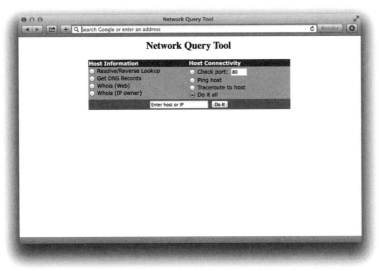

그림 8.5

NQT 기본 설치만으로도 IP^Internet Protocol의 호스트 이름과 주소 찾기, DNS^Domain Name Server 쿼리, WHOIS 쿼리, 포트 테스트, traceroute 기능을 수행할 수 있다. 웹 기반으로 되어 있기 때문에 페이지에 누구나 접근하여 대상 서버에 이런 기능을 수행하게 할 수 있다. 여러 이유로 누구나 쉽게 사용할 수 있는 도구다. NQT 애플리케이션을 제공하는 사이트에서 NQT를 사용할 수 있다. 웹 서버는 사용자의 실제 주소를 감추는데, 임의의 프록시 서버를 사용하면 사용자의 신분을 감출 수 있다.

간단한 구글 쿼리를 사용하면 NQT 프로그램이 있는 서버를 쉽게 찾을 수 있다. NQT 프로그램은 'Network Query Tool'이라는 제목으로 nqt.php 페이지에 기본 구성으로 출력되어 있다. 간단히 inurl:nqt.php intitle:"Network Query Tool" 쿼리문을 사용하면 그림 8.6과 같은 많은 결과를 얻는다.

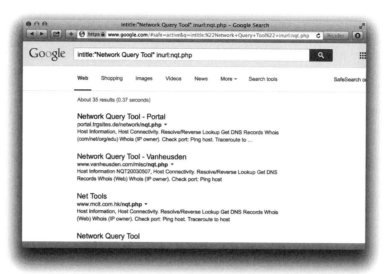

그림 8.6

쿼리를 실행한 후, NQT 프로그램이 동작 중인 페이지를 클릭해보자. 그러나 NQT 프로그램은 원격에서 POST를 허용하므로 자신의 서버에서 foo.com 서버로 command 명령을 보내면 NQT에서 command를 실행할 수 있다. 이것은 NQT의 간단한 확장 기능이라고 보면 된다. 예를 들어, NQT rotator 명령을 실행하면 인터넷 NQT 서버에 접근하여 rotator 명령을 실행한다. 구체적으로 살펴보자.

먼저 그림 8.5에 있는 페이지 결과를 복사해 NQT 사이트 목록을 만든다. 리눅스나 맥 OS 10에서는 다음과 같이 한다.

```
lynx -dump "
http://www.google.com/search?q=inurl:nqt.php+%22Network+\
Query+Tool%22&num=100" | grep "nqt.php$" | grep -v google |
awk '{print $2}' | sort -u
```

inurl:nqt.php intitle:"Network Query Tool" 구글 쿼리 결과로 나온 100개 정도에서 nqt.php로 끝나는 행을 찾은 뒤 google이라는 단어를 포함하는 행을 찾아서 출력된 결과(NTQ 사이트의 URL을 보여줌)에서 두 번째 필드(nqt.php가 링크의 마지막 단어는 아니기 때문이다)를 출력하면 다음과 같은 결과가 나온다.

```
http://bevmo.dynsample.org/uptime/nqt.php
http://biohazard.sifsample7.com/nqt.php
http://cahasample.com/nqt.php
http://samplehost.net/resources/nqt.php
http://linux.sample.nu/phpwebsite_v1/nqt.php
http://noc.bogor.indo.samplenet.id/nqt.php
http://noc.cbn.samplenet.id/nqt.php
http://noc.neksample.org/nqt.php
http://portal.trgsample.de/network/nqt.php
```

출력된 결과를 sort 명령을 사용한 뒤, >>를 사용해 nqtfile.txt라는 이름의 파일로 만든다. 이제 NQT 서버 목록을 얻어냈고, 인터페이스를 생성하기 위한 NQT 코드 사본이 필요하다. 인터페이스에는 "enter host or IP" 필드와 버튼을 넣어서, rotator 프로그램에 넣을 인자를 입력받게 할 것이다. 인터페이스의 사본은 nqt.php 웹 페이지에서 **소스 보기**를 통해 얻을 수 있으며, 자기 웹 서버의 rotator.php에 HTML 코드를 저장한다. 이제 웹 서버의 동일 디렉토리에 2개의 파일이 있는데, NQT 서버 목록을 포함하고 있는 nqtfile.txt 파일과 NQT의 HTML 소스 파일인 rotator.php 파일이다. rotator.php 파일의 행 하나를 치환해 자신의 rotator 프로그램을 만들 수 있다. 이 행은 NQT의 입력 폼을 읽는 것으로 시작한다.

```
<form method="post" action="/nqt.php">
```

Do It 버튼을 누르면 데이터가 nqt.php 페이지로 전달된다. 이 행을 <form method="post" action="http://foo.com/nqt.php">로 수정하면 rotator 프로그램은 NQT 명령을 foo.com/nqt.php에 데이터를 전달하고 실행할 것이다. 한 단계 더 나아가서, PHP 코드를 삽입해 nqtfile.txt에서 임의의 사이트를 읽어올 수 있게 해보자. 다음 코드는 원본 NQT HTML 코드와 비슷할 것이다(행 번호는 편의를 위해 넣었다).

```
82. <?php
83.2.   $array = file("./nqtsites.txt");
84.
85.3.   $site=substr($array[rand(0,count($array)-1)],0,-1);
86.
87.4.   print "<form method=\"post action=$site><br>";
88.
89.5.   print "Using NQT Site: $site for this session.<br>";
90.
91.6.   print "Reload this page for a new NQT site.<br><br>";
92.
93. ?> This PHP code segment is meant to replace the <form method="post"
    action="/nqt.php">
```

첫 번째 행은 PHP 코드의 시작을 의미한다. 7행은 PHP 코드 부분의 마지막을 의미한다. 2행은 nqtsites.txt 파일을 읽어 각 행(NQT 사이트 주소)을 배열로 만든다. 3행은 nqtsites.txt에서 임의의 행을 읽어서 $site 변수에 저장한다. 4행은 원본 form 행이 변경됐는데, 임의의 NQT 사이트로 데이터를 넘긴다. 5행과 6행은 선택된 NQT 사이트의 정보와 명령을 표시한다. 다음 행은 rotator.php에서의 NQT 메인 테이블을 출력하게 한다.

rotator 프로그램에는 두 행이 추가됐는데, 표준 NQT 프로그램 인터페이스와 유사하다. 그림 8.7과 같이 **Check port**를 선택하고, www.microsoft.com을 호스트 필드에 입력한 후 **Do It** 버튼을 클릭하면 포트 80을 사용해 원격 NQT 서버의 결과 페이지로 이동한다.

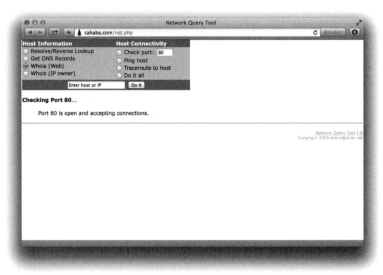

그림 8.7

이 예제는 구글이 많은 웹 기반 애플리케이션 이용을 보충하는 데 활용될 수 있음을 암시한다. 필요한 것은 구글에 대한 노하우와 도전적인 마음이다.

웹 지원 네트워크 장비 검색

구글은 많은 웹 지원 네트워크 장비를 찾을 수 있다. 많은 네트워크 장비는 웹 인터페이스가 설치되어 있어서 관리자가 웹 브라우저를 사용해 디바이스 상태를 보거나 설정을 변경할 수 있다. 이런 기능은 편리하지만, SSL^{Secure Sockets Layer} 보안이 선행돼야 한다. 구글이 장비의 웹 인터페이스를 긁어온다면 소리소문없이 네트워크로 진입해 수행하기 때문이다. 예를 들어, intitle:"BorderManager information alert" 쿼리문은 Novell BorderManager 프록시/방화벽 서버를 찾을 수 있다.

사악한 공격자라면 장비가 존재하는 목표 네트워크를 공격할 수 있다. 예를 들어 장비가 프록시 서버로 동작한다면, 공격자는 장비와 연결된 내부 신뢰 네트워크 장비에 접근하기 위해 장비를 활용할지도 모른다. 게다가 공격자는 제품의 취약점을 찾으려고 익스플로잇을 계속 시도할 것이다. 이런 방법으로 많은 장비가 발견되겠지만, 다음 절에서 살펴볼 통계 프로그램으로 IP와 네트워크 데이터를 획득하는 것은 식은 죽 먹기다. 장비의 종류를 알아보기 위해 "Version Info""BootVersion""Internet Settings" 쿼리문을 넣어서 Belkin Cable/DSL 라우터를 찾을 수 있다. intitle:"wbem" compaq login으로 쿼리하면 HP Insight Management Agents를 발견할 수 있다. intitle:"lantronix web-manager" 쿼리문으로는 Lantronix Web managers를 찾을 수 있다. inurl:tech-support inurl:show Cisco나 intitle:"switch home page" "cisco systems" "Telnet - to"는 시스코 제품을 찾을 수 있다. intitle:"axis storpoint CD" intitle:"ip address"는 Axis StorPoint 서버를 찾을 수 있다. 각 쿼리문으로 제품이 설치된 네트워크의 다양한 정보를 얻을 수 있다.

네트워크 보고서 검색

ntop 프로그램은 네트워크 트래픽 통계를 보여주는데, 대상 네트워크 구조를 알 수 있게 해준다. intitle:"Welcome to ntop!"을 활용하면 ntop 프로그램이 존재하는 서버를 찾을 수 있다.

웹 기반 네트워크 프로그램 통계 패키지는 구글로 찾을 수 있다. 다양한 네트워크 문서를 찾기 위한 구글 쿼리문을 GHDB^Google Hacking Database에서 찾을 수 있다.

보안 감사 기간 동안 이렇게 찾은 수많은 자산은 많은 시간을 절약해준다. 하지만 이런 방법으로 얻은 정보는 최종 보고서로 활용하기 전에 정확한 정보인지 반드시 검증해야 함을 잊지 말자.

❖ 기타 네트워크 하드웨어 검색

네트워크에 연결된 장비가 웹 인터페이스를 제공하는 것은 낯선 일이 아니다. 장비가 인터넷에 연결되어 있고 장비의 웹 페이지 링크가 어딘가에 존재한다면 구글 데이터베이스에 페이지가 저장되어 있을 가능성이 높다. 5장에서 살펴본 바와 같이, 이런 페이지는 대상 네트워크 정보를 노출한다. 또한 이런 유형의 정보는 대상 네트워크를 분석할 때 매우 중요한 역할을 한다.

네트워크에는 모든 형태의 장비가 연결될 수 있다. 스위치, 라우터, 프린터, 방화벽 같은 장비는 네트워크 정찰에 관심이 있는 공격자의 흥미를 끈다. 웹캠 같은 장비도 공격자의 관심 대상이 될 수 있다.

대부분의 경우 네트워크에 연결된 웹캠은 보안 위협이라기보다는 웹 서핑을 하는 사람들에게 흥밋거리로 간주된다. 그러나 명심할 것이 몇 가지 있다. 첫째, 일부 회사는 고객이 자사의 건물 내부를 볼 수 있게 제공하는 것이 최신 유행이고 멋진 일이라고 생각한다. 넷스케이프^{Netscape}도 전성기 시절 회사 내부를 웹캠으로 보여준 것으로 잘 알려져 있다. 웹캠은 경영진의 승인하에 설치됐을 것이다. 물리적 보안 평가를 할 때 건물 내부를 볼 수 있으면 큰 도움이 된다. 둘째, 그림 8.8에서 볼 수 있듯이 웹캠이 건물 외부에 설치되는 일은 흔하다. 이런 웹캠은 물리적 보안 평가에 매우 유용하다. 그리고 회사 직원이 업무 시간에 하는 일이 업무 외 시간에 개인적으로 하는 일과 같을 필요가 없다는 사실을 기억하자. 회사 직원의 개인 웹 페이지를 찾았다면 웹캠 같은 장비가 존재할 가능성이 있다.

그림 8.8

　최근에 나온 많은 네트워크 프린터는 웹 인터페이스를 제공한다. 프린터 장비 (혹은 장비에서 제공하는 문서나 드라이버) 웹 인터페이스가 다른 웹 페이지에 링크되어 있다면, 다양한 구글 쿼리를 사용해 찾을 수 있다.

　네트워크 프린터가 설치되면, 공격자에게 많은 정보를 제공하게 된다. 그림 8.9에서 볼 수 있듯이, 네트워크 프린터는 주변 네트워크 서버 명명 규칙 등에 대한 자세한 정보를 제공하는 경우가 많다. 구글 검색으로 가능한 많은 장비가, 사용자 이름이나 패스워드 없이 장비를 제어할 수 있게 되는 보안에 취약한 기본 설정을 그대로 사용하고 있다. 최악의 경우 공격자는 프린터 작업 내용을 그대로 볼 수 있고, 프린터 내부의 파일을 빼내거나 네트워크 명령을 전송할 수 있다.

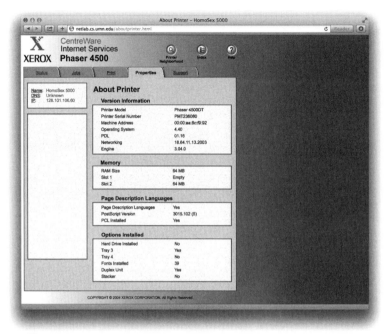

그림 8.9

✦ 정리

공격자는 다양한 용도로 구글을 사용한다. 공격자는 특정 버전의 웹 소프트웨어
익스플로잇을 구한 뒤, 구글을 통해 취약한 버전의 웹 소프트웨어를 찾을 수 있
다. 아니면 공격 대상을 정한 뒤 대상과 동일한 네트워크에 있는 주변장치를 찾
기로 마음 먹을 수 있다. 때때로 공격자는 기본 페이지와 프로그램이 취약한 상
태로 구성된 웹 장비를 찾기도 한다.

디렉토리 목록은 장비에서 사용 중인 소프트웨어 버전 정보를 제공한다. 서버
와 애플리케이션 에러 메시지는 공격자에게 많은 정보를 제공하는데, 많은 사람
이 간과하는 정보 유출 경로일 것이다. 기본 페이지, 프로그램, 문서는 대상을 프
로파일링하는 데 쓰일 뿐만 아니라 서버의 관리가 허술하기 때문에 공격에 취약

하리란 사실을 짐작하게 하는 데 사용될 수 있다. 일반 사용자에게 '정문' 역할을 하는 로그인 포털은 대상을 프로파일링하거나 제공되는 서비스와 사용법에 대한 정보를 알려주고 익스플로잇이 적용 가능한 대상을 찾는 데 사용된다. 때때로, 관리자가 원격에서 서버나 네트워크에 접근하기 위해 로그인 포털을 구성하는 경우가 있다. 이런 형태의 로그인 포털이 장악된다면 공격자가 서버나 네트워크에 들어가는 통로 역할을 할 수 있다.

구글로 네트워크 애플리케이션의 원격 실행을 가능하게 하는 NQT 같은 웹 기반 네트워크 도구를 찾을 수 있다. 최적의 쿼리를 만들면 구글은 네트워크 통계 패키지나 대상에서 사용 중인 웹 지원 장비를 찾게 해준다. 네트워크 평가를 하는 목적이 무엇이든, 구글은 기술과 도구 사용법의 효율성을 향상한다.

사용자 이름, 비밀번호,
그 외 감추고 싶은 것

❖ 개요

9장에서는 보안 평가 과정에서 민감한 개인 정보를 찾는 방법을 설명한다. 그러나 실제 '범죄자'가 정보를 수집하는 수준까지 자세히 설명하지는 않는다. 9장에서 소개하는 예는 보안이라는 과일 나무에서 낮은 가지에 매달린 손쉽게 따먹을 수 있는 열매라고 할 수 있다. 해커는 9장에서 소개하는 유형의 정보를 매일 검색한다. 방어를 하려면 해커가 실제로 어느 수준까지 공격할 수 있는지 알아야 한다. 그러나 악용의 우려가 있기 때문에 적정 수준의 공격 방법까지만 설명할 것이다. 악의적인 사람들이 이용할지도 모르는 내용은 제공하고 싶지 않다.

먼저 사용자 이름을 찾는 데 사용되는 쿼리문을 살펴볼 텐데, 사용자 이름은 인증 체계에서 덜 중요한 요소다. 사용자 이름을 별로 중요하게 생각하지 않는 경우가 많은데, 4장과 5장에서 살펴봤듯이 수십억 원을 들여 만든 보안 시스템도 별로 중요하지 않아 보이는 정보에 의해 파헤쳐질 수 있다.

다음으로 비밀번호를 찾는 쿼리문을 살펴본다. 살펴볼 일부 쿼리문은 암호화되거나 인코딩된 비밀번호를 찾는데, 공격자는 비밀번호를 자신의 목적을 이루는 데 사용하기 위해 비밀번호를 푸는 작업을 수행해야 한다. 그리고 평문 비밀번호를 찾는 쿼리문도 살펴본다. 이런 쿼리문은 초보적인 수준의 공격자 손에 들어간다 해도 매우 위험하다. 사용자 이름과 평문 비밀번호를 아는 공격자가 무엇을 못 할까?

그리고 신용카드 정보와 개인 식별 번호(예: 사회보장번호) 같은 매우 민감한 정보를 찾는 방법을 살펴본다. 이런 위협으로부터 자신을 보호하는 방법을 아는 것이 목적이다. 따라서 회계 정보처럼 직접적인 피해를 유발하는 정보를 찾는 방법은 다루지 않는다. '악의적인' 해커라면 이런 정보쯤은 스스로 알아내야 하거나, 그렇지 못할 거면 바른 길로 돌아오는 현명한 판단을 해야 한다.

✦ 사용자 이름 검색

대부분의 인증 시스템은 사용자 이름과 비밀번호를 이용한 인증 구조를 갖고 있다. 이런 '정문' 형태의 보호를 통과하려면 사용자 이름과 비밀번호를 알아야 한다. 뒤에서 살펴보겠지만 사용자 이름은 사회공학 공격을 할 때 도움이 된다.

사용자 이름을 찾는 방법은 다양하다. 4장에서 데이터베이스 에러 메시지를 통해 사용자 이름을 수집할 수 있음을 살펴봤다. 8장에서는 사용자 이름을 비롯한 다양한 정보를 노출하는 애플리케이션 에러 메시지와 웹 서버를 살펴봤다. 간접적인 방법을 통해 사용자 이름을 수집하는 것도 중요하지만, 공격자는 "your username is" 같은 간단한 쿼리문을 통해 사용자 이름 디렉토리에 접근할 수도 있다. 이 쿼리문은 사용자 이름 생성 절차를 설명하는 도움말 페이지를 찾는다.

공격자는 이 정보를 이용해 구글 그룹 게시물이나 전화번호부 같은 곳에서 수집한 사용자 이름이 유효한지 확인할 수 있다. 또한 공격자는 웜[worm]을 이용한 스팸 메일 발송이나 사회공학 공격에 사용자 이름을 사용할 수 있으며, 다양한 곳에서 사용자 이름을 획득할 수 있다.

웹 행위를 조사하는 웹 기반 통계 프로그램에서 사용자 이름을 수집하는 경우도 있다. Webalizer 프로그램은 웹 서버 사용과 관련된 모든 통계를 보여준다. Webalizer 프로그램의 출력 파일은 +intext:webalizer +intext:"Total Usernames" +intext:"Usage Statistics for" 같은 쿼리문으로 검색할 수 있다. 이 쿼리문으로 얻을 수 있는 결과 중에는 웹 서버에 로그인하는 데 사용되는 사용자 이름도 포함되어 있다. 그러나 그림 9.1의 Visits 열은 통계 기간 동안 사용자 이름이 사용된 횟수를 보여준다. 따라서 공격자는 어떤 사용자 이름이 유효한지 쉽게 판단할 수 있다.

Top 8 of 8 Total Usernames									
#	Hits		Files		KBytes		Visits		Username
1	19	0.00%	19	0.00%	1682	0.00%	1	0.00%	musica codetel
2	9	0.00%	9	0.00%	800	0.00%	6	0.00%	Changzj
3	8	0.00%	8	0.00%	575	0.00%	2	0.00%	4503
4	5	0.00%	5	0.00%	0	0.00%	1	0.00%	anonymous
5	1	0.00%	1	0.00%	105	0.00%	1	0.00%	FQuaggio
6	1	0.00%	1	0.00%	29	0.00%	1	0.00%	gec
7	1	0.00%	1	0.00%	109	0.00%	1	0.00%	guest
8	1	0.00%	1	0.00%	110	0.00%	1	0.00%	unnko

그림 9.1

윈도우 레지스트리에는 사용자 이름과 비밀번호를 포함한 모든 종류의 인증 정보가 포함되어 있다. 실제 사용 중인 윈도우 레지스트리 파일이 웹에 올라와 있을 가능성은 낮지만, 이 글을 쓰는 시점에 filetype:reg HKEY_CURRENT_USER username 쿼리문(이 쿼리문은 username 문자열을 포함하는 윈도우 레지스트리 파일을 찾는다)으로 약 200개의 결과를 찾아냈다.

알려진 파일명을 이용한 다양한 방법으로 사용자 이름을 찾을 수 있다는 사실을 기억하자. 한 가지 방법은 intitle:index.of install.log 같은 쿼리를 이용해 디렉토리 목록에 있는 파일을 찾는 것이다. 또 다른 방법은 filetype:log inurl:install.log 같은 쿼리를 이용해 파일 유형을 찾는 것이다. 구글은 디렉토리 목록에 있는 파일에 대한 링크를 긁어올 텐데, 파일 유형 검색은 디렉토리 목록에 있는 파일뿐만 아니라 다른 방법으로 긁어온 파일을 찾을 수 있음을 의미한다.

재능 있는 해커나 보안 전문가는 정보를 얻는다는 게 쉽지 않은 일임을 잘 알고 있다. 좋은 정보를 찾으려면 꾸준함, 창의성, 지혜 그리고 조금의 운이 필요하다. 예를 들어, inurl:root.asp?acs = anon 같은 쿼리문으로 찾을 수 있는 마이크로소프트 아웃룩 웹 액세스^{Microsoft Outlook Web Access} 포털을 살펴보자. 마이크로소프트 웹 기반 메일 포털이 여러 개가 있지만 해당 쿼리문의 결과는 거의 없다. 그림 9.2에서 볼 수 있듯이, 마이크로소프트 아웃룩 웹 액세스 포털에서 공개 주소록 ('이름 찾기'를 의미)을 운영하는 것이 낯선 일은 아니다.

그림 9.2

공개 주소록은 이름으로 사용자를 검색할 수 있게 한다. 대부분의 경우 와일드카드 검색을 허용하지 않는데, 검색어로 '*'를 입력한다고 모든 사용자가 검색되는 건 아니라는 뜻이다. 대부분의 사람 이름 중간에는 공백이 있기 때문에, 검색어로 공백(스페이스) 문자 하나를 입력하는 것은 매우 좋은 생각이다. 그러나 대부분의 대형 주소록은 "이 요청문은 너무 많은 사용자를 검색합니다."라는 에러 메시지를 출력한다. 여기서 창의력을 발휘하면 사람 이름에 많이 포함된 R, S, T, L, N, E 문자를 검색할 것이다. 결국 이런 요청문 중 하나로 사용자 이름 정보를 찾을 수 있게 된다.

공격자는 사용자 정보 목록을 찾은 후, 목록에 포함되어 있는 단어(예: Voyager, Freshmen, Campus)를 다시 검색할 것이다. 이런 과정을 반복하면 전체 사용자 목록과 거의 일치하는 사용자 정보를 획득할 수 있다.

❖ 비밀번호 검색

침투 테스트 과정에서 얻을 수 있는 '최후의 성배' 중 하나인 비밀번호를 보호해야 한다. 불행하게도 일련의 구글 쿼리 예제들을 통해 웹상의 비밀번호들을 찾아낼 수 있다.

대부분의 경우, 웹에서 찾은 비밀번호는 어떤 형태로든 암호화나 인코딩이 되어 있다. 이러한 비밀번호는 존 더 리퍼^{John the Ripper}(www.openwall.com/john) 같은 비밀번호 크랙 프로그램을 사용해 평문 비밀번호로 크랙이 될 수 있고, 공격에 사용할 수 있다. 그림 9.3은 마이크로소프트 프론트페이지^{Microsoft FrontPage} 지원 파일을 찾는 쿼리문인 ext:pwd inurl:_vti_pvt inurl:(Service | authors | administrators)를 검색한 결과를 보여준다. 마이크로소프트는 마이크로소프트 프론트페이지를 더 이상 지원하지 않지만 인터넷에서 많이 발견된다. 구글을 이용해 실제로 운영 중인 윈도우 레지스트리 파일을 검색하는 일은 흔하지 않지만, 안전하지 않은 파일의 존재 여부를 통해 공격 대상을 선정하는 일은 흔하다는 사실을 기억해두자. 구글 쿼리는 평문 비밀번호를 발견하는 것도 가능하다. 이런 비밀번호는 크랙 프로그램을 사용할 필요가 없다. 공격자에게 남은 일은 비밀번호를 사용하는 사용자 이름과 호스트를 파악하는 것이다. 그림 9.4에서 볼 수 있듯이, 특정 쿼리문은 사용자 이름, 평문 비밀번호 같은 인증 정보를 사용하는 호스트를 모두 찾기도 한다.

그림 9.3

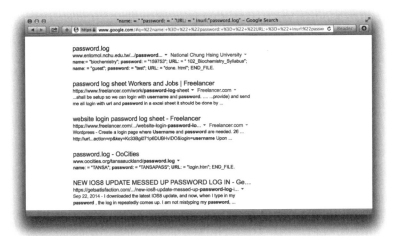

그림 9.4

비밀번호를 찾기 위한 쿼리문에 정답은 없다. 그러나 7장에서 살펴봤듯이 특정 사이트를 대상으로 간단히 검색을 해봐도 놀라운 결과를 얻을 수 있다. 예를 들어, "Your password" 쿼리문은 비밀번호 분실 시 비밀번호를 복구하기 위한 방법이 담긴 문서를 찾는다. 이런 유형의 정보는 다양한 비밀번호 복구 공격에 도움이 된다. 항상 그렇듯이 사회공학 공격은 '잊어버린' 비밀번호를 찾는 데 있어서 전문적이지는 않지만 훌륭한 사회공학 공격 방법이다.

비밀번호를 찾기 위한 또 다른 쿼리문은 intext:(password | passcode | pass) intext:(username | userid | user)인데, 사용자 ID에 자주 사용되는 단어를 비밀번호와 함께 결합한 것이다. 이 쿼리문은 많은 결과를 찾지만, 최상위로 검색된 결과의 대다수는 비밀번호 분실 시 복구 방법을 설명하는 페이지다.

구글의 번역 기능인 http://translate.google.com/translate_t를 이용하면 여러 언어의 비밀번호를 검색할 수 있다. 대부분의 언어에서 username과 userid는 별도의 번역 없이 그대로 사용된다.

❖ 신용카드번호, 사회보장번호 등의 검색

뉴스에서 웹 해커가 신용카드 정보를 탈취했다는 소식을 많이들 들어봤을 것이다. 인터넷에서는 수많은 상점이 생겼다가 사라지는 일이 반복되고 있기 때문에 신용카드 사기가 빈번한 건 놀라운 일이 아니다. 해커는 소규모 온라인 상점만을 공격해서 장악하는 것이 아니다. 지난 몇 년 동안, 전문적인 공격자에 의해 거대 전자상거래 기업의 회계 데이터베이스가 장악되는 사건이 있었다.

놀랄 만한 사실은 그림 9.5에서 볼 수 있는 것처럼 인터넷에 공개된 신용카드 정보를 찾기 위해 로켓 연구 과학자 같은 전문 인력을 고용할 필요가 없다는 것이다. 그 이유는 구글 검색 엔진이 있기 때문인데, 신용카드 정보에서 일급 기밀 번호 자료에 이르기까지 모든 정보를 웹에서 찾을 수 있다.

그림 9.5

이 문서는 구글에서 찾은 것으로, 수만 개의 신용카드번호(만료일과 카드 확인 번호가 포함), 소유자 이름, 주소, 전화번호를 보여준다. 여기에는 전화카드번호도 포함되어 있다. 대부분의 경우, 신용카드번호를 포함하는 페이지는 온라인 상점 이나 전자상거래 사이트에서 유출된 것이 아니라 피싱^{phishing}(사용자에게 전화 혹은 이메일로 개인 정보를 요청하는 공격)으로 알려진 신용 사기 수법으로 유출된다. MillerSmiles.co.uk를 포함한 몇몇 웹사이트에서 신용 사기 수법을 설명하고 있다. 그림 9.6은 사용자에게 자신의 이베이^{eBay} 프로필 정보를 갱신하라고 요청하는 이베이 피싱 공격의 예를 보여준다.

사용자가 양식에 정보를 기록하면, 공격자에게 모든 정보가 이메일로 전달되고 공격자는 원하는 모든 곳에 정보를 사용할 수 있다. 이런 정보는 웹 서버에 저장되어서, 공격자가 악용할 수 있다. 예를 들어, 나는 'phishing investigators'라는 곳에서 피싱 공격자가 개인 정보를 캐시한 링크를 올려놓은 것을 본 적이 있다. 검색 엔진이 링크를 긁어오면, 모든 개인 정보가 공개적으로 온라인에 알려진다.

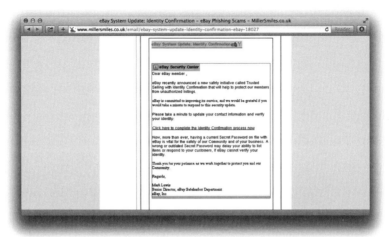

그림 9.6

사회보장번호

공격자는 위에서 설명한 유사 기법을 사용해 사회보장번호^{SSN, Social Security number}와 기타 민감한 정보를 악용할 수 있다. 다양한 이유로 SSN이 온라인에 공개될지도 모른다. 예를 들어, 학교에서는 학생 성적을 웹사이트에 게시할 때 성적 옆에 '학생 ID'를 표시한다. 지능적인 공격자는 SSN만으로도 많은 작업을 할 수 있지만, SSN과 연관된 이름을 알아야 공격하는 데 도움이 된다. 학생 ID는 학생의 개인정보를 보호하는 데 사용되는 정보임에도 불구하고, 이름, 성적, 학생 ID(SSN)를 엑셀로 정리한 파일을 인터넷에 공개하는 학교가 있다. 나는 SSN을 찾는 방법을 공개한 적이 없지만, 일부 매체에서 무책임하게 SSN 검색 방법을 온라인에 설명하고 있다. 웹사이트에서 이런 정보가 유출되고 있기 때문이라고 잘못을 떠넘기지만, 정보를 어떻게 검색하는지를 공개하는 것은 올바른 방법이 아니라고 생각한다.

✦ 개인 회계 데이터

일부 경우에 피싱 공격은 개인 정보를 유출하는 쪽에 책임이 있고, 다른 한편으로는 온라인 소매업체를 공격하는 해커에게 개인 정보 보호 위반의 책임이 있다. 불행하게도 스스로 개인 정보를 유출하는 경우도 많다. 그 예는 바로 개인 회계 정보를 유출하는 경우다. 오늘날에는 개인용 컴퓨터가 너무 많아, 사용자는 수백 개의 개인 회계 관리 프로그램을 사용할 수 있다. 프로그램 중 다수는 특정 확장자를 가진 데이터 파일을 저장하는데, 구글을 이용해 이런 파일을 검색할 수 있다. 개인 회계 정보를 웹사이트(구글이 계속 수집한 사이트)에 공개할 이유가 없다고 생각할지 모르지만, 예를 들어 Quicken and Microsoft Money에서 만들어진 데이터 파일을 구글에서 검색한 결과를 보면 많은 사람이 그렇게 하고 있음을 알 수 있다. 개인 회계 정보를 찾는 쿼리문을 설명하는 것은 무책임한 일이 될지도 모르지만, 공격자가 찾을 수 있는 데이터의 유형을 아는 것이 중요하다.

✦ 기타 중요 정보 검색

지금까지 살펴본 것처럼 구글은 모든 종류의 정보를 검색하는 데 사용할 수 있다. 이번 절에서는 구글이 찾을 수 있는 정보 중 분류하기 힘든 정보를 살펴본다. 주소록에서 채팅 로그 파일과 네트워크 취약점 보고서에 이르기까지 인터넷에는 정보의 부족함이 없다.

이런 정보 중 일부는 매우 유익한데, filetype:ctt messenger 쿼리문으로 찾을 수 있는 MSN 메신저 주소록 파일 또는 filetype:blt blt +intext:screenname 쿼리문으로 찾을 수 있는 AOL 인스턴스 메신저^AIM^의 친구 목록이 그 예다. 그림 9.7은 AIM 클라이언트에 입력된 개인적인 친구 목록을 보여준다. 공격자는 개인적인 정보를 사회공학 공격에 이용해 자신이 그들이 친구라고 속인다. 이런 공격은 공격 대상의 책상에 있는 주소록을 훔치는 것과 유사하다. 능숙한 공격자는 이런 정보를 활용해 효과적으로 대상을 공격한다. 그러나 일부 경우에는, 구글 쿼리문을 통해 찾은 정보가 초보 공격자라도 대상 침투에 쉽게 사용할 수 있을 정도의 중요한 정보일 때도 있다.

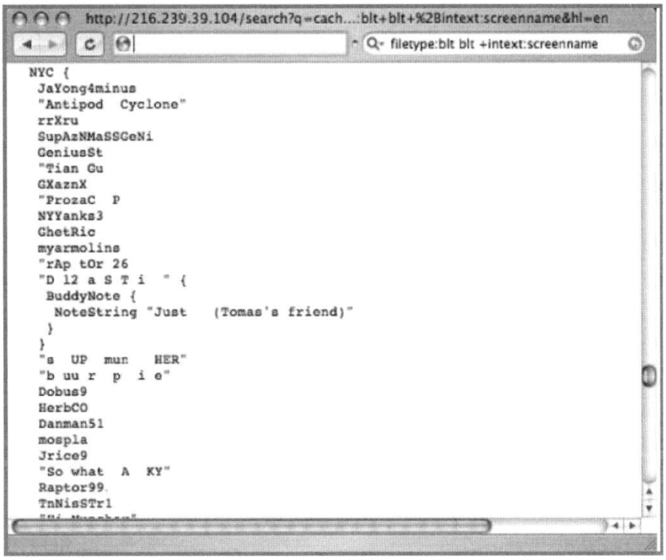
http://216.239.39.104/search?q=cach...:blt+blt+%2Bintext:screenname&hl=en
filetype:blt blt +intext:screenname
NYC {
JaYong4minus
"Antipod Cyclone"
rrXru
SupAzNMaSSGeNi
GeniusSt
"Tian Gu
GXaznX
"ProzaC P
NYYanks3
ChetRic
myarmolins
"rAp tOr 26
"D 12 a S T i " {
BuddyNote {
NoteString "Just (Tomas's friend)"
}
}
"s UP mun HER"
"b uu r p i e"
Dobus9
HerbCO
Danman51
mospla
Jrice9
"So what A KY"
Raptor99
TnNisSTr1

그림 9.7

예를 들어, 네서스Nessus 보안 스캐너(www.nessus.org)의 결과 파일을 생각해 보자. 네서스는 성능이 뛰어난 오픈소스 도구로, 공격 대상에 대한 보안 테스트를 수행한 뒤 잠재적 취약점을 알려준다. 시스템 관리자는 네서스가 생성한 보고서의 내용을 참고해서 취약한 시스템을 보완하는 데 사용한다. 공격자는 잠재적 공격 대상의 취약점을 찾기 위해 네서스 보고서를 활용할 수 있다. "This file was generated by Nessus" 같은 구글 쿼리문을 이용해 네서스가 생성한 보고서를 찾을 수 있다. 네서스 보고서는 점검 대상의 IP와 열린 포트, 발견된 취약점 정보를 담고 있다.

대부분의 경우, 이런 방법으로 찾은 보고서는 예제나 테스트 보고서다. 그러나 때때로 실제 보고서일 경우가 있으며, 보고서 내용대로 하면 공격이 성공하는 경우도 있다. 한 가지 예외 상황은 보고서에 나온 시스템이 해커를 유인하고 추적

할 목적으로 만든 허니팟^{honeypot}일 경우다. 10장에서는 문서 분석 기법을 살펴볼 텐데, 이런 유형의 정보를 찾는 데도 유용하다. 9장에서는 이런 정보를 찾기 위해 파일 이름을 사용했지만, 10장에서는 파일 이름이 아닌 파일 내용에 초점을 맞출 것이다.

❖ 정리

웹에는 중요한 데이터가 많고, 구글은 이런 데이터를 찾을 수 있기 때문에, 실수는 용납되지 않는다. 적절한 검색 쿼리를 사용한다면 검색 가능한 정보에는 거의 제한이 없다. 사용자 이름, 비밀번호, 신용카드번호와 사회보장번호, 개인 회계 정보에 이르기까지 모든 정보가 인터넷에 있다. 범죄자 입장에서는 타인의 실수 하나만으로도 원하는 목적을 이룰 수 있겠지만, 고객 사이트를 정보 유출의 위험에서 보호해야 하는 보안 전문가 입장에서는 지켜야 하는 정보가 너무 많다는 사실에 놀랄 수도 있다.

우습게 들릴지도 모르지만, 기업의 중요 데이터가 웹으로 노출되는 일을 막기 위한 좋은 방법은 보안 정책을 강화하고 적용하는 것이다. 사용자들이 정보 유출의 위험을 이해하고 정책 위반 시 받을 불이익을 인식한다면 회사의 보안 정책에 협조적일 것이다.

공격자가 웹 서버를 공격할 때 사용할 수 있는 방법을 이해해두면 큰 도움이 된다. 이 책을 읽으면서 공격자가 검색할 수 있는 파일이 매우 많다는 사실을 깨달았을 것이다. 웹 정보 유출의 위험을 막기 위한 방법 중 하나는 알려지지 않은 파일 유형에 대한 요청을 거부하는 것이다. 웹 서버가 CFM, ASP, PHP 혹은 HTML을 사용하는 것과 상관없이, 접근 불가능한 파일 유형을 설정하기보다는 접근 가능한 파일 유형을 설정하는 편이 더 쉽다. 서버나 경계선에 있는 장비가 특정 콘텐츠나 파일 유형에만 접근 가능하도록 설정하라.

구글 서비스로 해킹하기

❖ 캘린더

구글 캘린더는 구글의 유용한 일정 관리 애플리케이션으로, 일정 공유와 초대 생성, 일정 검색, 게시 등의 기능을 제공한다. 캘린더 기능은 지메일^{Gmail}과 결합이 가능하며, 모바일 기기를 통해서도 사용 가능하다. 한마디로 구글 캘린더는 일정을 관리하는 매우 훌륭한 서비스다.

이 중 캘린더 공유는 특히 유용한 기능인데, 개인 사용자가 일정 목록을 보관할 수 있고 일정에 참여하는 다른 사람들과 일정을 공유해 함께 관리할 수도 있다. 캘린더 공유 기능은 캘린더 관리 인터페이스에서 설정해주면 이용 가능하다.

일정을 공유하면 모든 사람이 일정을 열람할 수도 있고 이벤트를 기입할 수도 있다. 이는 캘린더 애플리케이션이나 RSS 피드 리더^{feed reader}를 이용해 관리가 가능하다.

보안 전문가의 입장에서 캘린더 서비스 중 공유 기능은 특히 흥미로운 소재다. 누군가의 기본 검색을 통해 개인의 민감한 정보가 수상한 목적으로 본인도 모르게 새어나갈 수 있기 때문이다. 예를 들어, 캘린더에 로그인해 password라는 단어로 검색을 수행하면 많은 결과가 반환된다.

결과에서 볼 수 있듯이 검색 구문과 일치하는 몇 개의 일정 항목을 볼 수 있다. 이들 중 관심을 끌 만한 항목은 없어 보인다. 그림 10.1처럼 흥미로운 정보를 많이 가져올 법한 단어 passcode로 다시 검색을 수행해보자.

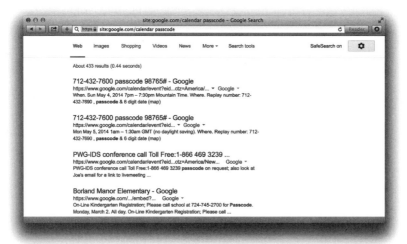

그림 10.1

그림 10.1은 전화 컨퍼런스 일정 몇 개를 보여준다. 검색 결과를 보면 컨퍼런스 전화번호와 접근 코드를 볼 수 있다. 위 정보를 이용하면 해커는 일정으로 등록된 시간에 해당 컨퍼런스에 참여해 접근 코드를 입력한 후 전화 미팅에 조용히 참여하여 내용을 도청할 수 있게 된다. (해커의 입장에서 보면) 임무 완수라고 볼 수 있다. 실제로 많은 공격자가 회사 기밀, 시스템 운영과 관련된 기술적인 내용을 알아내기 위해 이와 같은 방법을 사용한다.

물론 앞서 수행한 검색 요청문을 약간 변형하는 것도 가능하다. 단순히 여러 키워드를 공백으로 분리해 더 나은 정보를 얻을 수도 있다. 예를 들어, "username password"로 검색을 수행하면 일정 가운데 민감한 정보를 보관할 수도 있는 사용자에 대한 결과를 얻게 된다.

생일이나 애완견의 이름 같은 것을 검색하면 어떨까? 여러분도 이미 알고 있듯이, 비밀번호를 잊어버렸을 때 계정을 찾는 질문으로 생일이나 애완견 이름 등이 꽤 많이 사용된다. 보통 사용자의 일상생활과 연관된 내용이 질문으로 많이 나오므로 질문에 대한 답을 개인이 잊을 일은 절대 없다. 하지만 캘린더 애플리케이션은 사람들의 일상생활과 관련된 모든 정보를 담고 있을 가능성이 높다. 이것들을 연관해 생각해보면 일정 검색을 활용하여 공격 대상의 사용자 계정을 크랙하는 것도 가능할 것이다.

위의 상황 예처럼 캘린더 서비스를 악용할 수 있는 방법은 여러 가지가 있다. 사용자의 입장에서 보안을 위해 항상 기억해야 할 부분은, 구글 캘린더의 화려한 기능 뒷면에는 개인의 민감한 정보가 누출될 수 있는 어두운 측면도 존재한다는 점이다.

◈ 알림 시스템

구글을 사용하다 보면 검색된 결과 값의 변화를 보고 싶을 때가 종종 있다. 예를 들어 사이트의 취약점 모니터링을 한다고 가정해보자. 무엇을 어떻게 할 것인가? 우선 간단하게 스캐너를 동작시켜 매번 감시하면 된다. 하지만 이 방법은 다소 번거롭고 시간도 꽤 오래 걸린다. 대안으로, 구글의 막강한 도구들을 이용해 자동화 스캐닝 소프트웨어 없이 간단하게 모니터링을 할 수 있는 방법이 있다. 이 방법을 사용하면 구글이 반환한 결과 값을 감시하는 크론^{cron} 작업을 설정해 변화가 감지됐을 때 이메일로 정보를 받을 수가 있다.

구글 알리미^{Google Alerts}를 이용하면 위와 같은 자동화 작업이 가능하다. 구글 알리미는 쿼리 결과의 변화를 탐지하는 데 적합한 강력한 시스템이다. 시스템의 업데이트 주기는 하루에 한 번, 일주일에 한 번, 혹은 변화가 감지될 때마다 설정 변경이 가능하다. 첫 페이지의 처음 10개의 결과만 다룬다는 점이 아쉽지만, 그럼에도 불구하고 최적화만 잘하면 알림 시스템을 아주 유용하게 쓸 수 있다.

이상의 활용 예시만 보아도 구글 알리미는 훌륭한 도구지만, 좀 더 흥미로운 용도로도 사용할 수 있다. MS-SQL을 데이터베이스 백엔드로 사용하는 대상이 있다고 가정해보자. 구글 알림 기능을 이용하면 서버에서 발생한 에러 메시지를 검색하기 위해 특정 대상을 폴링^{polling}할 수 있다. 검색한 결과는 다음과 같다.

"[SQL Server Driver][SQL Server]Line 1: Incorrect syntax near" –forum –thread
–showthread **site:example.com**

알림 유형은 기본으로 '웹'으로 설정되어 있다. 알림 주기와 알림을 받을 이메일 주소를 클릭해 알리미를 생성해보자.

위 검색 구문에서 알림 조건을 site:example.com과 같이 특정 도메인으로 제한해 사용한 점을 눈여겨보자. 또 한 가지 주의해야 할 사항은 구글 도크^{Google dork}다. 백엔드로 보내는 SQL 쿼리 실패 메시지도 주의 깊은 모니터링이 필요한데, 메시지를 보며 SQL 인젝션 취약점이 서버 내에 존재하는지 살펴봐야 한다.

공격자는 알림 서비스를 특정 사이트의 취약점을 발견하거나 혹은 발생하는 메시지를 보는 데 악용할 수 있다. 이 과정은 매우 은밀히 이루어지며 구글과 사용자 간 트랜잭션이므로 공격 대상에 어떠한 경보 알람도 발송하지 않는다. 다소 과장된 예일지 모르지만 공격자는 구글 해킹 데이터베이스의 모든 항목에 대한 알림에 접근할 수도 있다. 그렇게 되면 데이터베이스의 민감한 정보는 노출될 수 있으며, 해커는 적은 노력으로 큰 수확을 얻어가는 셈이다.

❖ 구글 맞춤 검색

구글 맞춤 검색^{Co-op}(www.google.com/coop)은 사용자가 개인의 맞춤형 검색 엔진을 생성할 수 있는 매우 강력한 서비스다. 이 서비스는 누구나 사용할 수 있으나, 맞춤 검색 엔진 생성은 구글 사용자에게만 제공된다. 이번 절에서는 구글의 맞춤 검색 서비스의 흥미로운 기능을 알아보고, 개인에게 최적화된 검색 엔진 만드는 법을 설명하겠다.

먼저 간단한 검색 엔진을 만들어보자. 구글 Co-op 페이지에 접속한 후 **맞춤 검색 엔진 만들기**^{Create a Custom Search Engine} 버튼을 클릭한다. 또는 간단하게 주소창에 www.google.com/coop/cse를 입력해도 된다. 이어서 맞춤형 엔진 설정 페이지에서 사용자가 필요한 기능을 추가해 만들면 된다.

첫 번째 필드에 검색 엔진의 이름을 입력하자. 나는 임의로 'Google Hacking Database Search'라고 지정했다. 다음으로 검색 엔진에 대한 설명과 간단한 기본 검색 키워드도 입력한다. 두 항목 모두 선택사항이다. 기본 검색 키워드는 구글이 가장 적절한 결과를 찾기 위해 사용된다. 이 말은 사용자의 쿼리에 위에서 입력한 키워드를 포함한다는 뜻이다. 다음부터는 개인이 알아서 설정하면 된다. 앞쪽 문항에 '무엇을 검색하시겠습니까?What do you want to search' 필드는 검색 요청문의 범위를 지정하는 부분이다. 이번 예제에서는 기본 설정인 '내가 선택한 사이트만 해당합니다Only sites that I select'로 선택한다.

이제부터가 흥미로운 부분이다. 먼저 구글 검색 요청을 수행할 URL을 제공해 줘야 한다. 이번 예제에서는 https://www.exploit-db.com/google-hacking-database/에서 구글 해킹 데이터베이스를 검색할 것이므로 해당 URL을 필드에 입력한다. 특정 구문과 일치하는 URL을 찾기 위해 와일드카드를 사용해 검색 엔진을 수정해보자. 아래에 Co-op의 문서에 있던 몇 가지 샘플을 소개한다.

- www.mysite.com/mypage.html: www.mysite.com 도메인의 mypage.html 파일 안의 정보를 찾는다.
- www.mysite.com/*: www.mysite.com의 전체 컨텍스트 내의 정보를 찾는다.
- www.mysite.com/*about*: www.mysite.com에서 about 키워드를 가진 URL 중에서 정보를 찾는다.
- *.mydomain.com: mysite.com의 서브도메인 내의 정보를 찾는다.

Co-op 맞춤 엔진 생성 페이지의 기타 옵션들은 사용하기에 아직 부적절하다. 다시 페이지로 돌아와서 구글 서비스 약관에 동의하고 Next 버튼을 클릭한다. 이렇게 생성된 샘플 검색 엔진이 잘 동작하는지 테스트가 필요하다. "index"나 "secret" 같은 검색 요청을 수행한 후 결과를 살펴보자. 결과 값이 모두 예상한 대로 출력됐다면 Finish 버튼을 클릭한다. 생성된 맞춤 검색 엔진이 화면에 바로 출력될 것이다.

❖ 구글의 맞춤 검색 엔진

GNUCITIZEN 그룹(http://www.gnucitizen.org)은 구글의 맞춤 검색 엔진 플랫폼이 핑거프린팅fingerprinting이나 숨겨진 웹 서버들을 찾는 데 사용될 수 있음을 발견했다. 모든 웹 리소스가 인터넷에 노출되어 있지 않다는 사실은 누구나 알고 있다. 그렇지만 숨어 있는 웹 리소스 또한 결국은 네트워크의 일부다. 맞춤 검색 엔진을 사용하면 이런 리소스들을 찾을 수 있고, 해당 리소스들이 포함하는 콘텐츠를 나열할 수 있다. 수집된 정보 중에는 인트라넷 인터페이스나 관리자 패널, 그리고 그 외 민감한 정보도 있을 수 있다.

구글 해킹 쇼케이스

❖ 개요

스스로 실력 있다고 생각하는 구글 해커는 먹잇감을 찾아 인터넷을 돌아다닌다. 검색을 계속해서 깔끔하고 의미 있는 쿼리문을 찾는 데 성공한 뒤, 사용한 쿼리와 스크린샷을 공유하거나 다른 사람들과 거래를 한다. 나는 구글 해킹 데이터베이스GHDB, Google Hacking Database와 http://johnny.ihackstuff.com에 있는 해킹 포럼 검색 엔진의 창시자로서 구글 해킹에 올라오는 내용을 보고 놀라곤 한다. 구글 검색으로 의료, 재계, 소유권, 기밀 정보와 관련된 루머가 사실임이 밝혀지는 경우도 있다. 정부 정책, HIPPA 보호 정책, 보안 와치독watchdog에도 불구하고 이런 문제는 항상 존재한다. 웹에 정보가 돌아다니게 되면 구글 해커들은 정보를 잽싸게 낚아챈다.

이러한 위협이 하나둘씩 조명되면서 나는 구글 해킹과 관련된 논제를 블랙햇Blackhat이나 데프콘Defcon에 발표하기 시작했다. 그리고 이 책의 초판에 관련 내용을 써두었다. 하지만 몇 달 후 해당 문제와 논제들이 점점 더 확대됐다. 구글 해킹에 대해 이야기하는 사람들이 늘어났고 그 심각성이 확대되는 것을 알게 됐다.

초판과 비교했을 때 많은 내용이 바뀌었다. 하지만 구글 해킹 컨퍼런스 발표에서 나온 흥미로운 내용을 정리한 '구글 해킹 쇼케이스Google Hacking Showcase' 같은 충격적인 내용이 포함되어 있지는 않다. 쇼케이스는 내가 목격한 해킹 사례를 스크린샷으로 정리한 것에 불과하기 때문에, 큰 문제는 아니었다. 커뮤니티에서 찾은 쿼리문에 추가로, 흥미로운 구글 쿼리문을 작성했고 하나씩 스크린샷을 추가했으며 부가 설명을 작성했다. 쇼케이스를 보여줄 때마다 브라우저와 검색 엔진만으로도 해킹이 가능하다는 사실을 알려주고자 했다. 이런 것들은 신선하고 재미있다. 사람들은 몇 달 동안 스크린샷에 대해 얘기했다. 결국 이 내용들은 구글 해커가 만들어낸 노력의 산물이다. 앞으로 보여주는 그림들은 구글 해킹 위협의 백미라고 할 수 있다.

이런 내용을 이번 판에 담아야 한다고 생각했다. 쇼케이스의 원래 내용을 보여주고자 사진 중심으로 설명했는데, 얘기하고자 하는 내용이 사진에 담겨 있기 때문이다. 11장에 있는 사진 일부는 갱신됐고, 일부는 웹에서 찾을 수 없다. 그러나 이것은 좋은 소식이다. 어떤 사람은 구글독googledork 단계를 넘어섰다는 뜻이고, 또 어떤 사람은 보안 의식이 좀 더 성숙해졌다는 의미이기 때문이다. 날짜가 지난 사진을 책에 넣어두는 이유는 온라인 리소스를 보호하는 이들에게 경각심을 주기 위해서다. 또한 위협이 사실이었음을 알려서 실제로 누구에게나 발생할 수 있는 일이고 많은 이들에게 이미 일어났던 사건임을 알려주고자 한다.

긴 얘기는 이쯤에서 접고 조니 롱Johnny Long과 구글 해킹 커뮤니티 사람들이 알려주고자 하는 구글 해킹 쇼케이스 내용을 즐기기 바란다.

❖ 이상한 내용

11장은 컴퓨터에 관한 기술적이고 엽기적인 내용이다. 구글 해커들이 발견하지 못한 기술적인 내용을 살펴볼 것이다. 여러분이 해킹의 도구로 사용하지 않는다는 가정하에, 온라인상에서 상업적 용도로 사용되지 않는 다양한 유틸리티를 살펴볼 것이다. 그런 다음 실제 해킹을 시도하는 특별한 노력 없이도 접근이 가능한 오픈 네트워크 디바이스와 오픈 애플리케이션을 살펴볼 것이다.

유틸리티

자존심이 강한 해커들은 마음먹은 대로 다룰 수 있는 도구를 많이 갖고 있지만, 이번 절에서는 공격자가 웹 서버에서 실행할 수 있고 효율적으로 웹 서버에 접근할 수 있는 도구를 살펴볼 것이다. 더욱 나쁜 것은 이런 애플리케이션 서버를 구글로 찾을 수 있다는 점이다. 그림 11.1에서처럼 웹 방문자가 ping을 특정 대상에 전송할 수 있게 하는 간단한 PHP 스크립트를 볼 수 있다. ping 그 자체로는 나쁜 도구가 아니지만, 왜 임의의 방문자에게 이 서비스를 제공해야 할까?

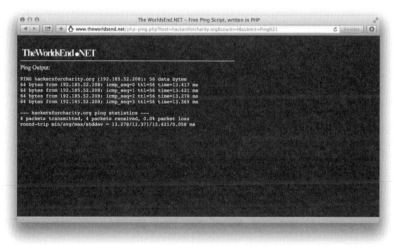

그림 11.1

　　ping과 달리 finger는 오랫동안 논란의 쟁점에 있었다. 공격자가 유닉스 운영체제로 질의를 하거나 사용자의 연결 시간, 홈 디렉토리, 성명이나 기타 정보를 얻게 만들어주기 때문이다. 이런 서비스를 '웹'용으로 만든 finger CGI 스크립트를 살펴보자. 그림 11.2에서 볼 수 있듯이 잘 만든 구글 쿼리문으로 스크립트가 설치된 위치를 찾을 수 있는데, 웹 방문자가 finger 클라이언트로 원격 머신으로의 쿼리를 허용한다.

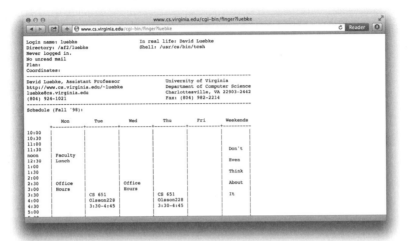

그림 11.2

ping과 finger는 시작에 불과하다. 대부분의 시스템 관리자는 이 서비스가 자신이 관리하는 네트워크를 탐색한다는 사실을 인지하지 못한다. 반면에, 까다로운 관리자(또는 보안 소프트웨어)는 포트스캔 시도가 어디에서 오는지 주시할 것이다. 최근 대부분의 포트스캐너는 은밀하게 수행할 수 있게 하는 옵션을 제공하는데, 구글 해킹은 더 은밀히 수행할 수 있다. 그림 11.3에서처럼, 구글은 웹 방문자가 포트스캔을 할 수 있도록 제공하는 웹사이트를 알려준다(지미 뉴트론^{Jimmy Neutron} 제보).

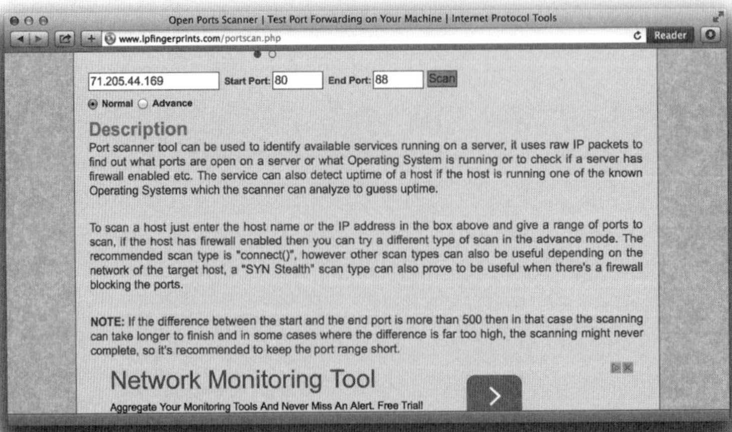

그림 11.3

포트스캔이 웹 서버에서 수행되는 것이지 공격자가 실행하는 게 아니라는 점을 기억하라. 편집증적인 관리자가 발생 근원지를 찾고자 노력해도 쉽지 않을 것이다. 물론 포트스캔만으로 공격이 끝나지는 않는다. 관리자들은 포트스캔 발생의 근원지를 알아낼 수 있는 수많은 도구를 이용할 것이다. 그러나 그림 11.4에서 본 것처럼 원격지 서버에서 운영 중인 펄 스크립트 웹 페이지를 이용해 다양한 네트워크 지점을 찾을 수 있다(지미 뉴트론 제보). 다시 한 번 말하지만 스캔은 공격자가 아닌 웹 서버에서 수행되는 것이다.

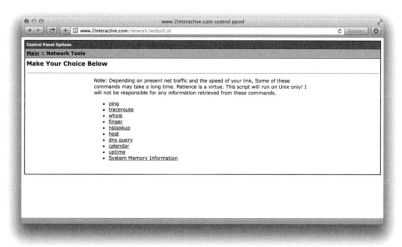

그림 11.4

그림 11.5에 있는 웹 페이지는 어느 학교의 '학생명단 시스템'과 관련된 이름, 주소, 디바이스 정보를 알려준다. 인터페이스를 누르다 보면 네트워크 구조라든가 연결되어 있는 디바이스 정보를 보여준다. 이해하기 쉬운 인터페이스와 구글 검색으로 쉽게 찾을 수 있는 이런 페이지는 공격자의 수고를 덜어준다.

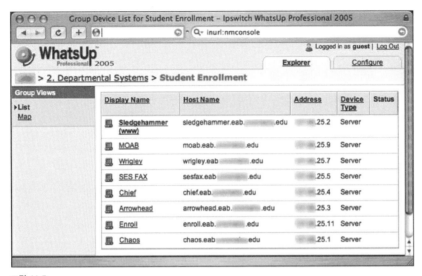

그림 11.5

❖ 오픈 네트워크 디바이스

오픈 네트워크 디바이스를 클릭할 수 있을 때, 사람들은 왜 네트워크 서버 혹은 디바이스를 해킹하려고 할까? 관리 디바이스는 그림 11.6에서 볼 수 있듯이 다양한 디바이스에 대한 모든 정보를 제공한다(지미 뉴트론 제보).

그림 11.6

m00d가 그림 11.7과 같은 상황을 보여줬을 때, 그렇게 관심을 가질 만한 내용이 없었다. 스피드스트림^{SpeedStream} 라우터는 홈 사용자들이 사용하는 경량 디바이스이기 때문이다. 그런데 인터넷에 민감한 정보가 공개된 것을 보고 경악을 금치 못했다. 개인적으로 'Point to Point Connection Summary'에 있는 버튼에 관심이 갔다. 누구의 연결을 끊기를 원하는가?

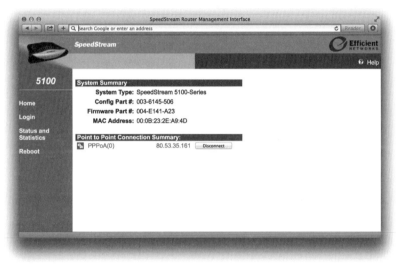

그림 11.7

벨킨^{Belkin}은 홈 기어 네트워크 상품 이름이다. 편리한 웹 기반 관리자 인터페이스를 갖추고 있으며, 그림 11.8과 같이 구글에 의해 탐색된 페이지를 보여준다. 로그인 정보가 없을지라도 페이지 자체가 공격자에게 너무나 많은 정보를 노출한다. 나는 페이지에 있는 기능^{Features} 섹션의 내용을 보고 크게 웃었다. 방화벽이 동작 중이었지만 무선 랜 인터페이스는 공개되어 있고 암호화되고 있지 않았다. 사회적 양심이 있는 해커로서, 서비스를 이용하는 사용자를 보호하기 위해 액세스 포인트를 암호화해야 한다고 말하고 싶다.

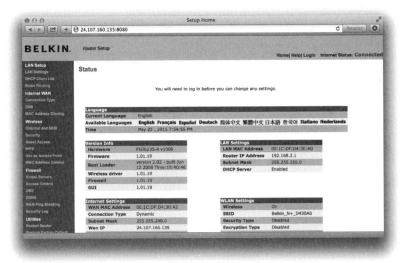

그림 11.8

그림 11.9에서 볼 수 있듯이 Milkman은 스무스월^{SmoothWall} 개인 방화벽 구성이 너무나 허술함을 보여주고 있다. 분명 구글 해킹으로 누군가의 방화벽을 넘나드는 것은 문제가 있다.

그림 11.9

지미 뉴트론은 두 가지 내용을 밝혀냈는데, 첫 번째는 시스코^{Cisco} 같은 대형 업체의 정보도 구글 캐시에 매번 반복적으로 노출된다는 것이다. 언뜻 보더라도 그림 11.10에 나와 있는 스위치 인터페이스는 메인 페이지에서 구성 정보와 진단 도구 목록을 보여주고 있다.

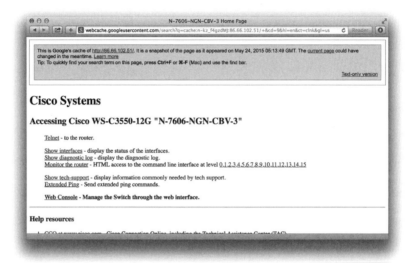

그림 11.10

두 번째는, 그림 11.11에 보이는 것처럼 시스코에서 이상한 내용을 보여준다는 것이다. 이유는 알 수 없지만 시스코가 별로 좋지 않은 할리우드식 충격을 주는 것처럼 보인다. 컴퓨터의 기계음성으로 "레벨 15에 오신 것을 환영합니다."라고 말하고 있는 것 같다.

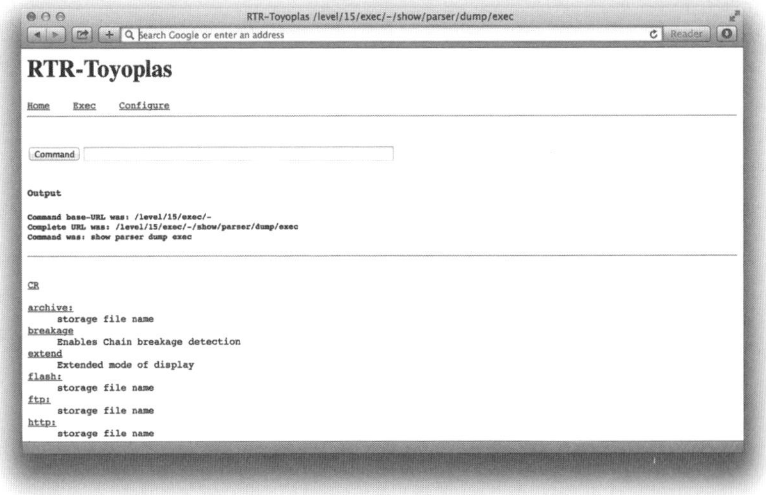

그림 11.11

그림 11.12(Murfie가 제보)에서 볼 수 있듯이 Axis 네트워크 프린트 서버의 인
터페이스를 찾았다. 대부분의 프린터 인터페이스는 다소 지루하지만, 특별히 관
심을 끄는 부분이 한 가지 있다. 첫 번째는 'configuration wizard'라는 이름의
버튼인데, 이것을 클릭하면 설정 마법사 화면을 띄울 것이다. 'Print Jobs'라는 이
름의 링크도 보일 것이다. 아마 프린터 작업 목록을 보여줄 텐데, 때때로 구글 해
킹은 상상을 하도록 여지를 남겨둔다.

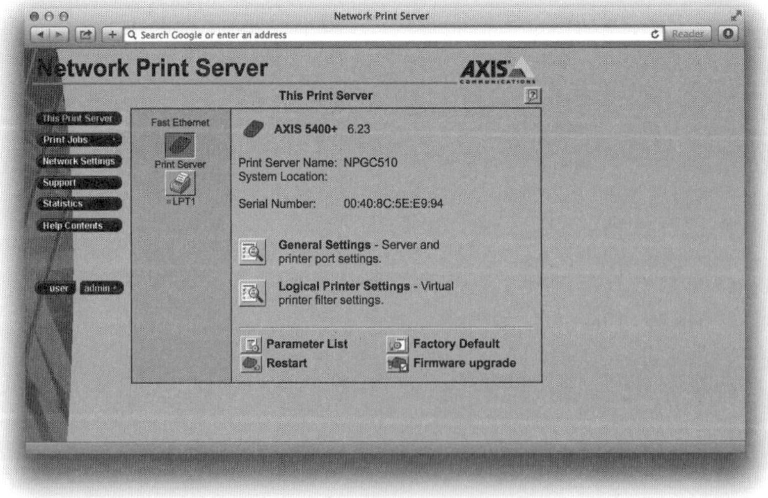

그림 11.12

프린터가 모두 지루하지는 않다. 그림 11.13에 나와 있는 웹 이미지 모니터^{Web} ^{Image Monitor}를 생각해보자. 특히 'Recent Religion Work' 문서에 관심이 간다. 최음제 같은 불건전한 내용을 제외하면 숭고한 내용이다. 이 두 내용은 서로 연관이 없기를 바란다. 다시 말하지만 요즘은 이상한 내용들이 너무 많아서 그다지 놀랍지도 않다.

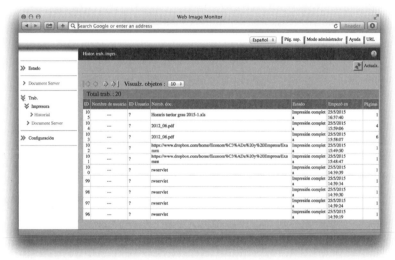

그림 11.13

CP는 나를 즐겁게 하는 구글 해킹 방법 중 하나를 알려주고 있다. 그림 11.14도 예외가 아니다. 그렇다. 시립 분수 시설에 대한 웹 기반 인터페이스를 보여준다.

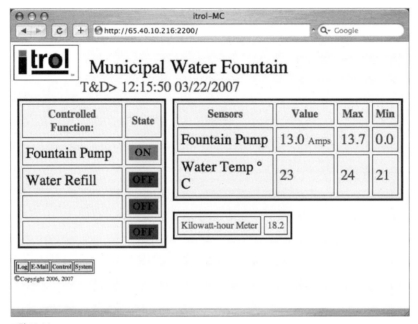

그림 11.14

다음으로 수온과 관련된 부분을 살펴보자. 분수 시스템을 실제로 제어할 수 있는지 'Control' 링크를 클릭해서 확인해보자. 그림 11.15는 원격에서 분수 시스템을 제어할 수 있음을 보여준다.

한 가지 충고를 하자면, 혹시 이런 종류의 시스템에 접근하게 되면 조심하자. 절대 전력을 저수 시스템으로 보내지 마라. 잘못했다가는 시스템 파괴를 일으킬 수도 있다.

그림 11.16을 보면서 좀 더 전통적인 네트워크 시스템을 살펴보자.

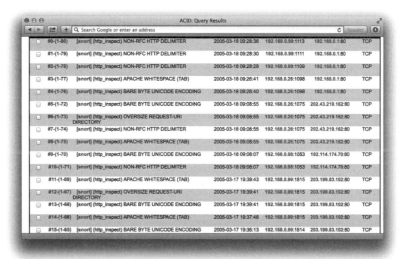

그림 11.15

그림 11.16

나는 여러 해 동안 보안 분야에서 일해왔는데, 특정 분야를 전문적으로 잘 아는 편은 아니다. 그러나 다양한 많은 분야에 대해 조금씩 알고 있고, 보안 제품이 물건을 보호하도록 설계돼야 한다는 점은 확실히 알고 있다. 당연하다고 생각할지도 모르겠다. 하지만 그림 11.16을 볼 때마다 혼란스럽다. 그림 11.16은 스노트Snort 침입 탐지 시스템의 웹 기반 인터페이스다. 지난번에 점검했을 때 이 정보는 공격자의 눈으로부터 피했다고 생각했는데, 이메일이나 다른 무엇인가를 놓친 것 같다. 어딘가 다른 문제점이 있는 것 같다. 공격자가 웹상에서 자신의 실수를 보게 된다면, 더 이상 해킹을 하고자 하는 마음을 버리고 올바른 마음으로 살아가고자 할 것이다. 그럼 다시 해커와 그의 친구들은 운이 다한 것에 대해 크게 웃을 것이다. 물론 확신할 수는 없지만 말이다.

❖ 오픈 애플리케이션

많은 메인스트림 웹 애플리케이션은 조작이 상대적으로 간단하지만 보안은 거의 신경 쓰지 않고 만들어졌다. 심지어 구글 해킹 커뮤니티는 초보자들이 쉽게 할 수 있는 해킹 시도에 노출된 수백 개의 온라인 애플리케이션을 보유하고 있다. 이번 절에서는 먼저 Shadowsliv가 제보한 그림 11.17을 살펴보자.

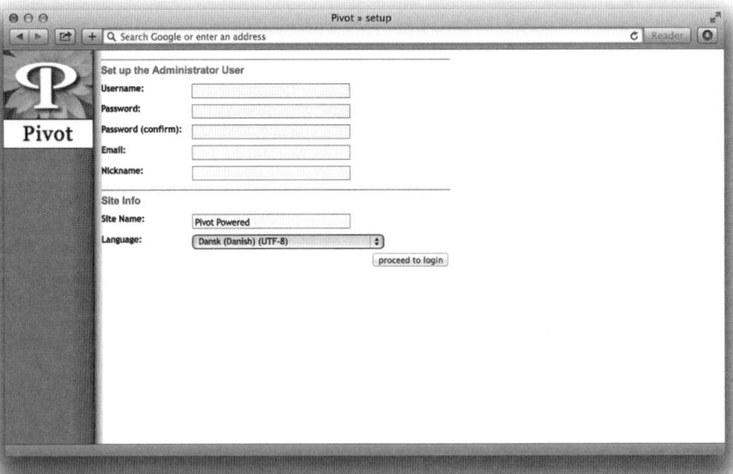

그림 11.17

나쁜 소식은, 해커가 조작할 만한 필드 유형을 발견한다 하더라도 얻게 되는 것은 웹 로그뿐이라는 것이다. 좋은 소식은 숙련된 공격자가 취약한 소프트웨어로 인해 사이트가 허니팟이 되도록 만들어서 내버려둔다는 것이다. 해킹이 마우스 클릭만으로도 쉽게 가능하다는 건 슬픈 일이다. 그러나 그림 11.18의 Arrested 연구 결과에서 볼 수 있듯이 웹사이트를 장악하는 일은 비교적 간단할 수 있다.

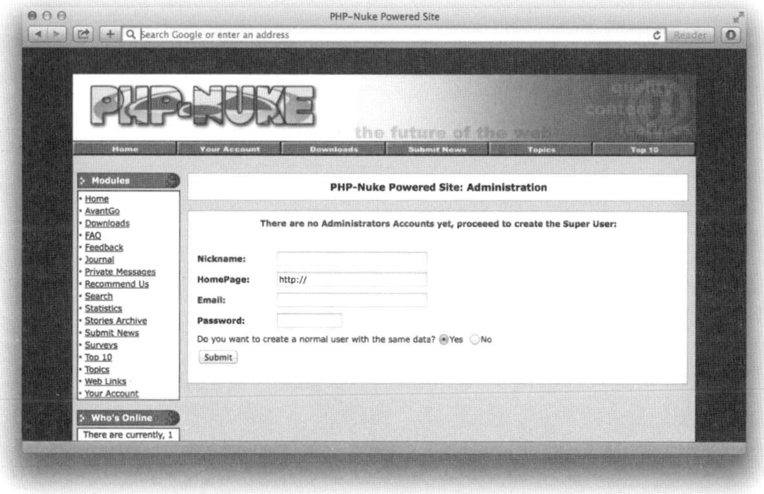

그림 11.18

피벗^{Pivot} 설치보다 필드가 하나 더 적은데, PHP-Nuke 관리자 계정을 만들 수 있는 구성 페이지다. 그리고 어떠한 방문자라도 자신의 소유 권한으로 콘텐츠를 업로드할 수 있게 해준다. 물론 방문자의 악의적인 행동을 조장할 수 있다. 방문자가 자신의 소유가 아닌 웹사이트에 관리자를 생성할 수 있다는 건 분명한 사실이다. 그러나 그림 11.19의 텍스트는 다소 애매모호하다.

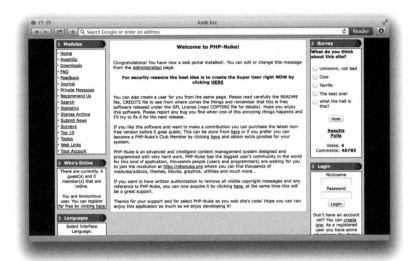

그림 11.19

페이지 중간의 굵은 글씨체가 나를 웃게 했다. 보안에 대해 잘 모르는 사람이
이 페이지에 접속해 큰 소리로 외치는 모습을 상상해봤다. "보안을 위해 여기를
눌러서 슈퍼 유저를 생성해야 해!" 정상적인 사고를 하는 사람이라면 보안을 철
저히 하지 않을 이유가 어디 있겠는가? PHP-Nuke를 설치해서 악당 해커로부터
세상을 안전하게 만든다고 생각할지도 모른다.

이제는 웹사이트를 장악하는 것이 놀랄 일이 아니듯이, 그림 11.20(Quadster
제공)처럼 phpMyAdmin은 MySQL 데이터베이스에 root로 제약 없이 접근할 수
있음을 보여준다.

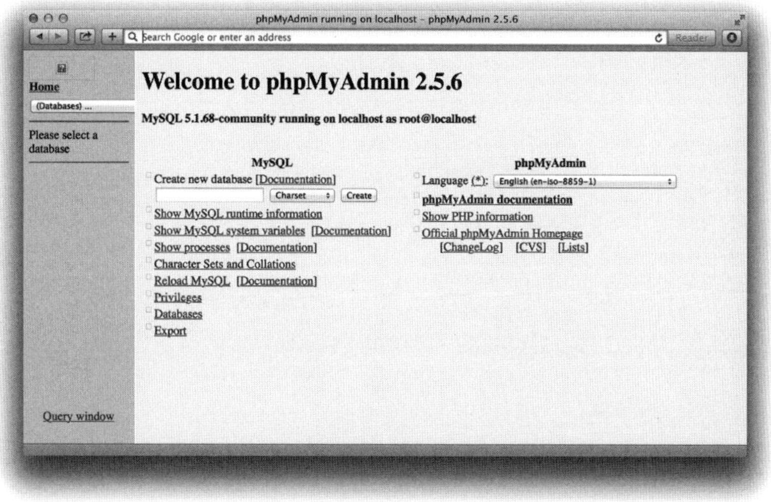

그림 11.20

해커가 바라는 건, 웹사이트 동작과 SQL 데이터베이스를 이용해 전체 시스템의 제어권을 획득하는 것이다. VNC를 설치해 시스템의 키보드와 마우스를 원격 제어할 수 있다. 레스터[Lester]가 제공한 그림 11.21은 자바 기반 RealVNC 클라이언트를 보여준다.

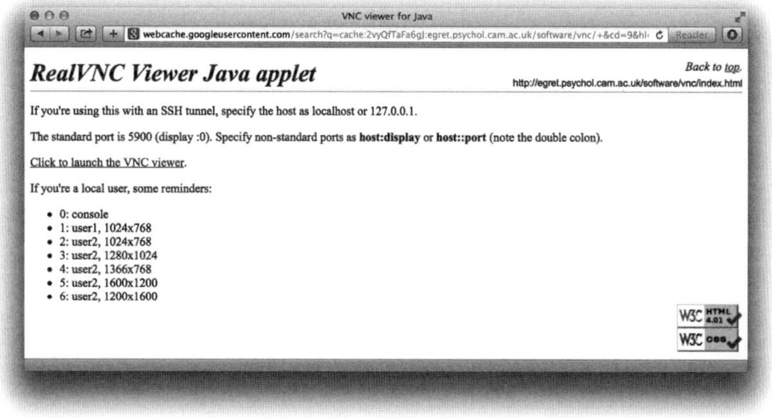

그림 11.21

클라이언트를 검색하는 일은 별것 아니지만, 공격자는 여전히 VNC 서버 주소, 포트, 비밀번호를 필요로 한다. 그림 11.22에서 볼 수 있듯이, 자바 클라이언트 자체는 보통 필요 정보의 2/3 정도를 제공하기도 한다.

그림 11.22

비밀번호로 보호되지 않는 서버를 해킹하다가 운이 나쁠 경우, 그림 11.23처럼 접속 창에 있는 4개의 버튼 중 무엇을 눌러야 할지 고민하게 된다. 스크립트 초보자를 위해 한 가지 힌트를 주자면, Cancel 버튼은 아니다.

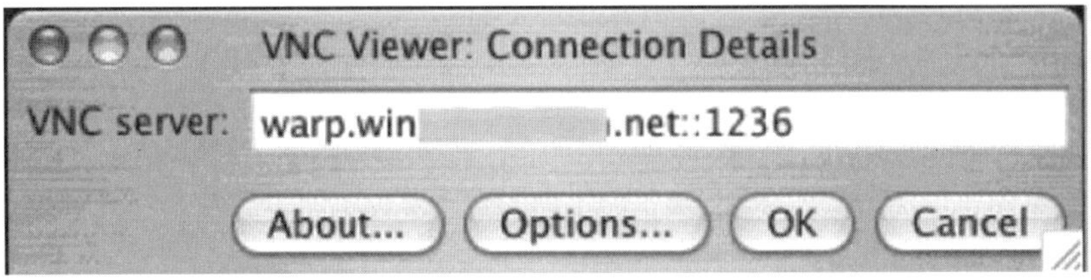

그림 11.23

물론 비밀번호 없이 동작할 리는 없다. 그러나 비밀번호는 기억하기 어려워서 소프트웨어 벤더들은 그림 11.24와 같은 비밀번호 입력 창을 제공한다.

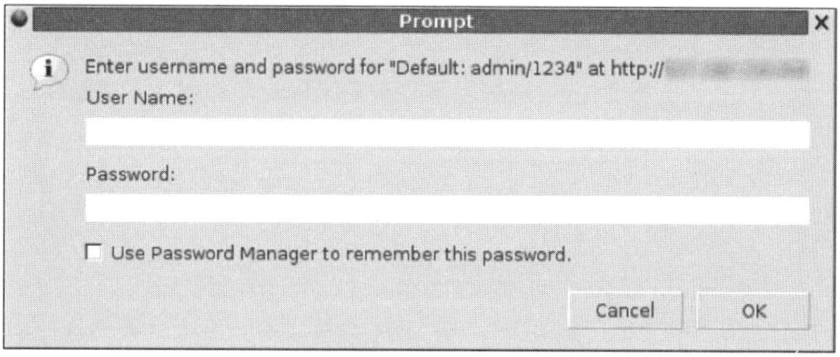

그림 11.24

로그인 팝업에 디폴트 사용자 이름과 비밀번호를 적는 것은 시간 낭비일지도 모른다. 그러나 한 번쯤은 해볼 만한 일이다. 지미 뉴트론이 제공한 그림 11.25를 살펴보자. 디폴트 비밀번호를 유추할 수 있겠는가?

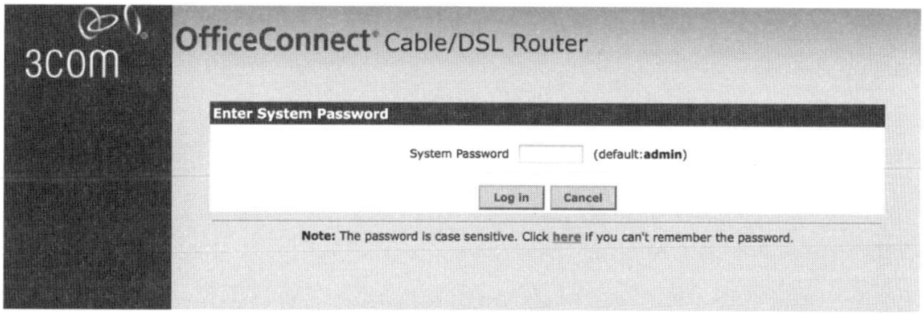

그림 11.25

다음 단계로 넘어가기 위해서는 해커로서 조금의 노력이 필요하다. 댄 커민스키Dan Kaminsky가 제공한 그림 11.26의 사용자 화면을 살펴보자.

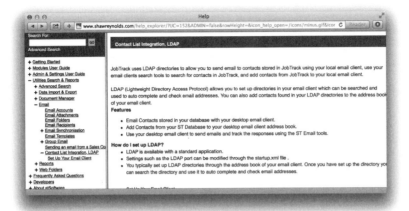

그림 11.26

주의 깊게 살펴보면, URL에서 ADMIN 필드가 False로 설정됐음을 알아챌 수 있다. 잠깐 해커의 입장에서 어떻게 해야 관리자 페이지로 접근할 수 있을지 생각해보자. 그림 11.27에 정답이 있다.

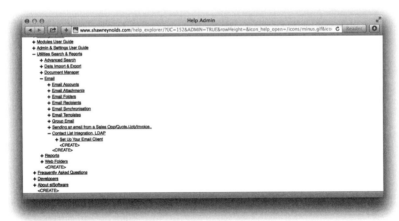

그림 11.27

URI의 ADMIN 필드 값을 TRUE로 수정해, 웹 애플리케이션이 관리 액세스 모드로 전환하도록 만든다. 확언하건대, 해킹하는 것은 정말 어렵다.

❖ 카메라

솔직히 말하자면 프린터 페이지 같은 경우 해킹이 될 수 있다는 것은 인정한다. 나는 웹캠에는 별로 관심이 없었다. 하지만 구글 해킹 데이터베이스[GHDB]에 올라온 예를 보니 다른 생각을 하게 되었다. 여전히 일부 웹캠은 재미있고 쇼케이스로 공유할 만한 것이 있다. Vipsta가 제공한 그림 11.28과 그림 11.29에서 볼 수 있듯이 휴대폰 카메라 덤프로 시작해보겠다.

그림 11.28

그림 11.29

심각해 보이는 차량들의 사진뿐만 아니라 구글이 수집한 사진들이 있는 사이트라는 점이 흥미롭다. 카메라 폰으로 찍은 정보가 다른 사람을 협박할 정보로 활용될 위험이 있는지 누가 알겠는가? 선동적인 목적이나 경제적 이득을 목적으로 정보를 모을 수 있을 것이다.

눈길을 돌려, Klouw가 제공한 그림 11.30과 그림 11.31에서 사무실을 비추는 웹 카메라를 살펴보자.

매우 재미있는 웹캠 화면이다. 사무실의 모습뿐만 아니라 원격으로 몰래 훔쳐보기 위해 만들어진 것처럼 보이기 때문이다. 예전에는 이렇게 훔쳐보려면 직접 집밖으로 나가야만 했다. 그러나 요즘은 구글 검색만 하면 이런 정보를 얻을 수 있다.

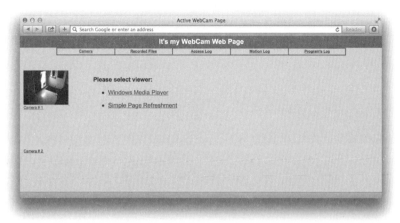

그림 11.30

그림 11.31

그러나 그림 11.32(JBrashars 제공)는 오해의 여지가 없다. 분명 주차장을 비추는 카메라다. 누가, 무슨 의도로 했는지는 모르지만, 카메라는 장애인 주차 공간을 비추고 있다. 추측하건대 장애인 주차장 관련 보고서를 작성하는 데 너무 카메라를 남용하는 듯하다. 만약 CIO 주차장에서 일하는 경비원이라면, 빌딩에서 편하게 주차장을 지켜볼 수 있는 환경이다. 이는 경비원의 전설로 남을 것이다.

그림 11.32

위와 같이 감시 카메라의 내용이 인터넷을 통해 공공연히 노출되는 상황을 우려하는 사람이 비단 나 혼자만은 아닐 거라 생각한다. 물론 할리우드 영화에서는 흔히 일어나는 일이다. 영화 속 해커들의 첫 번째 업무가 보안 카메라 감시일지 모르지만, 영화는 이를 좀 더 극적으로 표현하기 위해 복잡하고 전문적으로 보이는 기술을 사용한다. 할리우드에 등장하는 해커가 보안 시스템을 해킹하기 위해 구글을 이용하는 장면을 본 적이 없다. 구글을 이용하는 것은 광학 카메라, 와이어 절단기, 악어 클립을 쓰는 것처럼 멋있지는 않을 것이다.

다시 본론으로 돌아와서, 그림 11.33의 오픈 Everfocus EDSR 애플릿을 검색한 몇몇 결과를 살펴보자.

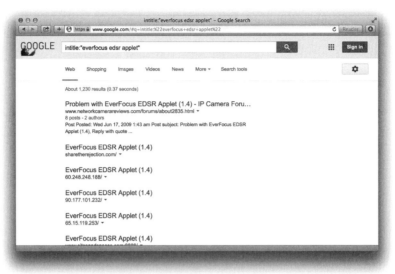

그림 11.33

Everfocus EDSR은 웹 기반의 멀티 채널 비디오 레코딩 시스템이다. 그림 11.34에서 볼 수 있듯이 비밀번호로 보호되고 있는 괜찮은 제품이다.

그림 11.34

익명의 제보자가 제공한 그림 11.35에서 볼 수 있듯이, 기본 관리자의 사용자
이름과 비밀번호를 사용해 시스템의 여러 부분에 접근할 수 있다.

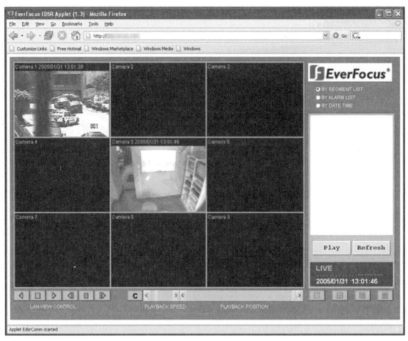

그림 11.35

시스템에 접근해보면, EDSR 애플릿을 살펴볼 경우 다양한 실시간 비디오와
이전에 기록된 정보를 확인할 수 있다. 해커의 능력을 빌리지 않더라도 할리우드
마술처럼 이런 일이 가능하다.

구글 해커의 목표가 되는 EDSR만이 멀티 채널 비디오 시스템이 아니다.
Murfie가 제공한 바에 따르면, I-Catcher CCTV로 검색을 해보면 그림 11.36과
같은 많은 결과를 얻을 수 있다.

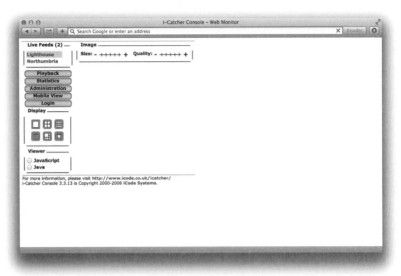

그림 11.36

　인터페이스가 단순해 보여도, 'Woodie'를 비롯한 다양한 실시간 카메라 뷰에
접근할 수 있다. 클릭하기가 두려워진다.

　여기 있는 카메라가 모두 흥미롭지만, 마지막 것만 확인해보자. 그림 11.37을
보자.

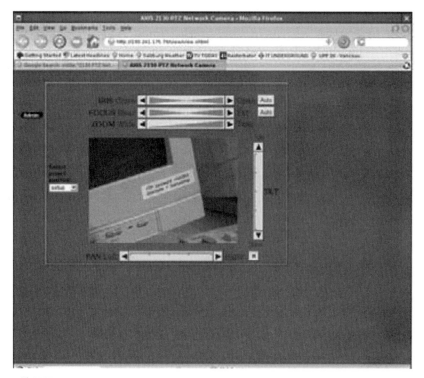

그림 11.37

카메라는 웹에 접근한 사용자에게 모두 열려 있다. 카메라가 컴퓨터 연구실에 위치해 있는데, 익명의 방문자가 원격에서 연구실을 둘러보고 패닝과 줌 조절을 할 수 있다. 몰래 훔쳐보는 것을 허용할 뿐만 아니라, 모니터에 붙여놓은 스티커까지 확인할 수 있다는 사실을 보고 놀란 나는 의자에서 떨어질 뻔했다. 연구실 FTP 서버 계정 정보가 적혀 있는 것이다. 분명 계정 정보가 스티커에 있는 것도 문제지만, 어떤 방문자가 그곳을 카메라가 가리키게 했는지 그것이 더 궁금하다.

❖ 텔코 기어

지금까지 프리커^phreaker^(폰 해커)를 본 적은 없지만, 구글 검색 능력 덕분에 많은
노력을 기울이지 않고도 중요 정보를 얻을 수 있었다. JBrashar가 연구한 결과를
보여주는 그림 11.38에서 볼 수 있듯이, VOIP^Voice over IP^ 서비스 증가는 새로운 웹
기반의 전화 인터페이스를 만들었다.

그림 11.38

단지 구글을 이용해도, 공격자는 마지막 수신자 번호와 송신자 번호 등의 전
화 이력을 얻을 수 있다는 사실이 흥미롭다. Sipura SPA 소프트웨어는 이런 정보
를 보호한다고 하지만, 여기서는 설치 과정이 잘못된 듯하다. 더욱이 그림 11.39
에서 볼 수 있듯이 웹 인터페이스의 링크를 클릭하면 여러 기술적인 정보를 얻을
수 있다.

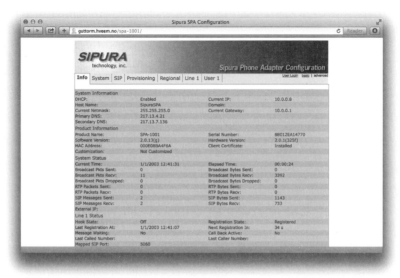

그림 11.39

수많은 VOIP 장비가 있지만, 모든 것을 다루기는 불가능하다. 그러나 Asterisk 는 VOIP 서버 시장에 처음 나온 것이 분명하다. Asterisk 관리자 포털의 문서를 읽어본 후 그림 11.40과 같이 지미 뉴트론이 언급한 흥미로운 내용을 발견했다.

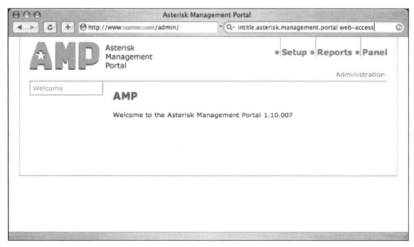

그림 11.40

그림 11.41에서 볼 수 있듯이 공격자는 걸려오는 전화를 포워딩할 수 있도록 설정을 변경할 수 있는 Asterisk 서버에 접근할 수 있다.

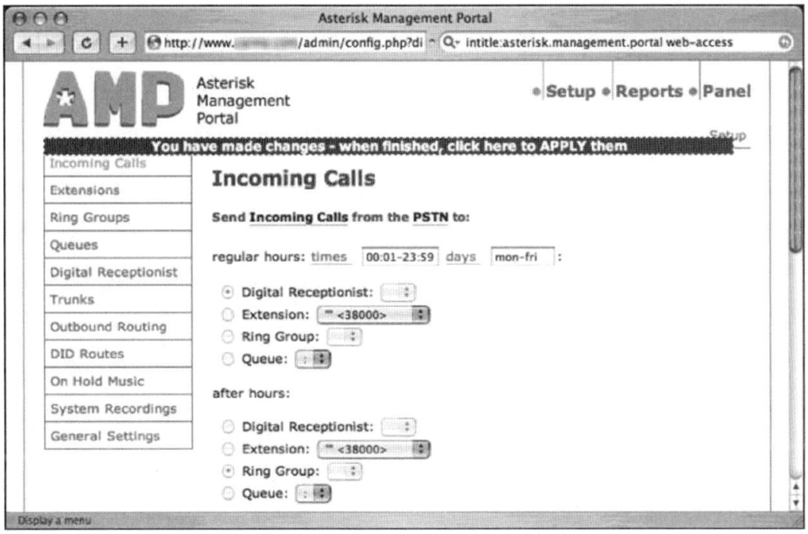

그림 11.41

불행하게도 해커는 여기서 멈추지 않는다. 내선 전화를 다른 곳으로 돌리기, 음성 메시지를 모니터링하거나 다른 곳으로 돌리기, 자동 응답 설정 활성화/비활성화, 심지어 대기 중 음악 업로드도 가능하다. 여기서 멈추지 않고 Asterisk VOIP에 대해 좀 더 살펴봤고, 그림 11.42(지미 제공)와 같은 재미있는 것을 발견했다.

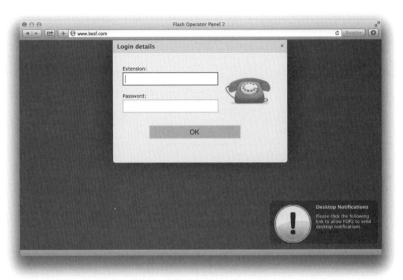

그림 11.42

이것은 플래시 기반으로 동작하는 패널로서, 인터넷을 쓰는 사용자라면 누구나 웹 인터페이스에 접근할 수 있게 해준다.

계속해서 그림 11.43에서 보이는 것과 같이 화상 회의 관리 시스템(Yeseins 제공)을 살펴보자.

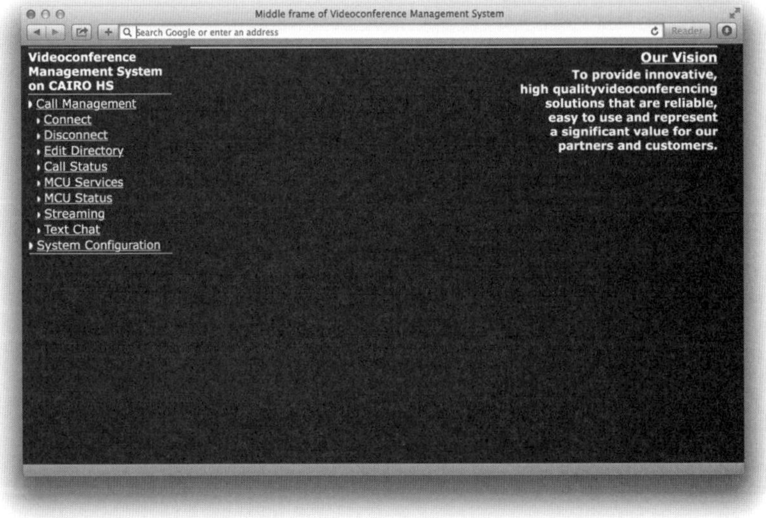

그림 11.43

그림 11.44에서 볼 수 있듯이, 관리 시스템은 웹 방문자 접속, 접속 끊기, 회의 전화 모니터링, 회의 참가자들 캡처 그리고 심지어는 회선을 바꿀 수도 있다.

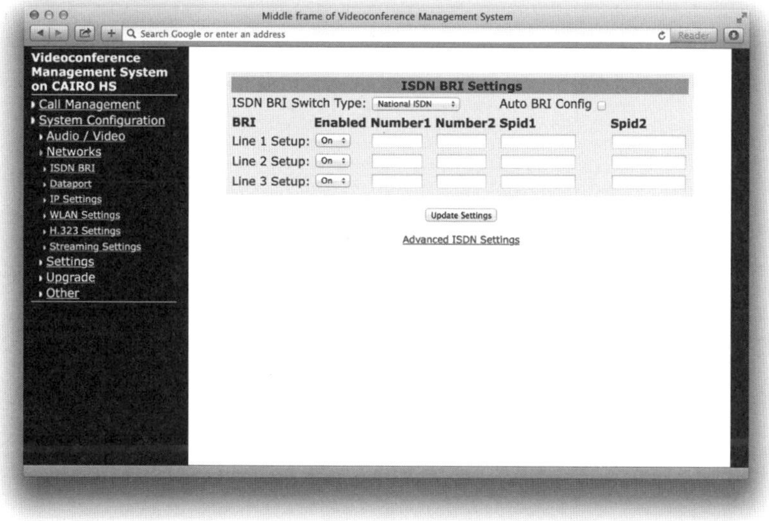

그림 11.44

그림 11.45에서 볼 수 있듯이, 악의적인 해커는 시스템 이름과 비밀번호를 바꿀 수 있고, 관리자가 시스템에 접근하지 못하게 할 수도 있다.

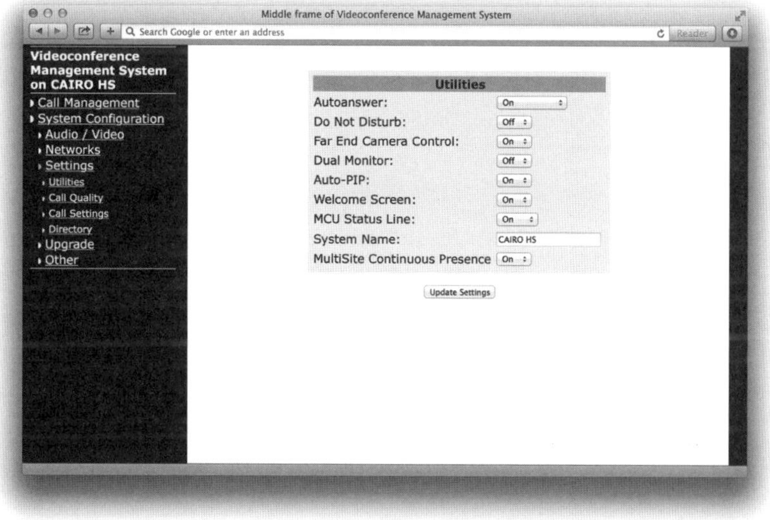

그림 11.45

언급한 것들이 최신 기반 웹 인터페이스지만, 그림 11.46에서 볼 수 있듯이 구글 해킹으로 예전의 시스템도 해킹이 가능하다.

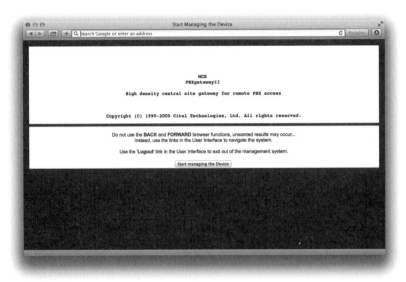

그림 11.46

언뜻 보기에는 오래된 PBX 제품에 새로운 화면을 배치한 것처럼 보이지만, 클라이언트 보안은 뒷전인 것처럼 보인다. 인터페이스를 보면 사용자에게 '로그아웃'이라는 화면을 보여주는데, 벌써 로그아웃했다는 뜻이다. 또한 'Start Managing the Device'라는 이름의 비밀스러운 버튼을 확인할 수 있다. 구글 검색을 한 뒤, 악의적인 해커는 어떤 버튼을 누를지 고민해야 한다. 이처럼 해킹은 너무나 어려운 작업이다.

❖ 전력

구글을 사용해 전력 시스템을 해킹할 수 있는 사례를 많이 봤다. 그림 11.47 (Yeseins 제공)에서 볼 수 있듯이 많은 사람은 UPS를 언급한다고 생각할 것이다.

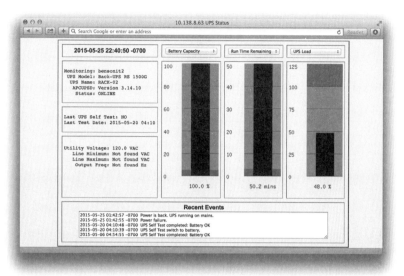

그림 11.47

분명 구글 쿼리 검색 결과이지만 UPS^{uninterruptible power system} 모니터링 페이지일
뿐이다. 물론 이 페이지 자체로도 흥미롭지만, 그림 11.48(지미 뉴트론 제공)에서
볼 수 있듯이 전력 시스템을 해킹할 수 있는 가능성이 보인다.

그림 11.48

　AMX NetLink 시스템은 전력 시스템을 제어할 수 있게 설계됐다. 그림 11.48 에서 볼 수 있듯이 웹 방문자는 영화관, 거실, 침실의 전력을 제어할 수 있는 것처럼 보인다. 문제는 구글 검색으로 얻은 결과의 대부분은 비밀번호로 보호되고 있다는 점이다. 반면에, 그림 11.49(지미 제공)를 살펴보자.

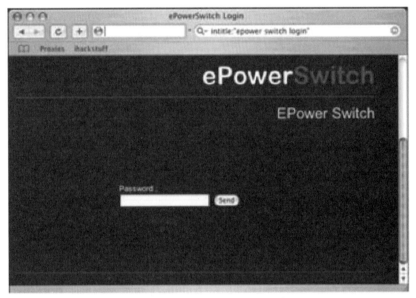

그림 11.49

　구글 검색을 통해 비밀번호로 보호되는 사이트를 확인할 수 있지만, 많은 사이트는 여전히 디폴트 비밀번호를 사용하고 있으며, 그림 11.50에서 볼 수 있듯이 제어판에 접근할 수 있게 된다.

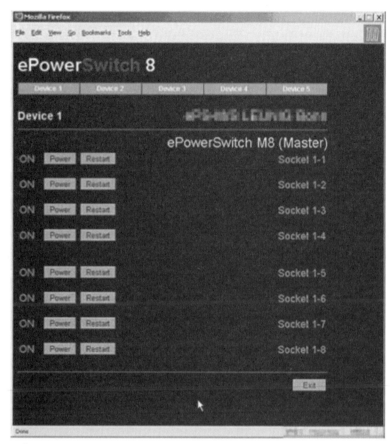

그림 11.50

    제어판을 보면 전력 소켓과 관련된 Power 버튼과 Restart 버튼을 확인할 수 있는데, 해커는 분명 알아챌 것이다. 문제는 이러한 인터페이스가 가짜가 아니라는 점이다. 해커가 웹캠에서 흥미를 잃고 이 페이지를 방문했다면 이 버튼 저 버튼을 눌러볼 것이다. 그림 11.51에서는 각 장치를 쉽게 식별할 수 있게 이름이 할당되어 있는 모습을 볼 수 있다.

그림 11.51

물론 누군가의 크리스마스 전구를 끄는 일이 얼마나 무례한 짓인지 알겠지만,
해커가 그림 11.52에서 보이는 것처럼 가정 자동화 시스템을 제어할 수 있는 화
면을 본다면 손이 근질근질할 것이다.

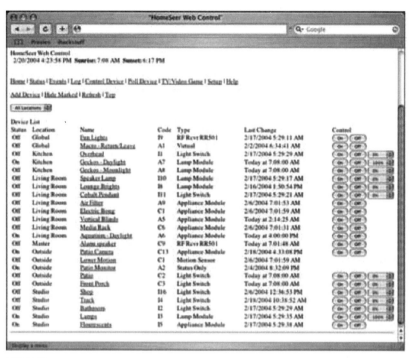

그림 11.52

　가정 자동화 시스템에는 제어 목록과 온/오프 스위치, 구성요소별 슬라이더 스위치 등이 있다. 목록의 일부 중에는 하단 장치^{Lower Motion}나 욕실^{Bathroom} 같은 흥미로운 목록도 보인다. 제일 관심을 끄는 것은 단연 전기 봉^{Electric Bong}이다. 여러분이 시스템의 소유자를 망하게 하려는 시크릿 서비스^{Secret Service}의 일원이라면, 먼저 구글을 사용해보기를 권장한다. 빛을 어둡게 하고 동작 센서를 멈추게 하라. 그리고 마지막으로 전기 봉을 켜보는 것도 재미있을 것 같다.

❖ 민감한 정보

민감한 정보는 흔한 단어이지만, 구글 검색을 통해 많은 민감한 정보를 얻을 수
있기 때문에 이번 절에 포함시켰다.

적어도 여기 보이는 캘린더의 정보는 공개를 목적으로 하는 것 같다. 파일에는
사용자의 POP 이메일 계정 이름과 암호화된 비밀번호가 포함되어 있다. 그리고
URL 이력이 보이는데, 신뢰 사이트인 IBM.com뿐만 아니라 hotchicks.com 같
은 신뢰할 수 없는 사이트도 보이며, 이것은 NSFW라고 확신한다.

파일에는 연락처 이름과 이메일 주소가 포함되어 있는데 스팸에 이용될 가능
성이 높다. 웹에는 이메일 주소, 전화번호 등의 정보가 널려 있는데, 얼마나 많은
문서에 이런 정보가 포함되어 민감한 정보가 공유되고 있는지 놀라울 따름이다.
그림 11.53(CP 제공)을 살펴보자.

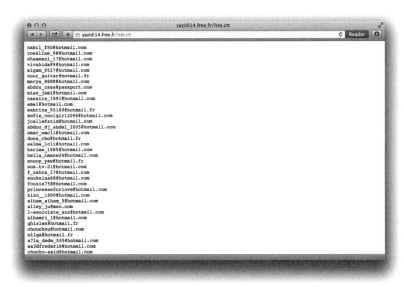

그림 11.53

❖ 정리

11장에서는 구글 해킹의 위험을 간과했을 때 얼마나 큰 문제가 발생하는지를 살펴봤다. 보안 위협을 알리는 데 어려움이 있다면 11장에서 살펴본 예제를 활용하라. 문제를 알리고 해결책을 제시했으면 한다. 더 이상 구글에 자료를 올리지 않겠다고 결심하기 전에 한 가지를 기억하라. 민감한 정보가 온라인에 노출되는 것은 구글의 잘못이 아니다.

구글 해커로부터
자신을 보호하기

❖ 개요

이 책의 목적은 공격 방법을 이해함으로써, 위험해 보이지 않는 위협으로부터 여러분 자신과 고객을 적절히 보호할 수 있게 하는 것이다. 이를 위한 가장 좋은 방법은 구글 검색 엔진을 활용하는 공격자가 무엇을 할 수 있는지를 보여주는 것이었다. 이제는 정확히 어떠한 방법으로 이러한 종류의 정보 유출을 차단하고, 이미 노출된 정보를 어떻게 조치할 것인지에 대해 알아보겠다. 12장은 여러분의 사이트(혹은 여러분 고객의 사이트)를 공격으로부터 보호하는 방법을 다룬다.

12장에서는 이 주제를 여러 가지 관점에서 논의해보겠다. 첫째, 인터넷에 데이터를 게시하는 것과 관련한 강력한 보안 정책의 중요성을 이해해야 한다. 기술적인 주제가 아니기 때문에 기술 전문가 입장에서는 따분할 수도 있지만, 강력한 보안 정책은 사이트를 보호하기 위한 필수적인 요소다. 둘째, 구글(또는 기타 검색엔진) 크롤러로부터 사이트를 보호하기 위한 세부적인 기술 방법을 살펴본다. 그리고 웹사이트가 구글에 얼마나 노출되어 있는지 확인하기 위해 사용되는 도구를 살펴보고, 구글이 사이트를 보호하는 데 어떤 도움을 주는지도 살펴본다.

사이트를 어떻게 보호해야 하는지 확인하기 위한 서버 종류와 구성 정보는 너무나 많다. 그렇기 때문에 웹 서버 보안을 모두 설명하기에는 책 한 권으로 부족하다. 따라서 구글 해커의 위협으로부터 웹사이트를 보호하기 위해 중요하고 꼭 필요한 수준의 서버 보안 전략을 살펴볼 것이다. 서버별로 자세한 정보를 얻고자 한다면, 12장 내의 '유용한 사이트' 절을 참조하기 바란다.

튼튼한 보안 정책

효과적인 보안 정책이 없다면, 비싸고 좋은 하드웨어와 소프트웨어를 갖추었더라도 자원을 제대로 보호할 수 없다. 소프트웨어적인 보안 시스템을 적용하기 전에, 먼저 보안 정책을 점검해보길 바란다. 좋은 보안 정책은 보호해야 할 자산, 보호 체계 구현 방법, 허용 가능한 운영 위험, 침해나 장애가 발생했을 경우의 프로세스 등을 적절하게 정의하는 것이다. 튼튼하고 강력한 보안 정책 없이는 싸움에서 반드시 질 수밖에 없다.

웹 서버 보호

웹 크롤러가 웹사이트를 너무 깊게 훔쳐보는 행위를 막기 위한 방법이 몇 가지 있다. 그러나 웹 서버는 원래 다른 사람에게 정보를 주기 위해 존재한다는 사실을 잊지 말자. 아무리 보호를 잘했다고 하더라도 정보 유출은 일어나기 마련이다. 정말로 중요한 정보의 유출을 막고 싶다면, 중요한 정보를 웹 서버에 저장해두면 안 된다. 중요한 정보는 인트라넷이나 안전하고 보안 정책이 강력하게 적용된 전문 서버로 옮길 필요가 있다.

공개된 웹 서버에서 사용자 권한에 따라 접근 수준을 분리하는 것은 안전하지 않다. 디렉토리 기반 보호 방법에서는 사용자가 파일을 다른 디렉토리로 복사하는 일이 너무나도 쉽기 때문이다. 이와 유사하게 공개 웹 서버 시스템은 언제나 공격당할 가능성이 있다고 생각하는 편이 좋다. 보안이 적절히 구현된 환경에서는 공개 웹 서버가 공격자에게 점령당한다 할지라도 민감하지 않은 공개 정보만이 노출된다. 접근 제어가 잘 이루어지고 있다면, 공격자가 좀 더 민감한 정보를 얻기 위해 다른 서버로 다시 침투하는 것은 어렵다. 민감한 정보가 공개 웹 서버의 공개 정보와 함께 저장되어 있다면, 서버가 장악당할 경우 중요 정보도 노출될 가능성이 높다.

먼저 웹 서버 내부에서 정보 유출을 막는 방법부터 살펴보자. 웹 서버 정보 유출을 막기 위한 완전한 해결책이라고 하기보다는 여러 분야에 적용할 수 있는 핵심 방어법이라고 할 수 있다. 따라서 특정 유형의 서버에 적용하기 위한 방법보다는 여러 웹 서버에 공통적으로 적용할 수 있는 방법을 살펴볼 것이다. 그리고 웹 애플리케이션을 보호하기 위한 구체적인 방법보다는 웹 크롤러에게 정보가 유출되는 것을 막을 수 있는 효과적이고 일반적인 방법을 살펴볼 것이다.

디렉토리 목록과 누락된 인덱스 파일

이 책의 이전 부분에서 디렉토리 목록의 위험에 대해 살펴봤다. 위험한 수준의 정보 유출은 아니지만, 디렉토리 목록은 웹 사용자가 디렉토리의 파일 대부분(전체가 아니지만)과 하위 레벨의 디렉토리를 볼 수 있게 한다. 웹 개발자의 의도에 따른 웹 서핑이 가능한 일반 웹 페이지와는 달리 디렉토리 목록은 자유롭게 웹 서핑을 가능하게 해준다. 파일 및 디렉토리의 권한이나 서버에서 허용하는 파일에 따라 내용은 조금씩 다르지만 웹 브라우저를 사용하면 디렉토리 목록을 통해 외부에 공개돼서는 안 되는 파일에 접근할 수 있다.

일반적으로 .htaccess(htaccess가 아님)라고 불리는 파일은 허가되지 않은 사용자가 디렉토리 내용을 볼 수 없도록 접근 제어를 할 수 있게 한다. 그러나 서버 설정 오류로 인해 파일이 디렉토리 목록에 보이며 내용까지 노출되는 경우가 있다.

웹 방문자에게 FTP 파일 서비스를 제공하지 않는다면 디렉토리 목록은 가능한 한 사용하지 않는 편이 좋다. 일부 서버에서는 인덱스 파일(서버 설정에 따라 다름)이 존재하지 않는다면 디렉토리 목록을 출력한다. index.html, index.htm, default.asp 같은 인덱스 파일은 웹 방문자에게 제공되는 페이지를 포함하고 있는 모든 디렉토리에 존재해야 한다. 아파치 웹 서버의 경우 httpd.conf 파일의 Indexes 지시자 앞에 대시나 마이너스 기호를 삽입하면 디렉토리 목록 기능(아파치에서는 indexes 옵션으로 설정)을 비활성화할 수 있다. 디렉토리 목록 기능이 비활성화되어 있다면, 다음과 같이 설정되어 있을 것이다.

Options -Indexes FollowSymLinksMultiViews

robots.txt로 캐시 예방하기

robots.txt 파일은 자동 웹 페이지 수집 도구(로봇robots 또는 봇bots이라고 함) 목록을 갖고 있다. 이 파일(표준은 www.robotstxt.org/wc/norobots.html에 있음)을 통해 웹 로봇이 어떤 파일과 디렉토리에 접근할 수 있을지 세밀하게 설정할 수 있다. robots.txt 파일은 웹 서버의 루트 디렉토리에 존재해야 하며, 웹 서버가 파일을 읽을 수 있도록 파일 권한이 설정돼야 한다. 파일에서 # 기호로 시작되는 행은 주석이므로 무시하면 된다. # 기호로 시작하지 않는 행은 User-agent나 Disallow로 시작해야 하며, 뒤에는 콜론과 공백이 올 수도 있다. 이런 행은 특정 웹 페이지 수집 도구가 특정 디렉토리나 파일에 접근하는 것을 막는다. 웹 페이지 수집 도구는 자신을 식별할 수 있는 이름, 유형을 포함한 User-agent 필드를 웹 서버로 보낸다. 구글의 User-agent 필드 값은 Googlebot이다. 구글이 웹 페이지 목록을 수집하는 것을 막으려면 다음과 같이 User-agent를 설정해야 한다.

User-agent: Googlebot

표준에 따르면, 와일드카드 문자(*)는 User-agent 필드에서 모든 웹 크롤러를 나타낸다. Disallow 행은 웹 페이지 수집 도구가 어떤 데이터를 읽지 못하게 하는지를 설명한다. 원본 표준에서는 규칙이 매우 엄격해서 Disallow 행에 전체 또는 일부 URL만 올 수 있었다. 예를 들어, Disallow: /foo 같은 행은 웹 수집 도구에게 /foo뿐만 아니라 /foo/index.html도 접근하지 못하게 했다. 반면에 Disallow: /foo/ 같은 행은 /foo/index.html 접근은 허용하지 않지만, /foo는 접근할 수 있게 했다. 예를 들어, 적절한 robots.txt 설정은 다음과 같다.

```
#abandon hope all ye who enter
User-Agent: *
Disallow: /
```

　　이 파일은 어떤 웹 수집 도구도 사이트에 접근하지 못하게 한다. robots.txt 파일은 위에서부터 아래로 읽게 되며 allow 행은 포함하지 않는다. 특정 웹 수집 도구에 의한 접근을 허용하려면 Disallow 값에 아무것도 입력하지 않으면 된다. 예를 들어, 다음과 같은 robots.txt 설정은 Palookaville를 제외한 모든 웹 수집 도구의 접근을 허용하지 않는다.

```
#Bring on Palookaville
User-Agent: *
Disallow: /
User-Agent: Palookaville
Disallow:
```

　　여기서 Palookaville의 Disallow 행 다음에 슬래시(/) 문자가 없음을 확인할 수 있다. Disallow 뒤에 아무것도 없다는 건 모든 내용을 허용한다는 뜻이다.

　　구글은 robots.txt 파일 확장 표준을 허용한다. 확장 표준에서는 Disallow 행에 와일드카드(*) 문자를 다른 문자와 혼합해서 사용할 수 있다. 그리고 $를 이름의 맨 끝을 나타내는 기호로 사용할 수 있다. 예를 들어, Googlebot이 사이트에 있는 PDF 문서를 수집하는 것을 막으려면 다음과 같이 robots.txt 파일을 설정한다.

```
#Away from my PDF files, Google!
User-Agent: Googlebot
Disallow: /*.PDF$
```

　　robots.txt 파일을 만들었다면, www.sxw.org.uk/computing/robots/check.html에서 robots.txt 파일 유효성 검사를 할 수 있다.

해커는 robots.txt 파일을 따를 이유가 없다. 웹 수집 도구도 robots.txt 파일을 따라야 한다는 법은 없지만, 잘 알려져 있는 웹 수집 도구는 정보 유출 책임을 면하기 위해 robots.txt 파일의 내용을 따른다. 해커가 자주 사용하는 공격 기법 중 하나는 웹사이트의 robots.txt 파일을 확인하고 서버의 파일과 디렉토리 구조에 대한 정보를 얻는 것이다. 구글 쿼리를 통해 검색을 해보면 robots.txt 파일 자체가 노출된 웹사이트가 많다. 물론 설정 오류가 원인인데, robots.txt 파일에 있는 파일의 실제 내용 자체가 수집되지는 않는다.

NOARCHIVE: 캐시 '킬러'

robots.txt 파일은 구글이 웹사이트의 특정 파일, 디렉토리에 접근하지 못하게 한다. 그러나 구글이 특정 페이지를 수집하는 것은 허용하지만 페이지의 캐시 사본을 저장하거나 검색 결과에 '저장된 페이지'라는 링크를 포함하고 싶지 않을 경우가 있다. 이때 사용할 수 있는 것이 META 태그다. 모든 웹 페이지 수집 도구가 페이지의 사본을 저장하지 못하게 하려면 웹 페이지의 HEAD 절에 META 태그를 삽입한다.

〈META NAME="ROBOTS" CONTENT="NOARCHIVE"〉

구글만 캐시 사본을 저장할 수 있게 하려면 페이지의 HEAD 절에 다음과 같은 META 태그를 삽입한다.

〈META NAME="GOOGLEBOT" CONTENT="NOINDEX, NOFOLLOW"〉

그 밖의 웹 수집 도구도 이런 방법으로 META NAME 태그를 삽입하면 캐시 사본을 저장할 수 있다. 그런데 META 태그는 웹 수집 도구에만 적용된다는 사실을 기억하라. 웹 방문자(그리고 해커)는 태그에 상관없이 페이지에 접근 가능하다.

NOSNIPPET: 발췌문 제거

발췌문^{snippet}은 구글 검색 결과 페이지의 문서 제목 밑에 있는 텍스트를 의미한다. 발췌문은 여러 검색 결과를 확인할 때 문서의 대략적인 내용을 확인할 수 있게 한다. 그러나 발췌문을 제거해야 할 경우가 있다. 예를 들어, 유료 신문 구독 서비스를 생각해보자. 유료 서비스를 제공하는 웹사이트는 서비스를 홍보할 필요가 있지만 돈을 내지 않은 사용자가 신문(발췌문 포함)을 보게 하면 안 된다. 이런 웹사이트는 NOSNIPPET META 태그와 IP 기반 필터를 이용하면 유료 가입자만이 뉴스를 볼 수 있게 허용할 수 있다. 구글이 발췌문을 표시하지 않게 하려면, 문서에 다음과 같이 코드를 삽입한다.

〈META NAME="GOOGLEBOT" CONTENT="NOSNIPPET"〉

NOSNIPPET 태그의 흥미로운 부수 효과는 구글이 문서를 캐시로 저장하지 않게 한다는 점이다. NOSNIPPET은 발췌문과 캐시 페이지 모두를 제거한다.

비밀번호 보호 메커니즘

구글은 사용자 인증 폼을 채우지 않는다. 비밀번호 입력을 요구하지 않는 웹사이트에 방문했을 경우 구글은 웹사이트의 URL만 저장할 뿐이다. 예전에 구글이 웹사이트의 인증을 마법처럼 우회한다는 소문이 있었지만 실제로 입증된 적은 없다. 이는 미묘한 시간 문제 때문일 가능성이 높다.

웹사이트가 비밀번호로 보호되기 직전이나 비밀번호 보호 기능이 꺼져 있는 동안 구글이 웹사이트를 수집할 경우 해당 페이지를 캐시로 저장한다. 원본 페이지를 클릭하면 비밀번호 입력 창이 뜨겠지만 구글에 저장된 캐시 페이지는 그렇지 않기 때문에 구글이 페이지의 인증을 우회했다는 착각을 할 수 있다. 다른 경우, 구글 뉴스 검색 결과 페이지는 뉴스 기사의 발췌문을 제공하지만, 링크를 클릭하면 로그인 페이지가 출력된다. 이것은 구글이 마법처럼 비밀번호 입력 창과 등록 화면을 우회하는 것처럼 착각을 불러일으킨다.

일반 대중(구글 같은 웹 수집 도구 포함)이 접근하지 못하게 막고 싶다면 비밀번호 인증 방법을 고려해보라. 아파치의 경우 .htaccess 같은 기본 비밀번호 인증 방식을 제공한다. .htaccess 파일은 .htpasswd 파일과 함께 사용해야 하며, 특정 디렉토리에 접근할 수 있는 사용자 이름/비밀번호 조합을 정의할 수 있게 한다. 아파치 .htaccess 파일 사용에 대한 자세한 내용은 http://httpd.apache.org/docs/howto/htaccess.html을 참조하거나, 구글에서 'htaccess howto'를 검색하면 확인할 수 있다.

❖ 소프트웨어 디폴트 설정과 프로그램

책에서 지금까지 살펴봤듯이 초보 구글 해커라 할지라도 기본 페이지, 문장, 페이지 제목, 프로그램, 문서를 쉽게 찾을 수 있다. 이 사실을 명심하고 모든 웹 서버에서 이것들을 제거하자. 기본 계정과 비밀번호를 비롯해 소프트웨어에서 기본적으로 제공하는 설치 스크립트나 프로그램도 제거하는 것이 좋다. 웹 서버 보안은 너무 방대하기 때문에 일부 유명한 서버의 보안 고려사항만을 살펴볼 것이다.

너무 많이 들어봤을지도 모르지만 반드시 기억해야 할 말이 하나 있다. 시스템을 보호하기 위해 단 한 가지 일을 해야 한다면, 그것은 바로 최신 소프트웨어 보안 패치를 설치하는 것이다. 잘못된 설정을 수정하는 일도 중요하지만, 기반 소프트웨어가 취약하면 설정이 잘 되어 있더라도 보안 문제가 발생한다.

❖ 자신의 사이트 모의 해킹

자신의 사이트를 모의 해킹하는 것은 사이트의 잠재적 보안 위험을 파악하기 위한 매우 좋은 방법이다. 물론 해킹에 대해 모든 것을 알고 있는 사람은 없기 때문에 자신의 사이트를 모의 해킹한다고 해서 전문 모의 침투 테스터들이 해킹하는 것과 같은 수준의 결과를 얻을 수는 없다. 전문 모의 침투 테스터라 할지라도 자기 사이트의 보안 수준을 다른 관점에서 살펴보면 좋은 경험이 될 것이다. 구글 해킹 분야에서는 구글이 어떻게 자신의 사이트를 바라보는지 이해하는 데 도움을 주는 여러 자동화 도구와 공격 기법이 존재한다. 먼저 수동으로 하는 해킹 방법을 살펴보고, 뒷부분에서 자동화할 수 있는 방법을 살펴볼 것이다.

이번 장에서 살펴보겠지만 구글 검색을 자동화할 수 있는 몇 가지 방법이 있다. 구글은 라이선스 키를 사용한 API^{Application Programming Interface}를 사용하지 않는 검색 방법을 모두 지원하지는 않는다. 라이선스 키를 요구하지 않는 모든 프로그램은 구글의 서비스 규정을 위반하기 때문에 구글이 추후에 프로그램의 사용을 차단할 수 있다는 점을 알아두자. 자세한 정보는 www.google.com/accounts/TOS를 참고하자. 구글의 요구를 잘 따르면 많은 도움을 받을 수 있을 것이다.

자신의 사이트 검색

앞서 설명했듯이, site 검색 연산자는 특정 도메인이나 서버로 검색 범위를 제한할 때 많이 사용한다. 여러분이 cirt.net의 관리자이자 NIKTO 도구(매우 훌륭한 도구)의 개발자인 Sullo라면, site:cirt.net이라는 구글 쿼리문은 cirt.net 서버의 구글 캐시 결과를 보여줄 것이다.

결과를 하나씩 클릭해서 내용을 확인하거나 URL 목록을 만들어 URL이 외부에 공개되어도 괜찮은지를 파악하는 것이 가능하다. 그러나 결과가 수천 개가 넘는다면 시간이 너무 오래 걸릴 수 있다.

❖ Wikto

Wikto는 로이로프 테밍^{Roloef Temmingh}이 센스포스트^{Sensepost}(www.sensepost.com)에 재직 중일 때 만든 웹 스캐닝 도구다. Wikto는 기능이 많은데, 그중에서 구글 해킹, 특히 구글 스캐닝과 관련된 부분을 살펴보자. 기본적으로 Wikto는 설정 마법사 인터페이스를 실행시킨다. 먼저 스캔할 대상을 선택하고 대상 서버에 대한 자세한 정보를 선택한다. Next 버튼을 누르면 Configuration 패널이 로드된다. 이 화면은 프록시 정보와 API 키 정보를 요구한다. 구글은 SOAP API 키를 더 이상 제공하지 않기 때문에, API 키 정보를 넣을 수는 없다. 이미 SOAP API 키를 갖고 있다면 운이 좋다.

대상 사이트에 있는 파일과 디렉토리 목록을 확인해보자. 구글 쿼리문을 통해 모든 정보를 수집했다. Wikto는 수집한 정보를 스캐닝 단계에서 활용할 것이다.

다음으로 GoogleHacks 탭을 살펴보자.

스캐닝 단계에서는 구글 해킹 데이터베이스^{GHDB}를 이용한다. Load Google Hacks Database 버튼을 누르면 Wikto에 이용할 수 있는 악의적인 수천 개의 구글 쿼리를 제공하는 구글 해킹 데이터베이스^{GHDB} 정보를 최신으로 업데이트한다. GHDB 정보가 업데이트되면, Start 버튼을 눌러서 대상 사이트로 구글 스캔을 시작한다. 많은 site 검색 연산자를 가지고 다양한 쿼리문을 대상 사이트에 적용한다. 상단 패널에는 GHDB가 보이고, 하단 패널에는 검색 결과가 보일 것이다. 검색 결과 중 하나를 클릭해보면 쿼리(GHDB)에 대한 상세 결과가 중간 패널에 보인다.

Wikto는 자동으로 스캐닝을 수행하는 데서 더 나아가, Manual Query 버튼과 관련 입력 필드를 사용해 수동으로 구글 쿼리로 대상 사이트에 스캐닝을 수행할 수 있다.

Wikto는 다양한 기능을 갖춘 놀라운 도구다. GHDB와의 결합을 통해 Wikto는 현재 최고의 구글 해킹 도구다.

❖ 고급 도크

고급 도크$^{Advanced\ Dork}$는 파이어폭스와 모질라 브라우저를 위한 확장 도구로, 구글 고급 쿼리 연산자$^{Google\ Advanced\ Operators}$인데 마우스 오른쪽 클릭을 해서 나타나는 메뉴로 사용할 수 있다. CP가 만든 것으로 https://addons.mozilla.org/en-US/firefox/addon/2144에서 다운로드 가능하다.

모든 파이어폭스 확장 도구와 마찬가지로 설치는 쉽다. 링크를 클릭하고 파이어폭스에서 .xpi 파일을 클릭하면 설치가 시작된다.

고급 도크는 마우스 오른쪽 버튼을 누르면 그 위치에서 실행되는 것처럼 최적의 메뉴를 보여준다. 예를 들어, 링크에서 마우스 오른쪽 클릭을 하면 링크와 관련된 상세 옵션을 볼 수 있다.

텍스트에서 마우스 오른쪽 클릭을 하면 고급 도크의 텍스트 검색 모드가 호출될 것이다.

텍스트 검색 모드는 intitle, inurl, intext, site, ext 검색을 지원할 것이다. 몇 가지 편리한 옵션도 사용 가능하다.

고급 도크는 구글 사용자에게 다양한 기능을 제공한다. 비밀무기로 사용해도 좋을 것이다.

❖ 구글의 도움 얻기

지금까지 자신의 사이트에 존재하는 잠재적인 정보 유출 가능성을 확인하는 여러 방법을 살펴봤다. 그런데 정보 유출을 발견한다면 무슨 일을 해야 할까? 첫 번째이자 가장 중요한 일은 사이트에서 해당 콘텐츠를 제거하는 것이다. 콘텐츠 제거는 복잡한 절차가 필요하지만, 정보 유출의 근원을 제거해야만 추후 유사 정보유출 사고가 일어나지 않게 할 수 있다. 정보 유출이 갑자기 발생하지는 않으며 어떤 문제로 인해 발생한다. 문제의 원인을 파악하고 해결해야만 정보 유출의 원인을 뿌리 뽑을 수 있다. 경우에 따라, 구글은 당신의 정보의 캐시된 복사본을 갖고 있으며 구글 해커가 발견하기를 기다리고 있을 수 있다.

✦ 정리

책 한 권에 모든 내용을 담기에는 웹 서버 보안이라는 주제가 너무 방대하다. 소프트웨어, 애플리케이션 소프트웨어, 운영체제 소프트웨어 조합이 너무나 다양하기 때문에 한 권의 책으로는 부족하다. 그러나 자신의 사이트를 공격해오는 악성 구글 해커를 막는 데 도움을 줄 수 있는 몇 가지 원칙은 존재한다.

먼저 비정상적인 상황에서 웹 서버 소프트웨어가 어떻게 동작하는지를 이해하자. 디렉토리 목록, 인덱스 파일 누락, 구체적인 에러 메시지는 공격자에게 많은 정보를 노출한다. robots.txt 파일, 간단한 비밀번호 인증, META 태그를 사용하면 웹 정보 수집자가 사이트의 특정 영역에 접근하는 것을 막을 수 있다. 웹 데이터는 대중에게 공개되는 것이 목적이지만, 구글 해커는 악의적인 구글 검색 결과에 여러분의 사이트가 있을 경우 관심을 가질 수도 있다. 디폴트 페이지, 디렉토리, 프로그램은 웹사이트 관리자의 기술 수준이 낮다는 것을 나타낸다. 디폴트 정보를 가진 서버는 해커의 주요 공격 대상이 된다. 너무 많은 정보로 불필요하게 공격자의 관심을 끌지 않으면서도 웹사이트 방문자에게 웹사이트를 홍보할 수 있는 수준이 어디까지인지 명확히 결정하자. Gooscan, Wikto, 고급 도크 같은 도구를 이용해 웹사이트 정보가 구글에 얼마나 노출되어 있는지 확인하자. 구글에 노출되면 안 되는 페이지를 찾았다면, 구글의 페이지 제거 도구를 이용해 구글 데이터베이스에서 페이지를 제거하자.

✦ 빠른 해결책

튼튼한 보안 정책

- 적용 가능한 튼튼한 보안 정책은 모든 보안 작업의 기반이 된다.
- 정책이 없는 보호 체계는 비효율적이며 적용 불가능하다.

웹 서버 보호

- 디렉토리 목록, 에러 메시지, 설정 오류로 인해 너무 많은 정보가 노출될 수 있다.

- robots.txt 파일과 특수 META 태그를 이용하면 검색 엔진의 웹 수집 프로그램이 특정 페이지나 디렉토리에 접근하지 못하게 할 수 있다.

- 비밀번호 메커니즘은 가장 기초적인 보안 수단이지만 콘텐츠 정보 유출을 방지할 수 있다.

- 디폴트 페이지와 설정이 남아 있다는 건 서버의 관리 수준이 허술하다는 뜻이며, 공격자는 그 서버를 공격 대상으로 삼는다.

자신의 사이트 모의 해킹

- site 연산자를 이용해 자신이 관리하는 서버를 점검하라. 구글에 유출되면 안 되는 파일이 존재하는지 확인하라.

- Gooscan이나 고급 도크를 사용해 정보 유출 정도를 확인하라. 이런 도구는 구글 API를 사용하지 않기 때문에 너무 과도하게 사용할 경우 구글이 여러분의 IP를 차단할 수도 있다.

- Wikto처럼 구글 API를 사용하는 도구를 이용하면 구글에게 IP를 차단당할 위험이 없다.

- 구글 해킹 데이터베이스[GHDB]에서 최신 구글 해킹 쿼리문을 확인하라. 구글 해킹 데이터베이스 파일을 Gooscan이나 Wikto에서 사용할 수 있다.

구글의 도움 얻기

- 웹 마스터를 위한 정보가 있는 구글 웹 마스터 페이지를 이용하라.

- 민감한 정보를 구글 데이터베이스에서 제거하기 위해 구글 URL 제거 도구를 이용하라.

❖ 유용한 사이트

- http://www.exploit-db.com/google-dorks/: 구글 해킹 데이터베이스 GHDB 페이지, 해킹 포럼 검색 엔진, Gooscan 도구, 구글 해킹 데이터베이스 내보내기 파일

- http://www.seorank.com/robots-tutorial.htm: robots.txt 파일 사용을 위한 좋은 설명

  - http://googleblog.blogspot.com/2007/02/robots-exclusion-protocol.html: 구글의 robots.txt 정책에 대한 정보

- https://addons.mozilla.org/en-US/firefox/addon/2144: CP의 고급 도크 도구 페이지

찾아보기

에이콘출판의 기틀을 마련하신 故 정완재 선생님 (1935-2004)

구글 해킹 3판

구글을 이용한 모의 침투 정보 수집 방법론

인 쇄 ┃ 2016년 7월 18일
발 행 ┃ 2016년 7월 22일

지은이 ┃ 조니 롱 · 빌 가드너 · 저스틴 브라운
옮긴이 ┃ 이충만 · 김지우 · 이동건

펴낸이 ┃ 권 성 준
편집장 ┃ 황 영 주
편 집 ┃ 오 원 영
디자인 ┃ 이 승 미

에이콘출판주식회사
서울특별시 양천구 국회대로 287 (목동 802-7) 2층 (07967)
전화 02-2653-7600, 팩스 02-2653-0433
www.acornpub.co.kr / editor@acornpub.co.kr

한국어판 ⓒ 에이콘출판주식회사, 2016, Printed in Korea.
ISBN 978-89-6077-884-9
ISBN 978-89-6077-104-8(세트)
http://www.acornpub.co.kr/book/google-hacking3

이 도서의 국립중앙도서관 출판시도서목록(CIP)은 서지정보유통지원시스템 홈페이지(http://seoji.nl.go.kr)와
국가자료공동목록시스템(http://www.nl.go.kr/kolisnet)에서 이용하실 수 있습니다.(CIP제어번호: CIP2016016566)

책값은 뒤표지에 있습니다.